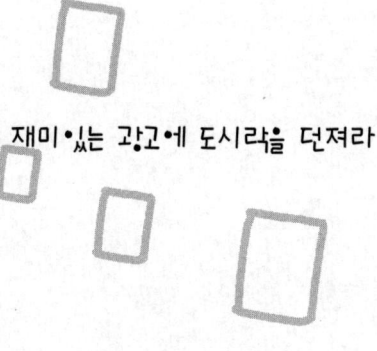

재미있는 광고에 도시락을 던져라

재미있는 광고에

도시락을 던져라

[문윤수 지음]

철학과현실사

경제학에서 '광고(廣告)'란 이윤 획득을 목적으로 하는, 아주 미미한 경제 행위의 하나임에 틀림없다고 여긴다. 그럼에도 불구하고 우리는 그 연약한 존재를 기꺼이 대중 문화의 커다란 장르로서 즐겁게 이해한다. 그런가 하면 광고학에서도 역시 광고는 소비자의 소비 생활을 위한 유용한 정보임에 틀림없다고 한다. 그럼에도 불구하고 우리는 그 정보를 하나하나 기억하는 민감함에 수치스러워하며 주위의 눈치를 살피기도 한다. 다시 말해 광고는 경제적 이윤을 얻어내기 위한 정보로서 그 생성 의미는 극도로 기능적이지만, 대중들이 이해하는 저급한 대중 유희의 하나로 평가절하되어 왔다는 것이다.

그런데도 아이러니컬한 것은 이러한 대중들의 평가에도 불구하고 광고는 왜 아직까지 건재한 것일까? 아니 왜 지속적으로 진보하는 것일까? 이는 바로 그렇게 평가하는 대중들 대부분이 소비 위선자이기 때문이 아닌가 한다. 겉으로는 광고를 세속적 상징, 곧 상업적인 물신성을 조장하는 저급한 존재로 치부해버리면서 속으로는 너무나도 향유하고 싶은 존재로 여길 뿐만 아니라, 소비자 각자에게 암묵적으로 소비의 화려한 촉매 기능으로 작용하기 때문이다. 이는 마치 유흥업소 출입을 건전하지 못한 행동으로 여겨 점잔을 떨면서도 남몰래 출입을 즐기고 있는 도덕적 이중성을 발견할 때의 모순과 비슷하다.

사회학자 다니엘 벨(Daniel Bell)은 후기 산업자본주의를 '정보화 사회'라 칭했다. 그러나 필자가 보기에는 '소비지상주의'가 더 적당할 듯싶다. 왜냐 하면 진보했다는 매체란 매체는 모두 광고로 채워져 있으며, 대중들은 그 정보에 의해 어느새 소비를 강요당하면서 적당한 소비 장소를 모색하기 때문이다.

철학자 보들리야르(Jean Baudrillard)는 현 사회를 '기호 가치'로서만 이해할 수 있는 사회로서, 본질이 다소 은폐된, 이른바 '이미지적 인식'으로서의 사회라 하였다. 그러나 필자가 보기에는 왜곡된 현실을 장려하는 '거짓의 사회'인 듯싶다. 왜냐 하면 기업은 자신의 모습을 거짓된 표피적 이미지만으로 드러내려고 하며, 대중들은 그렇게 형성된 표피만 믿고 자신의 의식을 정리하고 그 인위적 개성에 충성을 다하기 때문이다.

경제학자 베블린(Veblen, Thorstein Bunde)은 대중의 여러 소비 행위 가운데 효용 가치에 벗어난 소비를 '과시적 소비 행위'라 하여, 전근대 유한 계급(귀족 대자본가·금리 생활자)의 기이한 소비 의식을 개념화하였다. 그러나 필자가 보기에는 근대 이후의 시민들 역시 모두 과시적 소비를 한다. 왜냐 하면 현대의 대중들이 주장하는 소비의 가치란 대부분 과시 목적에 있으며, 그 가치를 통해 모두들 겉모습만 유한 계급임을 확인받고자 하기 때문이다.

결국 이들의 이런 주장들, 곧 '정보화 사회', '이미지 인식의 사회', '과시적 소비의 사회' 등은 광고라는 존재가 잘 자라게 하는 토양인 셈이거나 광고라는 토양에 중요한 거름으로 작용하기도 한다고 말할 수 있다. 어찌 되었든 현대 사회에 살면서 늘 우리는 '광고'라는 '정보'를 흡수하며 산다. 물론 광고는 비교적 흡수가 쉽게 되도록 이미 간단한 기호 가치로 조리되어 뿌려진다. 그리고 나서 우리는 그 간단한 기호 양분의 소유를 통해 자기 자신을 과시하며 튼튼하게 성장하는 것이다. 그러나 과연 이러한 토양과 밑거름에서 작물의 성장이 온전하게 자라는 것이라 말할 수 있을까? 아니 이러한 현대인들의 의식적 성장이 과연 온전한 성장이라 말할 수 있을까? 어찌 보면 뒤틀어질 대로 뒤틀어진 근대성이 아닌가 생각하며, 적어도 인간미가 넘친다고 말할 수는 더욱 없을 정도로 수동적인 사회로 질주하고 있는 꼴이다. 그야말로 극도로 첨단화하고 진보한 21세기를 살고 있는 우리로서는 항상 전근대보다 월등하게 주체적이고 이성적임을 의심하지 않지만, 위와 같은 인간미 결여의 불편한 해석을 마주하다보면 뭔가 유형화되지는 않는, 흐릿하고 씁쓸한 느낌을 안겨주지 않나 한다.

오로지 소비 유도의 광고 메시지들로 둘러싸여 있는 현대인들은 자신들만의 능동적인 이념이 존재하는가에 대한 의문이 앞선다. 그럼에도 불구하고 광고를 비판한다고 하는 모든 비평서는 오히려 그것이 현대의 '인간미'라 확정한다. 아니 한 발 더 나아가 진정한 인간미란 광고를 통해 더욱 빛나는 것으로 전도한다. 이를테면, 유행하는 광고의 뒷이야기를 풀어주거나 숨겨진 광고의 담론을 숭고한 이론인양 탐색해주기도 하고, 단순한 마케팅의 산물로서의 존재 의미를 뛰어넘어 그 영향력과 파급력을 과장하기 위해 '몇 연도산 광고' 식으로 연대기적인 흐름까지 운운하기도 한다. 또는 더 나아가서 이를 해독하는 방법을 제시해주거나, 해독을 자발적으로 해내는 능숙한 세대를 이른바 '영상 세대'라 치켜 세워주는 등 노회(老獪)한(?) 심리적 전략을 드러내기도 한다. 결국 광고야말로 시대의 트렌드요 사회의 자화상으로 늘 숙고해야 할 강박이고, 이를 이해하지 못하면 자기 자신을 이해하지 못하는 것이라 주눅들게 하는 것이 그간 광고 비평이 말하는 진정한 '인간미'였다.

하지만 애석하게도 광고에 대한 그동안의 그런 모범 답안으로서의 비평 분석들은 때때로 전문성을 띠는 것처럼 보이지만, 실은 표피만 난도질해본 가벼운 경험의 표출일 뿐이다. 다시 말해, 오랜 세월 동안 광고의 궁극적 목적인 '상술'이라는 경박한 꼬리를 감추어오면서, 광고를 문화적인 위치로 격상시켜 '대중 문화의 텍스트'로 자리를 확고하게 잡아준 실수이자 '또 하나의 상술'일 뿐이다.

따지고 보면 거개의 광고 비평서에서 광고 양상으로서 제시되는 가장 패셔너블한 문화성의 흔적들, 이를테면 광고 표현만으로 여권 신장(여성이 남성에게 과감히 다가가는 화장품 광고)이니 권위주의 타파(청바지를 입은 사장님)니 하는 포스트모더니즘적 사례들의 예시는 그 자체만으로 우습지 않을 수 없다. 오히려 물건을 팔아야 하는 집착을 희석시키려는 야바위 짓을 극명하게 드러내는 거짓 예술성과 다름없다. 결국 그간 광고 비평서들이 말하는 재미있는 광고 담론은 사실상 대중(소비자)에게 더 이상 필요하지 않다는 역설임을 뼈아프게 지적하지 않을 수 없다.

이 같은 의미에서 필자는 '광고'라고 하는 세속적 존재가 우리의 의식과 행동, 더 나아가 사회 구조를 얼마나 뒤틀어놓았는가를 알아보고자 하는 의도에서 이 책을 쓰게 되었다. 다시 말해, 기존의 어떤 유형의 광고일지라도 그 광고가 갖고 있는 또는 이미 대중에게 강제된 문예성이나 창조성 따위에 감전된 사회적 파장을 새삼 다시 확인해보자는 것이 아니라, 그 같은 광고로 인해 뒤바뀐 우리의 진정한 정체성을 제대로 찾아보자는 뜻이다. 나아가 뒤틀려질 대로 뒤틀려진 소비자의 광고에 대한 인식과 감응 구조, 소비지상주의로 전락해버린 우리 사회의 구조적 모순을 바로잡아봄으로써, 마침내 인간이 주체로 사는 사회로 회복하기 위한 하나의 자극제이자 사회 비판서가 되기를 기대해본다.

새삼 강조할 것도 없이 광고의 위력은 어느새 인간의 심층적 세계까지도 '광고화' 또는 '이미지화'함으로써 정체성의 혼란을 드러내게 하는 한계 상황을 초래해왔다. 그러므로 이 같은 '광고 제대로 들여다보기' 작업은 더욱 시급하고 절실하다. 이제 더 이상 광고의 문예성이나 창조성(creativity)에 감탄할 우리의 의식적 여력이 없기 때문에도 더욱 그렇다.

지난 몇 년간에 걸쳐 '아시아의 용(龍)'으로 인정받던 우리나라의 호황기를 떠올려보면, 그 당시 우리가 모든 분야에서 보여준 것은 거품, 특히 그 가운데서도 과소비의 허황한 반복들이었음을 IMF가 아니더라도 자인하지 않을 수 없다. 그 거품과 과소비의 선봉에 이미지 산업인 '광고'가 자리하고 있음도 부인할 수 없을 것이다. 그런데도 요즘 나오는 광고를 보면, 우리가 이미 자본주의 선진국이라도 된 듯 여전히 과소비를 부추기는 화려한 광고로 넘쳐나고 있다.

그러나 우리 사회의 실제 모습은 그렇지 못하다. IMF 위기를 지났지만 우리 사회는 아직도 제대로 된 경제 회복을 이루어내지 못하고 있다. 과거에 '비상하는 용'으로서 평가받을 만큼의 경제 성장도 없었다. 물론 앞으로도 그 같은 고속 성장은 이루기 힘들 것이지만, 합리적인 시스템과 투명한 사회적 구조를 바탕으로 한 선순환적 경제 패러다임을 정착시키는 것이 결국은 경제 선진국으로 가는 필요 충분 조건임에는 틀림없을 것이다. 그러나 이처럼 과거와 같은 고속 성장이 어려운 가운데서도 유독 사고 팔 수 있게 만드는 교환 부문(광고 산업)의 성장은 상대적으로 계속 이어졌다. 문제는 그로 인해 반대 급부인 농촌과 환경, 공동체, 건강 등의 희생은 물론이고, 건전한 소비 생활이나 사회적 신용이 파괴되어 가는 현상이 늘어나고 있다는 사실이다. 게다가 시간과 장소와 대상을 가리지 않고 무한정으로 살포되는 온갖 광고로 인해 사회 구성원들의 가치관에 물신주의가 만연되었을 뿐만 아니라, 광고의 화려한 이미지 그대로 스스로 상류층이고 선진국이라는 착각의 허상에 사로잡히게 되는 사회적 병리 현상까지 일어나고 있는 것이다.

그런 의미에서 이 책에 실린 원고(原稿)의 피고(被告)는, 마음이 아프지만 당연히 '광고'일 수밖에 없다. 구체적으로 우리가 접해온 광고를 통해서 우리 생활의 여러 이야기를 하나하나 건드리면서, 또 그 광고가 가지고 있는 '불순하고 불온한' 장치와 메시지, 이미지 조작 등을 읽어보면서, 광고와 소비, 인간과 사회 구조의 상관성을 파헤쳐보고자 한다. 그런 이유로 자연 이 책의 시선은 광고를 상당 부분 곱지 않게 바라보고자 했다. 이를 두고 편향된 '사시(斜視)'로 매도할 수도 있겠지만 이는 이미 의도한 시각이며, 그 의도는 그동안 광고에 대한 시각의 주류 또한 편향된 시각, 곧 나와는 반대편의 사시(斜視)들로 넘쳐났다는 점에 힘입은 바, 이 책에서 접근하고 있는 광고에 대한 편견 또는 사시는 따라서 또 다른 의미에서의 '균형잡기'라고 자위해봄직하다.

아울러 광고에 대한 이 같은 역설적인 균형잡기는 특히 요즘의 어린이나 청소년은 물론이고 경제(또는 소비) 활동에 참여하는 성인들에게 모두 필요한 것이라고 강조하고 싶다. 무비판적으로 받아들인 광고가 일상 생활 깊숙이 침투하여 하나의 왜곡된 문화 현상으로까지 연출되는 상황이 곳곳에서 일어나고 있는 것을 보면서, 현대인들에게 광고를 재정의하고 재평가할 수 있는 비판 능력에 조금이나마 도움을 주고자 하는 의미도 이 책에 담겨 있음을 전하고 싶다.

끝으로, 많이 부족하지만 필자의 생각을 세상 사람들에게 알릴 수 있는 것은 주위의 많은 분들의 덕택이었다고 본다. 우선 이 글을 책으로 기꺼이 출판해주신 <철학과현실사>에 감사를 드린다. 그리고 이 책을 쓸 수 있게 프로젝트 진행 과정에서 아이디어를 제공해주신 경희대 사회학과 유도진 교수님, 또한 이러한 글을 학생들이 읽을 수 있도록 지속적인 강의를 주신 대전 목원대 광고홍보학과 정어지루 교수님과 조전근 교수님, 경희대 사회학과 이창순 교수님께도 감사를 드린다. 마지막으로 무엇보다도 출판 가능성에 용기를 북돋아주신 경희대 사회학과 장일순 지도교수님과 대학원생들에게 깊은 감사를 드린다.

2004년 2월
문 윤 수

차 례

차 례

차 례

오늘날 현대 자본주의 사회에서의 광고의 역할과 기능은 그 어느 때보다 막강한 위력을 갖고 우리 생활의 구석구석에 영향을 미치고 있다. 특히 다른 사회에 비해 우리 사회의 빠른 정보 통신 기술의 발달은 오히려 다양한 방법과 정보 통로를 통해 '광고'라고 하는 상업적 메시지를 생활 구석구석에 침투시키고 있다. 예컨대 전통적인 대중 매체인 텔레비전과 신문·잡지·전단 외에도 최신의 정보 매체라 일컬어지는 인터넷과 이동전화 등은 극도로 개인적인 매체라기보다는 가장 각광받는 판매 경로로 등장했음을 봐도 알 수가 있다.

그러나 문제는, 그러한 통로 안에서 상업적 메시지란 그 윤리적 수준을 넘어서 의식의 파괴를 초래하려고 한다는 데 있다. 비참한 삶을 사신 정신대 할머니들은 포르노의 한 광고 상품으로 처량해지려는가 하면, 이젠 누구나 자기 자신의 몸(육체)을 포르노적 상품으로 가공하여 '광고'라고 하는 경로로 십분 이용하는 것만 봐도, 그야말로 광고란 비도덕적이고 반사회적인 대상이라는 쓴 소리를 피할 길이 없다. 결국 사회의 모든 시스템이 이윤 획득이라는 혈안에 사로잡혀 광고 전쟁의 양상으로 변해가고 있을 정도로 광고는 필사적이며 무자비하다. 이것이 오늘날 우리 사회의 명백한 자화상이다.

물론 원론적으로 자본주의 사회에서 광고는 자본주의 작동을 원활하게 하여, 적당한 이윤을 획득하기 위한 기업가나 자본가들의 계획적인 모든 행위와 노력을 의미하기에 그들에게는 없어서는 안 될 필요한 제도이기도 하다. 또한 일반 소비자들에게도 광고는 새로운 상품에 대한 정보를 제공하고 생활에 편익을 위한 지혜를 가르쳐주기도 하며, 경우에 따라서는 신선한 기분 전환의 유희를 줌으로써 각박한 삶에 스트레스를 완화할 수 있는 긍정성도 분명 존재한다. 특히, 광고야말로 기업가에게는 없어서는 안 될 중요한 판매 수단이며, 소비자에게는 더할 나위 없는 구매 정보로 긍정적인 면도 많다.

그러나 오늘날 광고의 작태는 여러 면에서 우리 사회에 그 긍정성보다는 더 많은 부정적인 영향을 유포시키는 것이 아닌가싶다. 왜냐 하면 이미 대부분의 광고는 소비자들에게 상품 구매를 위한 정보라기보다는 소비의 화려한 유혹과 강요로 그의 능력에서 벗어난 과소비를 교묘히 조장하게 하며, 또한 소비만이 극도의 미덕으로 미화함으로써 이른바 소비지상주의 사회를 조성하는 무차별적인 메시지를 어디서나 퍼붓고 있기 때문이다. 결국 소비자 개인적으로나 집단적으로 정신적 심리적인 혼란과 갈등을 야기하여 그 사회가 "물신주의"를 과도하게 신봉하게 만드는 요인으로 작용하고 있는 것이다.

현재 본인의 대학에서 박사 과정을 밟고 있는 필자는 항상 광고라는 화려한 도구로 겉으로만 화려하게 제시되는 소비지상주의로서의 한국 사회에 쓴 소리할 기회를 찾고 있었다 그리고 본 글은 그 쓴 소리의 결실이라고 본다. 그러나 그 결실은 단순히 필자의 개인적인 쓴 소리의 정리가 아니라, 소비자상주의 사회로 전락해 버린 우리 한국 사회의 구조적 모순을 바로잡아봄으로써 마침내 인간이 주체가 되어 사는 사회로 회복하기 위한 하나의 자극제이자 사회 비판서가 되기를 기대한다는 뜻이다.

본 글에서 다루고 있는 광고와 관련된 짤막한 주제들은 대부분 우리 사회의 일상 생활에서 빈번하게 일어나고 있는 평범한 얘기들이다. 그러나 그 속에는 광고의 여러 문제점들을 비판적으로 제시하여 그 의미를 독자들에게 쉽게 전하고자 하는 노력이 보인다. 그러기에 본 글을 경험한 독자들은 적어도 광고에 대해서는 어느 정도 깨어 있는 소비자, 비판적인 소비자 그리고 자기 주체성을 갖는 소비자가 되었으면 하는 바람이다.

경희대학교 사회학과 교수
장 일 순

들어가기

우선 독자들께서 부족한 필자의 글을 경험해주시는 것에 대해 깊은 감사를 드립니다. 아울러 필자의 글을 경험하시기에 앞서 외람되지만, 필자는 독자들에게 몇 가지 당부의 말씀을 드리고자 합니다. 먼저 당부의 대상을 나눠보면 첫째로 광고를 사랑하시는 독자, 둘째로 광고에 관련된 일에 종사하시는 독자, 마지막으로 일반 독자들입니다. 이 당부는 시종일관 이 책이 다소 광고를 극렬하게 비판하는 글이다보니 독자 여러분께서 반감을 드러내실 수 있으리라는 우려에서 나온 것입니다.

우선 광고를 사랑하시는 독자들의 경우, 광고에 대해 많은 관심을 갖거나 아니면 멋진 광고를 만들기 위해 광고를 본격적으로 공부하시는 독자들께서는 이 점을 유념하시면서 읽어주시기 바랍니다. 곧, 광고란 광고인을 위한 것이 아니라 철저히 소비자를 위한 것이라는 점, 다시 말해 광고란 비록 광고인에 의해 제작되지만 궁극적으로는 소비자의 것이라는 사실 말입니다. 그리고 거기에 동의하신다면, 그동안 독자 자신께서 광고에 관심을 갖거나 광고를 공부해온 목적이 어느 관점을 바탕으로 두어 진행되었는지 한번 살펴보시기 바랍니다. 이를테면, "저 광고, 나 같으면 이렇게 만들겠어. 그러면 소비자의 구매 욕구가 좀더 강해지지 않겠어?" 하는 식으로 말입니다. 사실 필자가 보기에는 광고에 대한 독자의 이 같은 관심 표출에는 불행하게도 소비자의 입장 고려는 전혀 없습니다. 좀더 많은 이윤을 추구하기 위한 광고주의 관심뿐입니다. 물론 모든 관점이 광고주의 입장, 곧 물건을 어떻게 하면 많이 팔 수 있거나 어떻게 하면 멋진 이미지로 소비자를 매료시킬 수 있을까 하는 데에 관심을 갖는 것은 당연합니다. 그러나 이미 지적했듯이, 광고는 철저하게 소비자의 것이기 때문에 광고인(광고제작자, 광고주)의 입장은 접어두고 이 책을 읽어가는 가운데 한번쯤은 소비자의 입장에서 철저하게 자기 최면을 걸어주시기를 바랍니다. 그러면 광고와 광고를 둘러싼 메커니즘이 단순히 물건을 팔기 위한 기능적인 면보다는 사회를 어지럽히는 또 다른 역기능이 있을 수 있음을 확인하게 될 것입니다. 결론적으로 역지사지(易地思之)를 통해 기존의 고정 관념이나 편견에서 벗어난 시각을 가져보시라는 당부입니다.

두 번째로 광고에 관련된 일에 종사하시는 독자들의 경우, '자본주의의 꽃'인 광고업계의 다양한 분야에서 일해오면서, 광고를 통해 기업(광고주)은 물론이고 사회와 국가의 경제 발전과 시장경제에 저마다 공헌하고 있다는 자부심을 갖고 계실 것입니다. 그리고 더 나아가 자본주의 시스템을 온전하게 작동하고 있다는 생각이 지배적일 것이라고 봅니다. 그러나 이 책을 읽으시면서부터는 그러한 생각을 부디 접어주시기를 감히 바랍니다. 적어도 광고의 작동 원리에 따른 사회적인 문제점, 더 나아가 경제 지표나 통계 자료에 숫자로만 등장하는 작위적인 소비자가 아닌, 주체적인 사회 구성원으로서의 소비자의 실상과 사회와 연관된 유기적인 실체성을 제대로 알고자 하신다면, 좀더 유연하고 열린 사고 경험(시장의 메커니즘이 아니라 사회 현상으로서의 메커니즘)의 기회로 생각해주시기 바랍니다.

세 번째로 일반 독자들의 경우에도 마찬가지로 소비자임을 명심하면서 이 책을 선택해주시기 바랍니다. 필자가 보기에 아직도 대부분의 소비자들은, 세상의 수많은 광고가 일방적으로 강요하고 의도하는 대로 움직이는 단순한 상태에 머물러 있기를 만족하는 것 같습니다. 만약 그렇지 않은 독자라면, 이 책의 경우에도 예외 없이 무의식적인 구입이나 독서보다는 반드시 문제 의식을 가지고 주체적 소비자의 입장에 서서 책을 경험해주시기 바랍니다. 그러면 적어도 이 책을 구입한 독자의 소비 행위가 단순히 독자가 지불한 대가의 효용 가치를 얻어내는 교환의 의미만이 아니라 때로는 다소 기이한 하나의 문화 현상을 이해하는 독특한 경험으로 발전할 수도 있으리라 생각합니다.

그럼 이제부터 독자들께서는 필자가 감히 당부를 드린 내용들을 유념하시면서, '재미있기만 한 광고'에 왜 소비자가 '도시락'을 던져야 하는지 한번 경험해보시기 바랍니다.

재미있는 광고에 도시락을 던져라

1

재미있는 광고에 도시락을 던져라

　방안에는 거대한 산처럼 고기가 쌓여 있었다. 비가 새는 지붕에는 고기 더미 위로 물이 떨어지고 있었고, 그 위를 수많은 쥐들이 경주하듯이 뛰어다니고 있었다. 이 창고 안은 너무 어두워서 잘 볼 수 없긴 하지만, 한 남자가 고기 더미 위에서 손을 움직여 손아귀 가득 마른 쥐똥을 치우고 있었다.

　이 쥐들은 고기 포장 작업에 방해물이었기 때문에, 포장하는 사람들은 쥐를 잡기 위해 쥐약을 섞은 빵을 놓아두었으며, 쥐들이 죽으면 죽은 쥐와 쥐약 섞인 빵과 고기가 한꺼번에 소시지 기계 깔때기 속으로 들어가곤 했다.

　어둡고 수증기가 꽉 찬 방에서 일하는 사람들이 때때로 거대한 요리통 속으로 빠지기도 하였는데, 그들이 통 밖으로 건져졌을 때, 온전한 시체를 전부 찾을 수 있는 것은 아니었다. 간혹 여러 날 동안 그대로 빠져 있기도 하여, 그 후 그들의 뼈를 제외한 모든 '듀람사'의 순수 돼지기름으로 시장에 등장하였다!

이 인용문은 미국의 소비자운동가 로버트 메이어(Robert N. Mayer) 교수가 쓴『소비자주의(*Consumer Movement : Guardian of the Marketplace*)』라는 책에서 인용한 소설『정글(*The Jungle*)』의 일부분을 재인용한 것이다. 좀더 첨가하자면 이 책에 인용된 이 소설로 인하여 1906년에 미국 정부는 '소비자보호법'을 통과시키게 되었다. 또한 메이어 교수의 이 책은 1996년에 한국어로도 번역되어 나왔다.

아마 위에 나오는 '듀람사'는 당시 순수한 돼지기름과 소시지 제품들을 안전하고 재미있다는 광고 메시지를 통해 소비자에게 대량으로 유통시켰을 것이다. 오히려 더 재미있는 위 인용문의 '기괴한 생산 공정'은 제거한 채 말이다.

한 광고의 메시지를 보고 재미있다고 느꼈다는 것은 결국 언젠가는 구매하고야 말겠다는 가능성의 암시다. 일단 광고주가 원하는 설득에 동의한다고 봐도 괜찮을 듯싶다. 그러나 그런 광고주 의견에 대한 동의가 광고 한 편만으로 쉽게 이루어진다면, 그저 씁쓸하게 한 번 웃는 것으로 넘어가거나 주머니 사정에 별다른 타격을 입지 않을 것이다. 결국 더 세련된 생활로 변화를 유도하고자 하는 광고 메시지 한 편 정도로는 소비자의 이성적 가치관에 별 상처(세련되지 못한 자신에 삶에 대한 좌절감)를 입히지 못한다고 볼 수도 있다. 광고 한 편 정도는 소비자의 생활에 별 비중(여기서 비중이란 정신적, 시간적, 경제적인 것 모두를 말함) 없이 다가오는 세속적이고 상업적인 메시지에 불과한 것으로, 그야말로 별 의미 없는 외침인 것이다. 그도 그럴 것이, 소비자들은 항상 그런 하찮은 메시지말고도 자신들이 늘 중심이 되어 주체적으로 수행해야 할 일들이 산적해 있기 때문에 그 천한 외침(광고)의 메시지는 눈에도, 귀에도, 머리에도 당연히 들어올 새가 없다고 굳게 믿는다. 설사 들어온다 하더라도 금세 사라진다고 생각한다. 따라서 그런 외침 따위는 소비자의 일상 생활에 정신적으로든 시간적으로든 경제적으로든 침투하지 못하는 하찮은 존재며, 그러기에 소비자들은 자신을 극도로 이성적인 존재라고 스스로 동의해버릴 것이다.

그러나 불행하게도, 하루에도 수없이 쏟아지는 오늘날과 같은 광고 메시지라면 문제는 달라진다. 엄청난 양과 횟수로 소비자의 주위를 어슬렁거리는 광고 메시지들은 분명 소비자들(앞으로는 '소비자' 대신 '사람'이라 하겠다. '소비자'라는 개념에는 늘 소비만 하는, 다소 수동적이고 일면적인 존재라는 한계가 있기 때문이다.) 각자의 생활에서 주도적으로 보고, 듣고, 느끼고, 걸러야(filtering) 하는 주체적인 의지에 크나큰 위협적인 영향을 미치고 있다. 때로는 사람들의 이성적 의지를 교란하고 방해까지 하는 이 수많은 광고 메시지는 사람들 각자의 자주적인 의식을 제거시키고 오히려 광고주가 원하는 대로 사람들의 의식을 교묘하게 지배하여 즉물화하고 있다.(예를 들어 사람들은 모두 대중 매체를 통해 쏟아지는 여러 광고 메시지에 영향을 받지 않는 이성적 존재라 스스로 다짐하지만, 할인점에서 영화배우 안성기가 "아내를 위하는 마음"이라 말했던 인스턴트 커피에 유독 손이 먼저 가는 것은 왜일까? 또 알파벳 S 자와 M 자로 시작하는 자동차 브랜드를 타고 다니는 사람들이 왠지 격조 높아 보이는 이유는 왜일까?) 결국 모든 사람들을 각별하게 여기기 위해서 탄생했다고 떠들어대는 수많은 광고 메시지들은 직계 가족보다 더 세심한 배려와 따뜻한 염려로 24시간, 365일 쉴새없이 사람들의 지갑을 열게 하고, 의식을 마비시키고, 시간을 활용하는 법까지 획일적으로 유도한다. 그럼에도 불구하고 사람들은 스스로 그 숨겨진 '강압적 유도'를 '온건한 안내'로 착각하여 지갑을 열면서 자발적으로 참여하고 있으며, 때론 참여하지 못한 자들에게 으스대며 은근히 자랑하기까지 한다.

재미있는 메시지로 사람들 각자에게 다가온, 아니 다가왔다기보다는 그 사람들이 움직이는 행동 반경 어디에서든 기다렸다가 반기면서 배려해주고 걱정해주는 광고들은 하루에도 수만 가지라 해도 과언이 아니다. 여러분의 하루 일과를 곰곰이 생각해보라! 일어나서 잠들기 전까지, 그리고 신문과 그 신문에 끼여 들어온 전단지에서, 텔레비전에서, 라디오에서, 인터넷에서, 이메일 편지함에서, 일방적인 전화 속에서, 길거리에서, 심지어 길거리 바닥에서, 버스 안에서 또는 밖에서, 지하철 안에서 또는 밖에서(천장에까지도!), 그리고 사람에게서 등등 무작위이자 전방위적으로 온몸에 다가오는 광고 메시지는 아마 헤아릴 수도 없을 것이다.

이 수만 개의 광고 메시지는 대부분 일관된 특기를 베푸는 데 바로 '재미'라는 특기다. 이는 마치 학창 시절 재미있는 '말발'로 눈과 귀를 즐겁게 해준 친구가 가장 인기가 높았던 것과 다를 바 없다. 광고도 우리 생활에서 가장 인기 있는 친구로서, 무미건조한 생활을 재미있는 담론으로 장식해준다든지, 평범한 삶을 화려한 귀족의 생활로 바꿔주기를 약속한다든지, 또한 건조한 생활인의 관념을 지식인의 복잡한 두뇌(고작 표피적 이미지만으로)로 이끌어주는 재주를 부린다. 이는 혹시 그 옛날 루소(Rousseau, Jean-Jacques : 1712~1778)가 제기하고 마르크스(Karx, Marl : 1818~1883)가 그토록 걱정했던 이른바 '인간 소외',♥ 곧 자본주의 사회에서의 인간 정신의 피폐

♥ 사회학자 막스베버는 이를 '비인간화'라 하였는데, 이는 사회적 제도나 정치·경제 체제 등 일반적으로 문명·산업화라고 불리는 것의 발전과 더불어, 오히려 그것이 인간에 대하여 퇴행적 작용을 하는 데서부터 생긴다는 것이다. 이러한

한 삶을 자취 없이 사라지게 한 것이 바로 '광고'라는 괴물(?)이 아닐까 하는 착각을 일으킬 정도다. 만약 그렇게도 볼 수 있다면, 아주 오래 전부터 광고를 활용하기 시작한 기업가들이야말로 이런 현상(인간 소외)이 다가올 것을 이미 걱정한 선견지명의 예지자들이 아닌가싶다.

그런가 하면 인간이 만들어놓은 여러 제도들과 비교해볼 수도 있다. 인간은 자신들이 만들어낸 모든 제도를 위반하거나 제도에서 벗어난 행동에 대해서는 어떤 형태로든 외부로부터의 타율적인 제재를 가해왔다. 법 제도를 보면 극명하게 알 수 있다. 그에 반하여, 가장 완벽한 자아 성찰'을 발휘케 하는 광고는 사람들 각자의 내부적인 성찰을 통해 자율적인 제재를 가하게 속성이 있다. 예를 들어, 광고가 전하는 최신 제품을 소유하지 못하거나 유행이 지난 제품을 소지하고 있다는 것은 항상 사람들의 마음을 편치 못하게 한다. 그러기에 언젠가는 최신 제품으로 교체해야 한다는 자발적인 자아 성찰의 강박과 반성이 능동적으로 발휘된다. 결국 광고라는 하나의 제도는, 법(제도)처럼 엄격하지도 않고, 정치(제도)처럼 딱딱하지도 않고, 경제(제도)처럼 복잡하지도 않고, 교육(제도)처럼 하기 싫지도 않으며, 가족(제도)처럼 고리타분하지도 않는, 그렇다고 해서 종교(제도)에서의 엄숙함을 요구하지도 않는다. 다만 재미있고 거기에다 쉽고 화려하기 때문에, 사람들에게 어느 때나 다른 여느 제도보다 탁월하게 스스로가 자율적인 제도적 매력을

상태 하에서 인간의 활동 그 자체가 당사자인 인간에게 속하지 않는 외적 · 강제적인 것으로 나타나, 인간의 본질은 인간에 외재(外在)하는 것으로 되고 만다. 이것은 고도화된 사회에서의 불가피한 현상으로서 각박한 인간의 삶이라고 일컫는다.

뿜어내는 것이다. 이는 마치 학교 수업에서 가장 재미있고, 쉽고, 친절하게 그리고 거기에다 예쁘고, 잘생긴 선생님의 매력에 감동하여 강제적이지 않음에도 불구하고 그 선생님의 숙제는 꼭꼭 해 갔던 기억처럼 말이다.

인간 소외 해결책으로서, 제도로서, 재미있고 쉽고 화려한 이유로서, 광고라는 제도는 현대 사회에서 우리 자신들에게 자연스럽게 흡수되는 당연한 메시지로 취급된 지 이미 오래다. 그러나 그런 당연한 흡입이야말로 오히려 앞에서 광고의 탁월한 기능으로서 필자가 비꼬던 '자아 성찰' 기능을 잃어버리는 것이 아닌가 한다. 왜냐 하면 사람들에게 광고가 소외됨의 해결책이자 재미있는 제도로서 마치 공기처럼 흡입되기는 하지만, 그 흡입이 계속되면 사람들 자신이 서서히 정신적으로 수동적인 존재로 되어가고 있다는 것을 감지할 수 없기 때문이다. 좀더 정확히 말하면, 소비로서 모든 사회가 개념화되는 소비 허위 의식 혹은 소비 이데올로기에서 벗어나지 못함을 뜻하는데, 이는 사실 자발적 성찰이 아니라 강요된 실천이다. 이를테면 우리 생활에서 어느 누구도 비난하거나 눈치를 주지 않았음에도 불구하고, 특정(명품) 브랜드가 아니면 세련되지 못하다고 여긴다든지, 학교 시험 점수도 아닌데 주유소 포인트 점수를 올리지 못하면 돈을 합리적으로 활용할 줄 모르는 것으로 여기는 등의 왜곡된 자아 성찰로 이어진다. 그뿐만 아니라 추운 길거리에서 아이스크림을 핥지 못하면 어느새 신세대 축에 끼지 못하는 자신을 깨닫게 된다든지, 패스트푸드점에서 가족과 외식하는 것을 꺼리면 촌스러운 엄마로 전락하게 됨을 느낀다든지, 아이들과 인라인스케이트를 함께 타지 못하면 고리타분한 아버지로 낙인찍혀 슬퍼하게 된다든지, 크리스마스에 애인을 위해 선물을 준비하거나 화려한 유흥가에서 배회하지 못하면 연애할 줄도 모르는 낙오자라고 비관하게 된다든지 등, 이 같은 감정들은 오히려 광고라는 메시지의 강요에 의해서 수동적으로 자기 자신들을 왜곡하여 실천해나가는 사례들이다. 이는 오히려 불행한 삶을 피해보려고 호흡한 광고를 통해 오히려 불행한 꼭두각시의 삶으로 전락해가고 있음을 감지하지 못하고 있다는 사실을 드러내준다.

사실상 광고의 무분별한 노출은 오염된 메시지를 호흡하는 것이다. 그리고 오히려 무비판적인 삶으로 자신을 내맡겨버리는 것이다. 그러나 어찌 광고 자본주의라는 환경이 사람들의 이 같은 호흡과 내맡김을 중단하게 만들 수 있단 말인가?

현실이 그렇다 하더라도 그러한 삶에서 벗어나고자 한다면 이렇게 상상해보는 것은 어떨까? 이를테면 광고가 지시하는 삶보다는 자신 스스로가 지시하는 삶을 상상해보는 것이다.

'유명 브랜드가 아닌 허름한 옷을 입어도 오히려 마음이 더 평안하지 않을까, 이리저리 특정 주유소를 집착하며 찾을 필요도 없지 않을까, 추운 겨울 길거리에서 아이스크림을 왜 먹어야 할까, 북새통 속에서도 주말에는 꼭 밖에 나가 외식을 해야 하나, 겨울에는 스키를 타고 놀러가야 꼭 세련된 걸까, 크리스마스에 왜 유흥가에서 분주한 사람들과 한 물결이 되어 흥청대야 할까 …' 하는 식으로 말이다.

광고라는 제도를 호흡하지 않는 상태는 바로 병적으로 넘쳐만 가는 소비지상주의 사회에서 벗어나는 길이다. 재미있는 광고에 매료된다는 것(꼭 구매하고야 마는 것)이 세련되고 행복한 삶으로의 전환이라고 생각하지만, 실은 오히려 세련되어 보이거나 행복해보이는 일종의 환각 상태임을 명심해야 한다. 그리고 광고가 제시하는 메시지가 재미있으면 재미있을수록 자신은 환각 상태에서의 삶에 더 깊게 빠져들게 된다는 것도 명심해야 한다. 광고에서 제시하는 메시지와는 달리 현실은 늘 재미있지도 않고 화려하지도 않으며 그리 간단하지도 않다. 더욱이 세련되어 있지도 않다. 오로지 사실 그대로일 뿐이다. 사실 그대로의 삶을 살게 된다는 것이야말로 진실하고 행복한 삶인데도 사람들은 불행한 삶이라고 생각하며, 오늘도 내일도 광고라는 마약 같은 메시지에 귀중한 자신의 의식을 내맡긴 채 '재미있게' 흡입하여 강박적인 '소비'로 내뱉는다.

앞에서 인용한 글처럼, 만약 오늘 독자의 점심 도시락 반찬이 극도로 행복하고 재미있는 점심 시간으로 포장된 과거 그 '듀람사'의 돼지기름에다 볶은 바로 소시지라면, 그 재미있는 광고가 환상의 정도를 넘어 철저히 거짓이라는 것을 부디 깨닫기 바란다. 만약 독자들이 앞에 언급된 '듀람사'의 기괴한 생산 공정은 아주 오래전 몰지각한 어느 기업에서의 일일 뿐, 오늘날 모든 기업은 정직하며 이들의 광고 역시 신뢰할 만하고 재미있는 것이라고 안심한다면 이 역시 환상임을 명심해야 한다. 그리고 기업에 대한 그러한 무조건적인 신뢰와 환상이 어디에서 기인하는 것인지 곰곰이 생각하는 진정한 '자아 성찰'을 발휘하기 바란다.

그렇게 하고나면 애석하게도 그 확고한 믿음과는 달리 과거 '듀람사'나 현재의 기업들이 이윤 추구에 집착하는 그 '숭고한 정신'은 언제나 동일하다는 것을 알게 될 것이고, 나아가 기업들은 여전히 그 믿을 만한 재미있는 광고와는 달리, 오폐수를 방류하거나 소시지에 항생제를 넣거나 백화점 판매대에 가짜 유명 외국 브랜드를 진열해놓거나 유전자 변형 식품(GMO)과 가짜 유기농 상품을 유통시키는 등의 행태들이 눈에 들어오게 될 것이다. 그리고 그로 인한 배신감을 조금이라도 맛보았다면, 그동안 항상 '재미있고', '쉽고', '화려하게' 떠들어대던 광고들을 향해 차라리 '듀람사'의 소시지 도시락을 던져버릴 수 있는 진정한 나를 발견해야 하지 않을까 싶다.

2

'강남 브랜드'와 이방인

"당신은 광고를 신뢰하십니까?"라는 설문을 접할 때가 있다. 이에 대해 응답자들의 대부분은 비슷한 대답을 한다.(지금 이 책을 읽는 독자 여러분도 마찬가지일 것이다.) "저는 광고를 믿지 않아요. 그거다 거짓말 아닌가요?" 또는 "전 광고에 워낙 관심이 없어서 …" 등의 대답들이 나올 것이다. 또한 수많은 광고 연구들에서도 이를 반영이라도 하듯 비슷한 결과들을 내놓는다.

이는 다시 말해 이렇게 추론할 수 있다. 모든 소비자들은 하나같이 합리적이며, 그럴 듯하고 화려한 영상 기호만 뿌려대는 광고따위에는 이들의 지엄한 소비 의식이 좌지우지되지 않는다고 말이다. 이는 소비자가 극히 당위적이고 모범적인 소비 인간의 결정체(경제학에서 소비자는 말 그대로 효용 극대화만을 위해 행동하는 경제인이다.)라는 사실에 의심의 여지가 없음을 뜻하기도 한다. 그도 그럴 것이,

필자도 필자의 소비 스타일에 결코 광고를 직접적으로 연결시키지 않으며, 늘 필자의 지극히 독자적인 개성으로 소비 생활을 하고 있다고 굳게 믿고 있기 때문이다. 이를 액면 그대로 인정한다면 결국 소비자들은, 자신들의 구매 행위 과정에서 그 어떤 외부적 교란에 아랑곳하지 않는, 이른바 '원자화한 경제인·소비인'으로서 늘 합리주의자이자 이성주의자들인 셈이다. 그래서 앞에서처럼 모든 광고 연구들은 이들 경제인들을 위해 항상 분발해야 한다는 반복적인 강박 관념(소비자를 따라잡아야)의 결과를 내놓는다.

그러나 애석하게도 그러한 결과들은 왠지 모를 불신으로 인해 불편함을 남긴다. 왜냐 하면 정작 광고를 신뢰하지 않는다면서 그토록 비합리적인 소비 행태를 보이는 사람들이 너무 많아 국가 경제의 문제로까지 제기되고 있기 때문이다. 객관적으로 보면 소비 당사자들은 효용과 기능 면에서 반드시 필요하기 때문에 구매했다고 하지만, 결과적으로 보면 화려한 광고의 기호 가치에 매료된 것으로 보이기가 부지기수다. 하긴 현대 사회에서의 상품 가치란 오로지 '광고'라는 기이한 통로를 통해 그럴 듯하게 보여야 하고, 그렇게 형성된 광고 기호에 한정되어서만 비로소 상품 구매 가치가 부여되는 시스템이기 때문에 어쩔 수 없는 한계이기도 하다.

그런데도 불구하고 설문 과정에서 대부분의 사람들이 광고를 신뢰하지 않는다고 답하는 이중성은 어떻게 해석해야 할까. 어쩌면 설문 응답자들은 광고를 신뢰하느냐는 질문에 동의하는 그 자체가 수치스러워서, 다시 말해 세속적인 상행위 메시지에 관심을 갖는다는 것 자체가 천하게 보일까봐 광고를 신뢰하는 자신들의 본심을 부인하는 것이 아닌가 한다. 다시 말해, 광고 내용을 하나하나 기억해낸다는 것이 왠지 글깨나 읽은 사람처럼 보이려는 자신의 격조를 떨어뜨리거나, 글보다는 영상만으로 정보를 습득했다는 사실이 자칫 자신을 가볍게 보지 않을까 하는 일종의 엘리티즘일 수도 있겠다.(그렇더라도 바이러스처럼 무의식중에 이미 동의하게 만드는 것이 광고의 속성 아니겠는가!)

　　이번에는 "당신은 광고를 신뢰하십니까?"라는 똑같은 질문을 같은 응답자들에게 초점을 달리해서 물어보았다. 곧, 커뮤니케이션의 '제3자 효과 이론'에 입각하여, (그렇다면) "당신(응답자)의 주위 사람들은 광고를 신뢰하십니까?"라고 약간 바꾸어 물어보았다. 놀랍게도 그 반응은 앞에서의 모범적인 응답과는 확연히 달랐다. 자기 자신을 제외한 제3자들(대중들)은 광고에 직접적으로 영향을 받을 만큼 우매하여, 광고가 전하는 메시지를 그대로 믿고 따른다는 반응이다. 그러면서 그런 제3자들을 안타까워하기도 한다. (그러나 광고의 속성이라는 것이, 어찌 소비자가 수동적으로 행동하고 있음을 자각할 틈을 주겠는가! 오히려 자신의 허물은 합리화시키고 제3자들의 단점을 드러내게 하는 위선자를 양산해내는 것이 광고가 아니던가! 항상 광고는 당신에게 '촌스러운 남'보다 최고가 될 수 있다고 주문하고 주입한다. 물론 '소비'를 통해서만!) 결국, 이처럼 광고의 진정한 속성과 현실 사이에 벌어지는 괴리감을 제대로 반영하지 못할 바라면 이 같은 유형의 광고 관련 연구 결과들은, 대단히 외람하게도 신뢰할 수 없으며, 쓸데없는 작업이 아닐 수 없다.

　　어쨌거나 우리 주위에는 이런 광고에서 제시하는 메시지, 곧 브랜드에 과민하게 반응하는 사람들이 있다. 다시 말해 대중적인 광고 표현 자체를 생활에 유희 또는 최신 정보로 즐기거나 이를 행동으로 옮겨 구매함으로써 광고에서 제시하는 브랜드의 조작된 가치와 마침내 동일시되는 사람들이 있다. 이들 가운데는 특히 자기 자신의 구매 감정을 과시함으로써 해당 상품과 기업에 대한 지대한 관심 내지 탄탄한 신뢰를 보여줌은 물론이고 그 기업이나 상품의 사회적 가치와 대등한 입장에 서서 동반 상승하려는 경우도 있다. 이와는 반대로, 광고에 대해서는 대중적인 속성 때문에 냉담하거나 멸시하는 반응을 보이면서도 '비밀스런 경로'를 통해서라도 해당 유명 브랜드를 수중에 넣어야 직성이 풀리는 사람들도 있다. (그러나 '비밀스런 경로'마저도 실은 광고주가 처음부터 교묘하게 개발해놓은 또 다른 유통 경로의 하나일 뿐이다!) 이들을 '광고 속 브랜드에 집착하는 사람들'이라 말하는데, 이들이 보여주는 행동은 여간 흥미로운 것이 아니다. 단지 '물신화된 기호'임에도 불구하고 이들의 이러한 광고 기호에 대한 지나친 관심과 소유에 대한 집착(기업의 입장에서는 분명 충직한 것이다!)은 어떨 때는 병적이기까지 하여 그야말로 국제적이기까지 하다.(과거 김영삼 정부 때 추진되던 이른바 세계화 정책을 아주 모범적으로 수행한 자들로서, 국제적으로 유명한 브랜드들을 지속적으로 수집하였다.) 그뿐만 아니라 자신들과는 달리 광고 속의 브랜드에 대한 충성심을 공유하지 못하는 사람들을 보면 경멸하거나 배타적인 관계를 형성하기도 한다.

의심할 여지없이 이들의 이 같은 세속적인 물신주의 행태는 서울 '강남'에서는 아주 자연스러운 일이다. 다시 말해 이런 사람들이 서울의 강남에 많이 거주한다는 뜻인데, 우리가 흔히 말하는 '고급'이라는, 모든 것들의 최상의 기준이 바로 강남이 되어버린 것도 바로 그곳에 사는 거주자들 대부분의 최고에 대한 그 같은 집착 성향의 결과라 할 수 있다. 더욱 놀라우면서도 재미있는 것은, 이 지역에서는 그 집착 성향이 세대간에 자연스럽게 세습된다는 사실이다. 그도 그럴 것이, 강남 지역 거주자의 아이들에게서는 그들의 부모와 동일하게, 아니 더 심하게 광고 속 브랜드에 집착하는 경향을 발견할 수 있으며, 급기야 그런 브랜드를 소유하지 못하면 스스로 소외 의식과 불안감을 느끼거나 경멸과 따돌림의 대상으로 전락하게 된다. 이는 또 다른 특정 계층의 고착화와 집단화로 이어지며, 마침내 다른 집단보다 우월하다는 그릇된 비교 의식까지 발생시키는 사회적 왜곡을 낳기도 한다. 물론 강남이라고 해서 모든 거주자가 이런 흐름에 잠겨 있는 것은 아니다.

다음은 부모에게서 자연스럽게 세습된 강남 지역 아이들의 위와 같은 집단 의식의 단면을 보여준 한 예다.

> 지난해 말 도봉구(강북) 미아동에서 강남 S고로 전학한 박 모(16)양은 우울증으로 두 달 남짓 신경정신과에 입원을 했다. 박 양은 "인기 메이커 옷을 입지 않아 유행에 뒤쳐진다는 이유로 '강북 촌닭'이라는 놀림을 받았다"면서 "아무도 나를 상대해주지 않았다"고 울먹였다. 이러한 집단 따돌림에 못 견딘 박 양은 정신과의 치료를 받아야만 했고, 결국 새 학기 들어 강북 D고교로 다시 역전학을 했다. —『대한매일』(2002년 5월 27일자, 26면)

언급하기도 진부하지만, 우리는 아주 초등학교 때부터 이런 교육을 받아왔다. "사람의 겉모습은 그다지 중요하지 않아요. 사람의 참모습이란 바로 내면에 있습니다 …", "사람은 겉모습으로만 판단해서는 안 됩니다", "얼굴보다는 마음이 예뻐야 합니다" …. '얼짱'과 '몸짱'이 유행할 정도로 외모지상주의가 판치는 요즘에 이런 얘기를 꺼냈다간 옛날 사람 취급받기 십상이겠지만, 그렇다고 해서 오늘날의 초등학교에서 이러한 교육 자체가 사라졌다고 의심하고 싶지는 않다. 물론 강남 지역 초등학교도 예외는 아닐 것이다.

그러나 이런 근본적인 가르침이 필자의 어린 시절부터, 아니 이 나라에 서구식 교육이 도입된 이래 전국 어디서나 이어져 내려오고 있음에도 불구하고, 유독 강남 사람들은 그러한 사회성을 제거한 채 살아가려 한다. 다시 말해 아이에서 어른에 이르기까지 이 지역의 사람들은, 자기들 집단에 이방인이 새로 들어오면 참모습을 알기 위해 그의 내면을 들여다보려는 수고를 오히려 거추장스럽게 여긴 지 오래다. 그 대신 최단 시간에 이방인을 파악하기 위한 탁월한 능력을 개발해냈는데, 바로 광고 기호의 광범위한 활용이다. 이를테면 가장 격조 있게 광고를 해대던 유명 브랜드가 그 이방인의 몸에 부착되어 있는지를 확인해보면, 이방인에 대한 파악은 간단히 끝낼 수 있는 것이다. 그야말로 광고 기호와 그에 따른 브랜드 소유 여부가, 'just do it'처럼 이방인과 바로 친해질 수 있는 아주 간단한 대인 탐색의 대표적인 방법으로서 이미 오래 전부터 강남 거주자들에게는 각광을 받고 있는 것이다.

　　강남 사람들은 탁월한 '유명 기호품 해독자'로서, 어떤 이방인이 확인 불명, 국적 불명의 브랜드(길거리표) 가방을 매고 있거나 제조 회사 상표나 로고가 모호한 옷을 입거나, 제공처가 불분명한 쇼핑백(유명 백화점의 로고가 선명하게 새겨지지 않은 일반 쇼핑백이나 재래 시장에서 사용하는 다양한 비닐 봉지들)을 갖고 있다면, 그 이방인을 자신들과 친근한 동류(同類) 관계로 절대 인정할 수 없다. 왜냐 하면, 순식간에 이루어지는 그들의 탁월한 대인 탐색 능력이 읽어낸 이방인의 '참모습'이란 그야말로 '촌닭'이 분명하므로, 상대할 가치가 없는 자로 평가되기 때문이다.(이러한 능력은 어린아이에서부터 어른에 이르기까지 모두 발휘되는데, 어른의 경우는 이를 드러내고 놀리지는 않는다. 다만 그 이후 만남이 줄거나 겉도는 대화가 오가게 된다.)

이 책을 일고 계신 독자께서 불행하게도(?) 만약 강남의 이러한 '이방인'이라면, 또 그 지역에 거주를 시작했다면 두 가지 중 하나를 선택해야 한다. 강남 사람들과 사회적 관계가 단절된 채로 계속해서 이방인으로 남든지, 아니면 앞의 박 양처럼 다른 지역으로 다시 이주를 하든지…. 둘 다 싫으면 물론 다른 길이 있다. 강남 사람들이 기꺼이 인정하는 '브랜드들'을 무슨 수를 써서라도 몸에 부착하거나 소유하면 어느 정도 따가운 시선은 피할 수 있을 것이다. 독자의 출신 성분을 은폐할 필요가 있다면 더욱 절실하다. 그렇다고 해서 독자가 '촌닭'에서 영구적으로 벗어나는 것은 아니다. 왜냐 하면, 강남 사람들이 사회적 관계 속에서 발휘하는 이 같은 광고의 브랜드 활용 능력은 단기간에 습득되는 것이 아니기 때문이다. 이곳에서 그러한 능력을 갖춘 부모의 태생적 환경 아래 어릴 때부터 지속적으로 거주한 자만이 그러한 능력을 유감 없이 발휘할 수 있는 것이지, 결코 간단히 학습되는 것이 아니다. 자본은 학습(이론)이 아니라 실체다!(프랑스의 어느 학자는 이러한 능력의 소유자를 소위 '문화 자본'이 풍부한 자로 치켜세우기도 하는데, 그도 그럴 것이, 요즘에는 광고가 전달하는 유명 브랜드의 소비 메시지들 모두 과거 귀족들이 만끽했던 '고급 문화'를 그대로 상품에 전이시키기 때문이다.) 결국 강남 지역으로 들어간 이방인이 강남 사람들과 동일하게 되기 위해서는 새로운 의미에서 '피나는 노력'(브랜드 집착)을 해야 할 것이다.

강남의 상징인 압구정동 거리에서 앞서의 똑같은 설문을 다시 해보았다. 첫 번째 질문 "당신은 광고를 신뢰하십니까?"에 대한 응답으로 다섯 가지 보기를 들었다. [① 매우 신뢰한다 ② 신뢰한다 ③ 중간이다 ④ 신뢰하지 않는다 ⑤ 매우 신뢰하지 않는다]. 대부분 ④번을 많이 찍었다. 두 번째 질문 "당신은 브랜드에 민감하십니까?"에 대해서도 역시 다섯 가지 보기를 들었다. [① 매우 민감하다 ② 민감하다 ③ 중간이다 ④ 민감하지 않다 ⑤ 매우 민감하지 않다]. 대부분 ④번을 찍었다. 질문의 유형상 ④번을 무척 좋아했다. 그러나 그들에게 재차 어떤 광고의 브랜드가 기억나느냐고 물어보면 대부분의 브랜드를 거의 외우다시피 한다. 그리고 그렇게 대답한 사람들의 몸에는 광고에 대한 신뢰를 넘어 신봉하고 있음을 증명이라도 하는 듯, 이미 유명 브랜드들로 가득하다. 추측컨대 강남 사람들의 경우 광고 정보를 신뢰하거나 브랜드에 민감하다는 사실을 겉으로는 대단히 수치스러워 하는 것 같다. 그러나 사실 그들은 겉으로는 수치스러워하면서도 실제로는 이미 행동으로 옮긴 사람들이다. 곧, 광고의 실증 연구 면에서 보면 설문에 정반대의 대답을 하는 정직하지 못한 샘플인 셈이다.

　더욱 우스운 것은, 이러한 기이한 샘플 현상이 현재 한국 사회의 표준이 되어가고 있다는 점이다. 더욱 심각한 것은, 이 지역 샘플들의 이중성이 마치 세련된 우위성으로 포장되어, 타지역의 이른바 '우위 모방'의 대상으로 평가되기도 한다는 데에 있다. 이를테면, 강남이 아닌 다른 지역에서까지 이들의 이중성을 부러워하는 가운데 똑같은 수준에 이르게 될 날을 손꼽아 기다리거나, 이 같은 샘플들이 거주하는 지역에서 일어나는 모든 일(유명 브랜드에 집착하는 것에서부터 상업주의와 관련하여 '고급'이라고 일컬어지는 모든 것들)을 알고 싶어하는 일들이 그런 현상들이다. 게다가 경제적 여건상 거주할 수는 없지만, 자주 방문이라도 하여 이들의 이중성을 답습해나가는 '모방 샘플'들까지 생겨나고 있다.

　그런 까닭에 아침부터 자정까지 강남 일대의 거리를 활보하는 사람들 가운데 70퍼센트 가량은, 자의든 타의든 모두 이 지역에 거주하지 않는 모방 샘플들이라고 할 수 있다.(이 지역에 직장이 있는 관계로 어쩔 수 없이 매일 활보해야 한다고 하지만, 출퇴근 때마다 복장에 신경을 쓰지 않을 수 없는 것은 그 자체로 이미 엄청난 스트레스다. 물론 그 와중에 이미 그런 집착을 즐기는 경우도 있을 것이다.) 특히 강남 지역의 모 백화점 주위를 배회하는 젊은이들은 더욱 그렇다. 이들의 최대 관심거리는 유명 브랜드의 옷을 입고, 남들의 시선을 즐기며, 개성이랍시고 가깝게는 강북 사람들에게 더 넓게는 지방 사람들에게 한껏 콧대를 세우는 일이다. 서로 자기가 독특하다고 발견하는 광고 속 브랜드를 지속적으로 구매하고 또 자랑하지만, 필자가 보기에는 광고가 지시하는 대로 너무나도 말을 잘 듣는, 마치 박정희 정권 시절에 교실마다 넘쳐나던 반공 포스터가 주문하는 대로 순종하던 학생들 같다.(드러내고 자랑하지 않아도 당당하게 'just do it'의 커다란 상표를 드러내는 자체는 자랑이지 결코 겸손은 아니다.) 물론 그렇다고 해서 자신들의 정체성을 딱히 드러낼 만한 기제도 없지만, 그 정체성이 한결같다는 것 역시 우습지 않을 수 없다.

여러분은 자신이 거주하는 지역의 거리에서, "당신은 광고를 신뢰하십니까?" 또는 "브랜드에 집착하십니까?"라는 설문을 받는다면 어떻게 대답할 것인지 한 번 곰곰이 생각해보시기 바란다. 앞서 필자가 제시한 대로, 과연 여러분 자신이 모든 광고 연구 결과에서 얘기하는 것처럼, 그야말로 광고를 불신하고 브랜드에 집착하지 않는 합리적인 경제인인지, 아니면 '강남 사람들'처럼 그 반대의 부류인지, 그도 아니면 강남 사람들을 추종하는 모방 샘플인지 말이다.

사실 앞에서 인용한 신문 기사에서, 정신과를 들락거리고 역전학을 간 '박 양'은 오히려 정상적인 사람들이 사는 곳으로 되돌아간 것이라고 본다. 정신병원에 갈 필요는 더더욱 없다. 오히려 정신과 전문의를 찾아야 할 사람은 박 양을 따돌리고 놀렸던 그 반 아이들과, 그 아이들을 그렇게 교육시키는 것이 가장 진보된 교육이라고 굳게 믿고 있는 부모들이다.

그럼에도 불구하고 필자가 감히 예상하건대, 강남 지역에는 마음을 치료하는 정신과 병원들은 점차 줄어드는 추세이고, 오히려 광고의 화려함이나 브랜드의 물신성을 추종하는 세태를 반영하듯, 이른바 외모를 포장시키는 '성형외과'가 급속도로 늘어나고 있는 듯하다. 왜냐 하면 광고 속 브랜드 집착으로도 충족이 안 되는 그들만의 사회적 관계 현상이 정신과적 질환인지 모르고 오히려 외모의 질환으로 오판하여 성형외과를 찾는 사람들이 날로 늘어났기 때문이다. 아이러니의 연속일 뿐이다.

3

무시당하면서도 꿋꿋한 '아줌마들의 힘'

광고에 연관된 일에 종사하는 사람들 대부분은 이른바 소비자주의자들(주부 단체)과 대화나 토론이 있을라치면 이들의 사고 방식에 혀를 내두른다.

"그 사람들과는 말이 안 통해요, 말이 …. 광고에 대해서 몰라도 저렇게 모를까싶다니까요 …."

"그러게 말입니다. 몰라도 너무 몰라요. 역시 아줌마들이란 답답해서 …."

이렇게 광고업계 종사자들이 말도 안 통한다고 혀를 내두르는 대상, 혹은 광고에 대해서는 아예 문외한으로 치부되는 소비자주의자들은 대부분이 바로 여성들이다. 그런데도 그 여성들은 일국의 '경제부총리'처럼 가정마다 경제권을 실질적으로 주도하고 있는 주부들이 대부분이다. 그리고 전국적으로 조직되어 활동하고 있는 소비자 단체의 구성원 가운데 대부분인 90퍼센트가 이런 여성 주부들에 의해서 운영되고 있다. 그런데도 이들이 운영하는 단체들은 다른 이익 단체와는 달리 어떤 경제적 이득을 얻으려고 운영하는 것은 아니다.(광고인들이 어떤 경제적 이득을 얻고자 광고를 옹호하는 것과는 반대다.) 이들이 운영하는 단체들의 목적은 오로지 일반인들에게 소비자로서의 권리를 증진시키는 한편, 기업이나 국가로부터 어려운 일을 당한 소비자나 국민들이 생겼을 때 여러 가지 도움을 주고자 하는 데 있다. 이는 가정 경제를 보호하고 지원하는 동시에 국가 경제를 튼튼하게 돕는 데에도 일조하는 봉사 활동이라고 할 수 있다.

그런데도 자본주의 탄생의 본래적 근본 정신이 상실된 오늘날의 자본주의 사회에서는 이러한 '주부'들의 실천적인 권리와 행위마저 환영받지 못하고 무시당하고 있는 게 현실이다. 왜냐 하면 광고인은 물론이고 때로는 일반 소비자들에게까지도 거시적인 실물 경제를 잘 알지도 모르면서 할 일 없이 트집을 잡는 집단으로 매도되기 십상이기 때문이다. 특히 이들이 지적하는 문제들을 볼라치면, 그동안 좀스럽고 쩨쩨하고 사소한 것들로 취급되어 공적인 영역에서 문제를 제기한다는 자체가 우스꽝스럽다고 여긴 것들이기 때문에 더욱 그런지도 모르겠다. 그래서인지 지금도 그렇게 생각하는 현역 광고인들이 상당히 많은 것으로 생각한다.

하지만 오늘날에 와서 이 같은 여성 주부들의 역할과 권리 찾기는 너무도 당연한 사회 현상이 되었고 정당한 목소리가 되었다는 것을 누구도 부인할 수 없을 것이다. 특히 그동안 약자 입장에서 논의조차 거부되었던 소비자 문제나 소비자 주권, 소비자 권익 등을 공개적이고 공식적인 사회 환기를 통해 공론화시켜 법적 제도

적 장치로까지 이르게 한 데에는 당연히 이들 여성 주부들의 공이
가 크다.

사실 이러한 소비자주의자들이 격상하는 배경을 한번이라도
접해본 사람이라면, 앞서의 광고인들[▼]처럼 이들 여성 주부들을 그
토록 무시하거나 눈엣가시 같은 실망스러운 존재로 표현하지는 않
았을 것이다. 다만 필자가 지적하고 싶은 것은, 그러한 무지가 어디
에서 기인하는 것인가 하는 점이다. 역설적이게도 현실을 보면, 광
고인들은 정작 자신들이 무시하는 여성 주부들의 그 같은 '미운 활
동' 덕분에 직간접적인 여러 혜택의 열매를 따먹고 있지 않은가!(소
비자들의 문제 제기와 적극적인 권리 주장으로 인해 기업들은 자체 내부의 여러
결함을 인정하는 수모를 겪기도 하였지만, 타율적이나마 이를 합리적으로 시정·
보완함으로써 결과적으로 경제적 이익은 물론 경쟁력 제고와 사회적 신뢰를 얻
는 데 도움이 되었다. 정부 또한 소비자 보호에 제도적인 뒷받침을 함으로써 소비
자의 총체인 '국민'에게 삶의 질적 향상을 이루는 정치적 시너지 효과까지 어부지
리로 얻게 되었다고 볼 수 있다. 이처럼 여성 주부들의 자발적인 권리 주장 없이,
기업이나 정부가 스스로 소비자나 국민의 권익을 찾아준 전례가 있었는가!) 그
런데도 광고주를 포함한 광고인들은 이들(여성 주부)을 아직도 무
지하고 귀찮은 존재로 여기는 것일까?

그 같은 배경을 알아보려면 역사의 물줄기를 잠시 거슬러올라
갈 필요가 있다. 동서양을 통틀어 근대화 과정에서 가장 대표적인
변혁을 꼽으라면 아마도 '프랑스혁명'이 아닌가 한다. 이 혁명은 여
러 가지 많은 정치적, 사회적 개선과 변화의 계기가 되었지만, 무엇
보다도 중요한 의미는 거대한 시민사회의 자발적 참여와 그로 인
한 정체성을 확인하였다는 점이다. 그러나 또 다른 한편으로 안타

[▼] 광고와 관련된 모든 산업에 종사하는 사람들을 의미하며, 여기에서는 어느 특
정인이나 부류를 지칭하는 의미는 없음.

까운 한 가지 변화는, 새로운 시민사회 형성 과정에서 오히려 시민의 의식과 생활 영역이 공과 사로 엄격히 분리되는 계기가 되었다는 점이다. 다시 말해 개인에게 관계된 모든 것, 곧 각 가정에서 이루어지던 가사와 육아 같은 사적 영역과, 집 밖에서 이루어지던 일과 정치, 경제 행위 같은 공적 영역이 명확히 분리되기 시작하였다는 것이다. 이 같은 분명한 영역 분리 자체만으로는 아무런 문제가 되지 않겠지만, 분리된 두 영역 사이에 형평성이나 평등이 이루어지지 않았다는 데 안타까움이 있다. 다시 말해, 두 영역 사이에서 성(性)의 차별이 이루어지기 시작했다는 점이다.

남성들은 자기들만의 독자적이고 강제적인 합의를 통해 여성들을 사적 영역으로 내몰았으며, 이는 모든 공적 영역에서 여성들을 소외시키는 결과를 나았고 저가치한 존재로 평가되는 역사적 계기가 되었다. 그로 인해 모든 대중적인 관심 대상으로부터 여성은 점점 멀어져간 것이다. 영역 분리가 명확해짐에 따라 사적 영역은 오로지 저가치한 여성들의 영역으로 구분되었고, 자연히 여성들의 최대 미덕은 엄격하게 분리된 사적 영역인 '가정'에서 조신하면서도 합리적으로 잘 관리하는 데에 있었다.

결국, 혁명은 절대 왕권을 무너뜨리고, 귀족들의 오만한 사치를 종식시켰으며, 소외된 민중들의 정치적 권리를 공적 영역으로 확장해놓기는 했으나, 그와는 대조적으로 사적 영역에서 여성들은 더욱 철저하게 간힌 채 희생양으로 전락하였으며, 그 같은 혁명의 모순은 오늘날까지도 여전히 여성들을 저가치한 대상으로 내모는 악습으로 곳곳에 똬리를 틀고 있다.(이러한 문제는 거대한 '페미니즘'의 논의에 입각해서 규정된 것은 아님을 밝혀둠.)

물론 오늘날에 와서는 두 영역의 분리에 따른 성의 엄격한 경계가 상당 부분 허물어지기는 했다. 하지만 우리의 머리 속에는 여성들과 여성들이 이루어놓은 과업들이 여전히 주변부로 밀려나고 있다는 생각을 지울 수 없다. 그럼에도 불구하고 이러한 편견에 갇히기를 거부하는 여성들의 경우, 과거 같으면 사적 영역으로 내몰릴 사안들을 현대화 과정에서 공적인 영역으로 힘겹게 끌어올리기 시작한 사람들이 나타나기 시작했다.(남성들이 허락할 리도 없겠지만, 이는 견고한 남성의 영역을 침범한 것과는 다르다. 사적 영역에서 여성의 일로 치부되는 사안을 공적인 영역으로 당당하게 끌어올려 문제를 제기한 것이다!) 그들 가운데 하나가 바로, 가정에서 살림을 맡고 있던 주부들이 가계(家計) 경제 문제를 사회적인 차원으로 끌어낸 것이다.

우리나라의 경우 1960~1970년대만 해도 이러한 사적 사안의 공적 영역으로의 상승은, 경제 개발을 통한 부국강병에 모든 정책적 수단을 강구하던 당시의 국가 차원에서도 반갑고 유익한 일이었다. 그러나 실제에서의 수용 변화는 오로지 이런 여성들만의 노력의 결과로 가능했으며, 사회 전체의 자생적인 성숙함에서 온 움직임은 결코 아니었다.

그 같은 움직임 덕분에 가능했던 것들 중에 하나가 바로 '소비자주의(Consumerism)'와 관련된 것으로, 구체적인 예를 들면 '아나바다 운동'♥을 꼽을 수 있다. 이는 바로 내 가정의 합리적인 가계 정책에 대한 실천적인 노력이 전국적인 공적 영역에서 엄청난 호응을 얻게 된 대표적인 사례며, 그 밖에도 주부들에 의해 주도된 여러 절약 운동이 경제 발전의 근간을 이루는 사안으로 인정되어

♥ 소비자 단체에서 추진한 '아나바다 운동'은 '아껴 쓰고 나눠 쓰고 바꿔 쓰고 다시 쓰자'라는 슬로건의 앞 글자만 따서 만든, 우리나라 소비자주의 운동의 대표적인 예다.

정부가 전폭적으로 후원하였던 것을 보더라도, 과거의 저가치한 사적 영역의 대상들인 주부 여성들, 이른바 '아줌마'들의 노력이 얼마나 대단했는가를 알 수 있다.(그런데도 일부 사람들은 이후의 모든 여성의 주체적인 시민 운동을 달갑지 않게 보는 경향이 남아 있다. 거론하기도 민망하지만, "집에서 밥이나 짓지 뭐 하러 …" 따위의 발언들은 그러한 자들의 대표적인 의견이자 상투적인 공격적 레토릭(수사)이기도 하다.)

그런가 하면, 이들 아줌마들의 무서운 힘은 또 한 번 발휘되었는데, '가족의 건강'이라는 사적 영역의 사안을 이른바 '국민 건강'이라는 공적 영역의 사안으로 확산시킨 예가 그것이다. 대표적인 것이 바로 '불량 식품 추방 운동'이다. 건강과 직결되는 먹거리에 대한 이 운동은, 모든 식품에 성분 표시를 의무화하는 것에서부터 유해 성분 함유 여부, 제조 일자, 유통 기한, 보관 방법, 원산지 표시에 이르기까지 식품의 제조와 유통 전반에 걸쳐 엄격한 기준을 만드는 데 공헌하게 되었다. 그뿐만 아니라 새삼 먹거리의 중요성을 사회적으로 환기시키고 동시에 기업과 국가의 책임이 막중함을 깨닫게 하는 계기가 되었다.

이처럼 여성인 '아줌마'들이 내건 사안이란 어찌 보면 사소할 수도 있고 어찌 보면 결과에 따라 엄청난 내용일 수도 있다. 앞서 예로 든 먹거리에 대한 문제 제기 역시, 올바르고 건강한 시장 경제는 정직한 소비 유도에서 이루어져야 한다는 것을 알려준 것일 뿐이며, 결국 그 덕분에 우리가 오늘날 '유통 식품'을 안전하게 구입하여 먹을 수 있게 된 것이다. 그런데도 우리는 여전히 그들 '아줌마'들의 공헌을 잘 모르고 있거나 애써 외면하고 있다.('소비자학'이나 '가정학', '아동주거학' 같은 학문을 연구하는 사람들의 성별을 살펴보면 대부분이 여성들이라는 사실도 이 기회에 새롭게 인식할 부분이다.)

여성 주부들, 이른바 '아줌마'들의 파워를 이 정도 실감했으면 이제 얘기를 다시 처음으로 되돌려보자. 곧 광고와 여성 주부(아줌마)의 관계를 살펴보자는 말이다.

정보화 시대로 접어들면서 광고라고 하는 정보는 이들 아줌마들이 판단하기에 가정 경제를 흑자로 전환하기 위해서는 별 도움이 되지 못하는 존재였다.(광고에서 합리적인 구매를 강조하는 표현은 태생적으로 언어도단이다!) 오히려 비계획적인 소비를 유도하거나 정보 자체도 비현실적이기 십상이다. 생생한 정보를 보여준다고는 하나 이 역시 모두 철저하게 기획되고 꾸며진 것이다. 간혹 인지도를 이용해 유명한 배우가 "써보세요!" 하며 권유하거나, 권위 있는 전문가가 "제가 증명할게요!" 하며 추천하지만, 정말 그 배우나 전문가가 써보거나 쓰고 있으면서 하는 소리인지도 의심스러울 따름이다. 이런 방법 자체가 이미 공공연한 하나의 광고적 장치라는 것을 광고에 문외한이라 할지라도 알 만한 사람은 다 알고 있지 않은가. 이미 법적으로 문제가 되는 사례가 심심찮게 나오고 있는 게 현실이고 보면 더욱 그렇다.

지금 당장 미용 효과를 위해 그러한 화장품이 필요하지도 않을뿐더러 그 유명한 모델 또한 결코 그 제품을 애용하지는 않을 겁니다. 오로지 모델료라는 계약 관계에 의한 연기 출연에 불과하지요. 그래서 광고는 원래 거짓말이지요. 어떤 회사가 물건을 비교적 빠르게 다량으로 팔아내기 위한 수단에 불과하지요. 모델에게 돈주고 좀더 우아하게 보이도록 하여 마치 그 제품을 애용하고 있는 것처럼 음침한 공간에서 행복한 파라다이스인양 보이는 세트를 유용한, 진실한 정보라고 절대 보지 않습니다.

이미 앞서 지적했듯이, 광고에 대한 소비자주의자들의 견해가 광고인들에게는 지대한 공적 영역의 메커니즘을 전혀 모르는 답답한 사람의 말처럼 들릴지도 모른다. 다시 말해 '거대한 광고라는 공적 영역의 논리와 다분히 사사로운 개인 소비 행위라는 저가치한 사적 영역에 불과한 사안을 감히 평등한 논의 대상으로 삼으려 하다니" 하고 열을 올릴 것이다. 사적 영역의 대상인 여성 소비자주의자의 주장에 광고인이 느끼는 단절감을 이해하지 못하는 것은 아니다. 필자 또한 과거에 그러했으니 말이다.

그러나 어찌 과거의 사적 영역에 해당하는 사안을 맡고 있는 여성이라 해서 '자본주의의 꽃'인 광고가 이끄는 거대한 경제 논리를 모르겠는가. 또한 그들이 어찌 광고가 갖는 커뮤니케이션으로서의 순기능을 부정하겠는가. 다만 그들이 주장하는 것은 우리 피부로 느껴지는 것만이 현실이라는 것이다. 다시 말해 광고를 통해 이상적인 정보(광고자들의 주장)를 아무리 떠들어댄들 소비자 자신의 주머니 사정은 제한되어 있다는 것이다.(고맙게도 '신용카드'라는 것이 가끔 그 제한을 풀어주기는 하지만 말이다. 그러나 이것도 거시적인 경제 작동의 '음모' 덕분인지 애물단지로 전락하여, 이제는 개인의 목숨은 물론이고 가정 파탄과 국가 경제의 위기로까지 이어지는 저승사자가 되었다.)

따라서 광고가 이끄는 대로 생활하다간 마침내 자기 현실이 붕괴되는 막다른 지경에 다다르고야 만다. 특정 광고가 강제하는 상품을 구매하지 않는다 하더라도, 그 광고 상품에 둘러싸여 있는 이상적 생활의 분위기는 무의식중에 소비자를 광고가 유도하는 유토피아적 세계로 안내하게 마련이다. 그런 이유 때문에 소비자주의자들은 아무리 필요한 정보라 하더라도 자신의 주머니 사정이 허락하지 않는다면 그건 정보가 아니라 유혹 내지는 쓰레기로 여기는 것이다. 광고에 대한 소비자주의자들의 경계가 이럴진대, 광고의 순기능, 곧 소비 진작을 통한 경기 회복이나 경제 성장(광고인들이 자랑스럽게 주장하는 광고의 존재 이유)을 위해 자신의 씀씀이를 광고가 요구하는 대로 행동에 옮기려는 이가 몇 명이나 되겠는가. 혹시 모르겠다, 재경부 장관이라면 ….

이처럼 현실에서의 소비자의 생활은, 소비자 자신의 소비가 광고의 순기능에 따라 경제를 원활하게 하는 데 도움이 되고자 하는 생활이 아니라 소비자 자신의 주머니 사정을 염두에 둔, '목구멍이 포도청'을 직시할 수밖에 없는 생활인 것이다.

아무튼 앞에서도 지적했듯이, 이 같은 현실에도 불구하고 광고인들이 소비자주의자들에 대해 여전히 무시와 무지로 일관하는 것은, 일상 생활에서 여성이나 주부 또는 소비자주의자들의 가정 경제에 대한 그간의 공헌을 느끼지 못한 탓이다. 더 이상 이들의 숨은 노력을 저가치한 주변 영역으로 치부해서는 안 된다고 본다.

광고주를 포함한 광고인들은 상품을 팔기 위해 광고라고 메시지를 통해 '사심(私心)'을 전하는 가운데 소비자에게 허황한 정보를 제공하고자 노력하는 사람들이다. 반면에 적어도 이들, 소비자주의자들은 순수한 마음에서 일반의 대중 소비자들에게 현실적으로 효용 가치가 있는 정보를 제공하고자 노력하는 사람들이다. 다시 말해 소비자주의자가 소비자 편에서 광고 전문가라면, 광고인은 광고주 편에서 광고 전문가인 셈이다. 독자들이 판단하기에 자신이 소비자라면 어떤 속성의 전문가에 동조하는 것이 더 현명한 것인지 곰곰이 생각해보기 바란다. 그리고 그런 동조는 결코 '답답이'가 아니라 오히려 '현명이'가 되는 길임을 또한 명심하기 바란다.

감동을 강요하는 시대

　30대로 보이는 회사원이 모두 퇴근한 사무실에서 혼자 야근을 하고 있다. 작업에 열중하다가 피곤한 듯 한 번 기지개를 켜본다. 잠시 회사원의 시선이 자신의 책상에 놓인 가족 사진 쪽으로 이동한다. 사진 속의 딸아이와 아내가 웃고 있다. 딸아이의 목소리가 환청으로 들려온다. "나 아빠랑 결혼할 거야!" 계속해서, 성우의 대사가 이어진다. "가족에게 당신은 하늘입니다." 한 집안의 가장으로서 야근을 하던 그 사무직 아버지의 눈에는 눈물이 고이고, 마지막으로 성우의 대사가 또 한 번 정중하게 이어진다. "사랑한다면 끝까지 지켜주십시오! 생명보험협회"라고 하며, 다름아닌 광고였음을 고백한다.

　(2000년 10월에 방송된 이 광고는 생명보험협회 홈페이지 www.klia.or.kr 의 '홍보실 / TV-CM 홍보자료' 메뉴에서 '가족사진' 편을 클릭하면 동영상으로 볼 수 있다.)

희로애락으로 점철되어 있는 인간사를 '하루'라는 단위로 매일 쪼개어 보여주는 방송 매체의 하루하루는 인간에게 감정을 호소하거나 자극하는 내용들로 늘 가득 차 있다. 방송 매체의 중요한 구성 요소인 광고도 예외는 아니어서, 우리가 매일 매일 접하는 무수히 많은 매체들에서 제각각의 존재 이유를 갖고 사람들의 오감(五感)을 향해 다가간다.(이윤호,『광고로 본 한국, 한국인』, 2002, p.73.) 다시 말해 우리가 일상 생활에서 수많은 광고물에 노출되어 있다는 것은 하루에도 열두 번씩 우리의 감정을 변덕스럽게 바꿔가며 살아가고 있다는 뜻이기도 하다. 이는 하루 중에 광고에 노출되어 있는 자신의 표정을 객관적인 시각으로 한 번 관찰해보면 그 이유를 알 수 있다. 이를테면 광고를 통해 유쾌해지다가도 금방 괴로워하고, 미친 듯이 신이 나다가도 갑자기 가슴이 저며오는가 하면, 안타까워하다가도 그 자리에서 다시 미소를 짓는다. 어떨 때는 이러한 일희일비(一喜一悲)한(15초마다 이루어지는 감성적 표현들이기에) 자신의 기괴한 모습에 놀라지 않을 수가 없다. 이는 마치 울다가 웃으면 어디에 뭐가 난다는 말처럼, 광고를 보며 변덕스러워 하는 사람들 모두를 털복숭이라고 해도 괜찮을 듯싶다. 이렇듯 하찮은 광고물에 자신의 감정을 그대로 내맡겨버린 우리들이 썩 똑똑해보이지는 않는다.

현대 사회의 광고 표현 모두가 정보(정보라고 해봐야 다소 부풀려졌지만)가 아닌 감동을 뿌려대고 있는 추세다. 곧, 한 편의 영화를 보여주듯 지극히 감성적으로 '오감'을 자극하고 있는 것이다. 이는 인간 두뇌의 편향된 기능만을 이용하는 왜곡을 낳기도 한다.

결국 광고로 느끼는 우리 주변의 삶이란 이성적인 면보다는 찐한 '감동' 그 자체인 것이다.(앞에 예로 든 광고에서도 '늦은 밤 야근'이란 가족을 지켜내기 위한 지극히 낭만적이고 상징적인 일이며, 우리 사회의 대표적이고 평범한 가장인 주인공은 가족을 위해 눈시울을 적셔가며 자기의 몸을 돌보지 않고 외롭게 일을 하고 있지 않은가!)

'감동'의 사전적 의미는, 사물이나 현상의 훌륭함이나 아름다움 등에 깊이 느끼어 마음이 움직이거나 놀라거나 흥분되는 것을 의미한다. 그리고 영상 매체 이전에 과거의 현실에서 이러한 감동을 경험할 수 있었던 것은 상상이나 아니면 문자 서술, 구두를 통한 지극히 드문 경우에 한했다. 물론 드문 현실에서 받는 감동이니 만큼 그것은 인생에서 충격이요 최상의 가치이기도 했다. 그러나 그 '드물고 귀한' 체험을 '언제나'로 바꾸어놓은 것이 영상 매체 기술의 발달이며, 나아가 이 '언제나'의 체험을 '신속하게' 우리의 뇌를 자극해 눈물을 빼내게 하는 또 한 번의 진보가 바로 '광고'였다.

결국 광고는 단 15초 만에 소비자의 두뇌에 신속하게 감동을 각인시킴으로써 가슴 뭉클하게 눈시울을 적시게 하는 강력한 기제인 것인데, 그러나 그 기제는 영화에서처럼 감동만을 위한 순진한 목적으로 탄생하는 것은 결코 아니다. 고맙게도 더 탁월한 기능이 있는데, 이는 소비자가 손쉽게 자신들의 생활에서 그 감동을 직접 체험할 수 있게 만드는 것이다. 다시 말해 그 광고 속 감동은 상품의 속성으로 변신하여 소비자가 시중에서 그 무형의 감동을 얼마든지 유형의 상품으로 구입할 수 있게 해놓았다는 것이다.(물론 요즘 영화는 '캐릭터'다 뭐다 하여 2차적 체험을 가능하게 하지만 말이다.)

세기말을 지나 첨단 과학 시대인 21세기에 들어서 이렇듯 감동 어린 광고가 더욱 많아지고 있다. 일종의 광고 고유 속성에 대한 변형의 시도인데, 그 특징은 다음과 같이 정리할 수 있다.

우선 격조 높아보이는 감동 어린 오색으로만 화면을 모두 채위(문자나 자막, 해설 등은 거의 없다) 보여준다. 그리고나서 결말에서 아주 몇 초간 지금까지의 화면 전개와 전혀 관계없는 제품명과 회사 로고가 별 비중 없이 나타났다 사라지게 한다. 이에 대해 소비자들은 비록 짧은 시간이지만 감동적인 영화 한 편을 본 것보다도 더 강력하게 감동을 느끼며, 제품에 대한 정보가 적어서 다소 답답하기는 하지만 그 부족함은 결국 강력한 감동의 여운이 대체함으로써 또 다른 효과를 전달하게 되는 것이다. 오히려 이런 동문서답형 광고(제품과 직접적으로 상관이 없는 영상 이미지를 감동적으로 극대화한 내용이기에)가 소비자에게는 능동적인 감동을 만들어내기가 일쑤다.(유명한 추상화를 미술관에서 관람해도 각자의 의미 해석에는 별로 불평이 없다. 왜냐 하면 관람자들 모두 작품에 대해 잘은 모르지만 의미심장한 작품임에 틀림이 없기에 미술관에 걸어놓았다고 암묵적으로 동의하기 때문이다. 우습게도 광고도 그 제품의 정보 속성과는 담을 쌓아버린 동문서답형의 광고, 이른바 '이미지 광고'가 광고 본연의 목적을 생각할 때 오히려 가치가 높다는 추상성을 보유하게 되는 것이다.)

그러나 이 같은 이미지 광고는 상품을 판매하기 위해 가장 효과적인 감성의 변형을 유도하는 광고 기법으로, 이는 소비자로 하여금 감동에만 머물러 그 너머(구매 강요의 천박함)를 보지 못하게 하는 기법에 불과한 것이다.(백지숙, 『이미지에게 말 걸기』, 1995, p.152.)

이처럼 제품의 본질과 담을 쌓아버리는 광고는 소비자들에게 오히려 높은 가치의 추상성으로 평가되어 광고계에서도 항상 수준 높은 광고 기법으로 평가된다. 우습게도 연말마다 상업 광고도 '아카데미'나 '대종상'처럼 '좋은 광고'라는 이유로 시상식을 하는 것을 보면 그 의도를 더욱 분명하게 알 수 있다. 이 같은 이벤트는 소비자에게 상품의 정보를 제공하는 광고 본연의 기능을 잠시 잊게 만드는 동시에, 각종 영화 시상식의 이미지까지 차용해옴으로써 예술 작품의 가치에 무임승차하려는 의도를 드러내고 있는 것이다. 한마디로 광고의 기이한 입지 욕구가 우습지 않을 수 없다.(정보 기능을 외면한, 다시 말해 제품 정보와 담을 쌓은 동문서답형 광고에 매년 상이 부여된다면, 더 긴 시간을 투자해 극장에서 영화가 시작하기 전에 등장하는 광고에 세 시간짜리 장편 '대서사시 동문서답형 광고'를 만드는 것은 어떨까. 그러면 '좋은 광고'에 상을 주는 것이 그리 우스워보이진 않을 것이다.)

앞서 예로 들은 '생명보험협회' 광고를 필자 임의대로 평가한다면 '변장' 광고라 말하고 싶다. 가족을 사랑하는 마음과 그 가족을 지켜내고 싶은 가장(家長)의 마음이 소비자들의 인지상정(人之常情)을 자극한 일종의 '감동의 강요'인 것이고, 이는 곧 보험에 가입하지 않으면 안 된다는 메시지를 변장하고 있는 것이기도 하다.

따라서 그 강요의 담을 넘어가보면, 그 너머에는 천한 광고주의 계략("아, 정말 많이 팔아야 하는데 …")이 힐끗힐끗 소비자를 넘겨다보고 있다. 그 계략이 무엇인지 안다면 소비자들 또한 결코 이 광고에 감동을 느끼지는 않을 것이다. 사실 그 광고에서 광고주는 소비자에게 이렇게 말하고 싶어한다. "보험 드세요, 제발 보험 좀 들어주세요!"라고. 시장판에서의 "자, 골라! 골라!" 하는 직설적인 외침과 근본적으로는 다를 바가 없다. 다만 이 같은 직설을 천박하다고 여겨 늦은 밤까지 일하는 가장의 희생과 책임감을 보여주며 눈물샘을 자극하고 있는 것이다.

게다가 우리가 눈여겨봐야 할 담이 또 하나 있다. 여러 명의 보험 회사 직원들이 믿을 만하게 버티고 서서 보여주는 위장된 미소가 그것이다. 일단 감동에 넋이 나간 소비자에게 친근하게 웃으면서 이렇게 말하곤 한다. "보험을 드시기만 한다면 충심을 다해 모시겠습니다"라고. 게다가 여러 가지 혜택을 필요 이상으로 친절하게 설명해준다. 그러나 이들의 속마음은 광고주의 계략과 별반 다를 게 없으며 말리는 시누이처럼 더 밉기만 하다. 왜냐 하면 정작 보험금을 정당하게 받아야 할 상황이 벌어진 현실에서, 광고나 계약시에 만났던 그 친절함은 온데간데없고, 보험금 지급이 제대로 이루어질 수 없도록 발빠르게 움직이는 '배신'을 만나기 때문이다. (다소 과장이긴 하지만, 독자가 실제 상황에서 보상이나 배상 때문에 보험금 문제를 접해본 경험이 있다면, 까다롭기 이를 데 없으며 때로는 집요하고 비열하기까지 한 이들의 본모습에 어느 정도 동의할 것이다. 광고와 현실, 이미지와 실상의 현격한 차이를 말이다!)

우리가 광고를 보고 "감동을 받았다"고 말하는 것은 사실상 잘못된 표현이다. 이보다는 "감동의 강요에 말려들었다"가 더 적절한 표현이다. 왜냐 하면, 소비자들로 하여금 '가족 사랑'이라는 감동 강요에 말려들게 해서 수동적으로 제품을 구매하게끔 한 고도의 마케팅 기법에 불과하기 때문이다. 그기에 이러한 '감동 광고'는 현실에서의 사실상의 감동과는 거리가 멀며, 더욱이 그러한 감동 강요에 불과한 광고가 예술(이를테면 수준 높은 영화) 수준으로까지 변장하여 연말마다 상을 받는 이벤트 행사를 벌이는 것은 그래서 어처구니없는 일이 아닐 수 없다. 광고는 단순히 팔려고 하는 도구일 뿐인데 말이다.

감동의 강요에 불과하지만, 이처럼 실제 감동으로 오인되는 또 다른 광고 사례를 두 가지 더 소개하겠다. 두 광고를 살펴보고 필자가 제시하는 객관식 문제를 풀어보기 바란다.

몹시 녹이 슨 철 대문이 열리면서 유명한 남녀 탤런트가 한 소년 가장의 집으로 들어선다. 추운 겨울, 소년 가장은 마당에서 고사리 같은 손으로 빨래를 하고 있다. 툇마루에서는 어린 동생이 눈이 붓도록 울고 있고, 할머니는 앓아 누워 계시다. 정말 상상만 해도 불쌍하기 짝이 없는 상황이다. 순간, 두 탤런트가 다가가 소년 가장을 어루만지며 위로한다. 이어 따로 녹음된 탤런트의 목소리가 정중하게 흘러나온다. "한 해 소년 소녀 가장 ○○명, 우리가 마시는 우유의 수익금의 일부는 이들 소년 소녀 가장을 돕는 데 쓰여집니다." 마지막으로 화면 아래에는 '○○협회'의 이름이 새겨진다.

초등학교 수업 시간에 선생님이 출석을 부르고 있다. 어떤 아이의 이름을 호명하자 대답이 없다. 반 아이들과 선생님의 걱정 어린 눈빛이 이어지고 장면이 바뀐다. 선생님이 산동네를 이리저리 두리번거리다가 결석한 학생의 집 허름한 철 대문을 열고 들어선다. 결석한 어린 여학생은 감기로 앓아 누운 동생을 간호하고 있다. 이 어린이도 불쌍한 소녀 가장이다. 어린 여학생은 선생님을 보고 놀란다. 선생님은 아이를 끌어안으며 위로한다. 화면 아래엔 '소녀 가장'이라는 이름이 실명처럼 제시된다. 그리고 마지막으로 다음과 같은 광고 문구가 흐른다. "○○○ 감기약은 사랑입니다."

① 첫 번째 광고에서 광고주가 진정 소비자에게 전하고 싶은 메시지는 무엇일까?

① 소년 소녀 가장을 도웁시다.

② 두 탤런트는 우리 사회의 모범입니다.

③ 우리 협회는 저 애처로운 아이들을 사심 없이 돕고 있답니다.

④ 우유 사세요, 우유 좀 많이 사세요. 지금 우유가 많이 남아돌거든요.

② 두 번째 광고에서 광고주가 소비자에게 진정 전하고 싶은 메시
지는 무엇일까?
　① 소년 소녀 가장을 도웁시다.
　② 감기 약 사세요, 감기약! 어린이에게 잘 듣는 감기약!
　③ 착한 어린이는 감기가 빨리 나아야 마땅합니다.
　④ 선생님은 반 아이가 결석하면 꼭 가정 방문을 해야 합니다.

　　광고주가 기본적으로 원하는 메시지는 두말할 필요 없이 '우
유'와 '감기 약'을 많이많이 사달라는 것이다. 겉으로만 얼핏 보면
정말 '감동'이 밀려옴에 틀림이 없다. 그러나 독자들 각자 한 번 상
상해보기 바란다. 저 두 광고의 '감동'이라는 담 뒤에 광고주가 정
작 소비자에게 전하고 싶은 말이 무엇인지, 혹시 정작 하고 싶은
말을 못해 입이 간지러워 못 견뎌하는 모습을 보이지는 않은가 말
이다. 그리고 불쌍한 어린이를 돕고 있다던 저 '얼굴 마담'으로서의
두 탤런트가 광고 감독의 촬영 사인 아래 등장하는 기획된 얼굴
표정과, 그리고 그들이 진정 소년 소녀 가장을 돕고 있는지, 도왔다
면 반짝 도움이 아니라 지금껏 소년 소녀 가장에 대한 지대한 관심
을 쏟으며 연기 생활을 하고 있는지도 궁금하지 않을 수 없다. 만약
그렇지 않다면 우리는 그들의 가증스러운 연기력에 감탄해야 한
다. 그리고 무엇보다도 출현한 소년 소녀 가장이 광고 촬영 감독에
의해서 시키는 대로 따라할 수밖에 없었던, 그 감동 강요 작업에
동참한다는 것이 애처로워보이지 않는가 말이다. 아마 여러 번 NG
로 인해 그 소년 소녀 가장은 많이 힘들어했을 것이다.(모르긴 몰라
도, 강원도 두메 산골 '영자'의 가족도 그 소년 소녀 가장과 마찬가지로 동일한
수고를 아끼지 않았으리라고 본다. '영자' 가족 역시 이 같은 '감동 강요'에 동참한

결과 가족의 붕괴를 맞이하지 않았는가!)

　겉으로는 윤리적인 감동을 앞세우면서 속으로는 반윤리적 감동의 강요를 통해 상품을 팔아보려는 두 광고는 그럼에도 불구하고 우리의 눈시울을 적시는 감동의 결정체임에는 틀림이 없다. 그리고 그 감동 어린 기억을 연말 때마다 다시금 확인할 수 있게 '좋은 광고'로서의 시상식 이벤트를 열고 있으니, 우리는 이래저래 감동 속에서 산다. 하지만 세상은 점점 더 즉물적으로 메말라가고 있다. 대단한 역설이다.

알다가도 모를 대학생들

혼히 대학생들의 의식은 기성 세대에 비해 진취적이고 합리적이라고 말한다. 이러한 일반적인 평가에 대학생 당사자들도 동의하는 바가 크며, 기성 세대나 과거 대학생들과 비교할 때 역시 그렇게 평가받기를 은근히 바란다. 이는 대학생들이 다른 어느 세대보다 '합리적'이라는 서구의 사고 방식을 능동적이고 적극적으로 수용하고 있음을 의미하며, 모든 과업 수행에도 합리적인 경향을 보인다고 말할 수 있겠다. 또한 근자에는 이들에 관련된 여러 연구들에서도 최신의 것들을 자생적으로 수용하는 성향이 강한 층으로 규정하여, 이른바 'X 세대'니 'N 세대'니 하는 신흥 세대로 부각시키기도 한다.

그러나 맥빠지게도 이들의 그 같은 신선한 진보성을 액면 그대로 이해하기에는 무리가 따른다고 본다. 왜냐 하면, 이들이 적어도 의식 면에서는 그럴지 몰라도 행동 방식에서는 그야말로 비합리적이고 수동적인, 나아가 때로는 전체주의적인 색채가 더 감지되는 경우도 있기 때문이다. 결국 요즘의 대학생들을 위에서 제시한 거창한 의식(서구의 합리주의와 개인주의)을 지닌 세대로 생각하면 오판의 가능성이 더 크다. 적어도 지금 논의되는 상황에서 이들을 서구의 개인주의적 의식으로 규정하기에는 많은 무리가 따른다는 의미다.

한 사람의 의식은 판단하는 관점이나 사고의 속성을 통해 그 사람의 행동에 나타나는 것이 통념이다.(물론 인위적으로나 작위적으로 자신의 이미지를 이상적으로 설정해놓고 주위 사람들에게 긍정적으로 평가받고자 그대로 행동할 경우에는 의식과 행동이 일치하지 않을 수도 있지만.) 그러나 이들 대학생들의 행동은 그들이 주장하고 타자들이 평가하는 것처럼 합리적인 존재라는 것과는 사뭇 다르게, 의식과 행동이 동일하지 못한 경우가 더 빈번하다. 그 빈번한 예는 이들의 소비 행위를 유심히 살펴보면 어렵지 않게 감지된다. 다시 말해 오히려 퇴보적, 수동적, 집단적 소비 행위를 보이기에 진정 알 수가 없는 X 세대인 듯하다.

그런 가운데 광고는 유독 이들 세대에게 지대한 관심을 아끼지 않는다. 그 관심은 이들에게 어떤 자격을 부여해주기까지 하는데, 초기에는 이른바 'X 세대'라는 자격을 부여했다. 그러나 이 자격은 궁극적으로 이들의 소비를 유도하기 위한 아주 세속적 자격, 곧 소비 유형으로만 부여하는 자격에 불과한 것으로 보인다. 그럼에도 불구하고 이 자격 부여는 고맙게도 매년 계속되어서 'N 세대', '사이버 세대', 'W 세대', 'P 세대' 하는 식으로 버전업되며, 대학생들은 이 자격을 집단적으로 적극 수용한다.

대학생들이 매스 미디어의 메시지들 중에서 가장 선호하는 내용이 합리적이고 개인주의적인 서구의 가치관을 호소하는 것들이다. 광고에서도 마찬가지다. 대부분의 광고 메시지는 서구의 합리성과 개인주의, 더 심하면 이기주의로까지 발달한다. 남의 촌스러움을 비난하며 항상 세련된 자가 되라는 강요 메시지가 그런 예다. 그리고 대학생들은 그러한 메시지 광고를 자신들의 독자적 정체성을 그대로 대변한다고 여겨 그 타당성을 의심하지 않고 그대로 주체화시킨다. 여기서 주체화한다는 것은 메시지에 반감 없이 동의한다는 뜻이다.

그러나 이런 매스 미디어의 광고 메시지를 선호한다고 해서 이들을 진짜 그러한 속성(서구의 합리적이고 개인주의적인 속성)을 가진 존재로 생각하면 위험하다. 이들은 다만 그러한 속성의 이미지만을 사회적으로 가장 온당하다고 평가하는 것이지, 그들이 보여주는 행동은 그러한 이미지가 충만한 상품을 집단적으로 구매하는 것뿐이다. 그렇기 때문에 사실상 대학생들은 그 메시지의 본질과는 거리가 멀다. 오히려 그 진보적 메시지에 온당하지 못한 그들의 수동성은 거의 천편일률에 가깝다.

이들이 구매하는 소비 패턴을 예를 들어보자. 우선 텔레비전에서만 광고하는 스포츠용품, 미국산 ○○○ PAK 배낭, 인라인스케이트, 머리 염색, 층계에서 많은 소음을 내는 슬리퍼형 여성 구두, 바짓가랑이가 가지런히 터지게 박음질한 청바지, 디지털 카메라, 보험 아줌마형 가방 …. 만약 이러한 소비 경향이 원래 젊은이들만의 속성이라고 주장한다면, 문화적으로 다양해야 할 국제 사회에서 너무나도 동일하게 나타난 것을 어떻게 설명한단 말인가. 그런데도 10대 후반에서 20대 중반의 대학생 소비자는 거의 어디서나 공통적인 물건을 구입하면서도 오히려 자신들의 독특한 취향이라고 주장한다. 나름대로 상호 배타성을 강조하고 있는 셈이다.

이는 다시 말해 거의 집단적으로 구매하면서도 각자는 배타적 개성의 존재로 이해하는 것이며, 그러한 물품 소비의 집단적인 갱신 작업에 발빠르게 동참하는 것을 서구의 합리주의와 개인주의를 탁월하게 수용하고 있는 것으로 오해한다. 이는 마치 과거 유럽 사회가 미국화(Americanization)를 선진화로 오해하여 미국산 물건을 찬양하고 미국 땅을 밟아보는 것을 소망했던 것과 유사하다.

이러한 행태는, 과연 대학생들이 어린아이들에 비해 성숙되었다거나 기성 세대에 비해 유연한 사고의 소유자라고 말할 수 있을까 하는 의문이 들게 한다. 보통 이러한 것을 '유행'이라고 하지만, 그 유행에 편승하려는 행동과 서구의 합리성이나 개인주의는 전혀 어울리지 않는다.

대학생이란 본래 다양한 사회화 기구를 통해서 이 사회의 일원으로 살아가기를 준비하는 막바지의 단계의 대상이다. 그간 가정과 학교, 친구들과의 집단, 군대, 매스 미디어 등 여러 사회화 기구를 통하여 그 의식을 성장시켜왔고, 현재는 그러한 의식을 생활에서 행동으로 과감하게 표출시켜야 할 시기다. 그러나 이들의 행동이 이처럼 집단적인 성향을 보이는 것은 분명 여러 사회화 기구의 학습이 균등한 비중으로 이루어지지 않았기 때문이며, 어느 한 가지 기구가 집단적으로 과도하게 학습되었기 때문이다.

추측컨대, 그 같은 문제의 기구는 다름아닌 '매스 미디어'가 아닌가싶다. 만약, 매스 미디어에서 집단적인 소비를 조장하는 광고는 극히 일부이므로, 이 같은 매스 미디어의 학습이 대학생들의 그 같은 소비 행태로 연결되는 것은 아니라고 주장하는 독자도 있을 수 있다. 그런 독자의 경우, 방송사의 수입은 어디에서 나오는지, 협찬은 왜 이루어지는지, 보도 프로그램에 나오는 앵커우먼의 헤어스타일과 세련된 옷에서조차 시청자들은 왜 신경을 쓰는지 한 번 곰곰이 생각해보기 바란다.

혹시 독자들 중에 그 기구의 과잉 사회화 문제가 자신에게는 해당되지 않는다고 회피해버리는 사람이 있다면, 이 경우에는 이렇게 자신의 생활을 점검해보기 바란다. 자신의 하루 생활 가운데 일에 관한 대화보다 소비에 관한 대화("어, 그거 써보니 어때?" "그 브랜드 너도 좋아하니?" "난 그 브랜드만 써!" "그건 △△쇼핑몰이 더 괜찮으니 그곳으로 가봐!" "너는 신용카드가 몇 개야?" "나도 할인 혜택을 받아야 하겠네!" …)가 대부분을 차지하고 있지는 않은지 말이다. 만약 그렇다면 어느 한 가지의 사회화 기구, 곧 매스 미디어가 과도하게 학습되었음을 알 수 있을 것이다.

이쯤 되면, 매스 미디어라는 사회화 기구가 도대체 어떤 속성을 가졌기에 대학생들의 이중적인 소비 행태의 원인으로 지목되는지 궁금해진다. 비록 필자의 작은 추론이지만, 그 같은 궁금증을 풀어보면 이렇지 않을까 한다.

매스 미디어, 특히 영상 매스 미디어나 인터넷도 당연히 포함하는 의미에서의 매스 미디어는 여타의 다양한 사회화 기구들 중에 가장 뒤늦게 인정받은 존재다. 그래서 상대적으로 명성과 전통성이 약하지만, 그럼에도 불구하고 다른 사회화 기구에 비해 항상 높이 평가되고 있다. 곧, 사회적 영향력이 매우 높다는 뜻이다. 그러나 필자의 생각으로는, 다른 사회화 기구들에 비해 질적으로 결코 높은 평가를 받을 만하지 못하며, 오히려 다른 사회화 기구들에게 피해를 입히고 있다고 생각한다.(전파의 막강한 사회적 영향력을 이용하여 다른 사회화 기구에서의 학습을 무의식적으로 저급하거나 촌스러운 것으로 과소평가하게 만드는 경우를 생각해보라!)

　　이처럼 그 온전하지 못한 기능의 한계에도 불구하고 현실에서는 가장 영향력 있는 기구로 평가된다. 이는 참 우스운 노릇이 아닐 수 없다. 그 이유는 다음 세 가지로 분류해보면 더 잘 드러난다.

　　물론 어떤 이는, 과거에 논의되었던 매스 미디어에 대한 진부한 비판을 이제 와서 다시 제기하느냐고 지적하겠지만, 과거에 뜨겁게 논의만 되었을 뿐 하나도 해결되지 않았기에 다시 제기하는 것이다. 또한, 매스 미디어의 역기능을 새삼 들추어내는 것이 무의미하다고 주장하면서 평가절하하려는 이가 있다면, 그 어느 때보다 매스 미디어의 역기능이 심화되어 있는 현시점에서 그 심각성을 느끼지 못하는 산간 오지나 무인도에서 생활하는 사람이 틀림없다고 본다.

　　매스 미디어가 다른 사회화 기구에 비해 사회적 기능이 질적으로 낮음에도 불구하고 높이 평가되는 우스운 노릇의 첫 번째 이유는 바로 현실성에 대한 문제다. 다른 기구들은 모두 오로지 현실에서만 이루어지는 진짜 기구다. '가정'이라는 현실, '학교'라는 현실, '친구 집단'이라는 현실 등 모두 현실 속에서 이루어지는 사회화 기구다. 그러나 매스 미디어라는 기구는 현실성이 있는 것처럼 꾸며냈을 뿐인 이른바 '의사(擬似) 현실'로서, 가짜 환경에서 현실의 사회화 기구와 감히 동등하게 또는 더 강력하게 영향력을 발휘하고 있는 것이다. 결국 대학생을 포함한 대중들은 오히려 매스 미디어에서 등장한 사실만 진실(진실이 아니더라도 무의식적으로 반복됨으로써 학습이 용이하다)이라고 믿거나 구매에까지 이르는 것이다. 그래서 항상 이들은 매스 미디어가 화려하게 꾸며낸 가상(특히 광고)과

자기의 현실이 일치하지 않은 것에 대해 늘 불만이어서, 그러한 이상적인 가상의 삶을 추종하려는 것이다. 그래서 그들이 생각하는 현실은 늘 촌스럽기 그지없다. 현재의 대학생들은 성장 과정에서 이 같은 사회화 기구에 편향적으로 학습되었기 대문에 오히려 현실의 사회화 기구들에서 벌이는 적극적인 활동을 촌스러운 학습으로 생각한다.

두 번째는 바로 복사가 가능하다는 점이다. 앞에서의 비현실성은 바로 대량 복사의 가능성을 내포한다. 한 대학생이 속하는 가정이나 학교는 절대 두 개 이상일 수 없다. 그래서 유일성을 지니며, 소중한 사회화 기구로 취급된다. 아니 적어도 과거에는 그렇게 취급되었다. 또한 여러 가정마다 가지고 있는 사회화 특성을 비교한다 해도 절대 동일할 수 없으며 매우 다양하다. 그러기에 매스 미디어를 제외한 사회화 기구들에서 수동적인 대량의 집단성은 감지되지 않는다. 그러나 매스 미디어의 경우 한 명의 대학생을 위한 것은 결코 없다. 오히려 흔한 대중성을 지닌 복사물이므로 소중하지도 않고 때론 천하다.

그처럼 천한 존재가 광고를 통해 혹은 다른 메시지를 통해 감히 가정이라는 사회화 기구를 한 가지 개념으로 통일된 기준으로 설정해두려는가 하면, 그 기준에 벗어나는 가정의 경우 사회화 기능이 온전하게 작동하지 않는 것처럼 보이게 하여 세련되지 못한, 덜 떨어진 촌스러운 것으로 느껴지게 하는 월권까지 서슴지 않는다.(매스 미디어에서의 이 같은 광고를 예를 보면, '○○○○ 햄버거'로 간단하게 점심을 해결하는 것이 멋있는 개인주의로서의 도시인으로 느껴진다든지, '○○○ ○○○ 브랜드'의 아이스크림 케이크를 먹는 장면을 상상하며 행복한 성탄절을 가족과 어떻게 보내야 하는지의 개념화가, 기독교도가 아닌 대학생들에게까지 사회화되는 학습 과정을 보라!)

세 번째는 비대면성(非對面性)이다. 다른 사회화 기구는 인간과 인간 사이에 직접적인 관계를 형성하게 만든다. 학교에서의 교우 관계와 사제 관계, 가정에서의 부모형제 관계 등은 관계자를 직접 만질 수 있는 오프라인(off-line)의 대면적 관계다. 이 같은 관계는 성장 과정에 있는 대학생들의 사회화 학습에서 중요한 책임감을 불러일으키게 한다. 그리고 그 관계가 좋든 나쁘든, 대화와 협상·타협·토론 등을 통해 직접적이고 능동적인 상호 학습 작용의 여지를 준다.

그러나 매스 미디어는 그러한 관계 형성의 여지를 쌓아놓기가 어렵다. 단지 수동적인 수용만 할 뿐이다. 혹자는 쌍방향 미디어를 통해 과거 일방향이던 매스 미디어의 단점을 극복할 수 있지 않겠느냐고 지적하겠지만, 쌍방향이라 할지라도 상대방과 두 눈을 직접 보며 같이 숨쉬는 공간에서 이루어지는 관계 형성과 비교할 수는 없을 것이다. 그리고 매스 미디어를 통한 쌍방향 관계에서도 가끔 질적인 한계를 벗어나고자 현실에서의 관계인 '만남'을 통해 보완하는 것을 보면, 비대면성의 한계를 스스로 보여주는 증거라고 할 수 있다.

물론 현실에서 이루어지는 커뮤니케이션에는 메시지뿐만 아니라 오감을 비롯해 여타의 상황, 공기의 양, 숨소리까지 포함된다는 뜻이 담겨 있다. 그러므로 군이 현실에서의 그 100퍼센트 쌍방적 소통 관계가 존재함에도 불구하고 매스 미디어의 불안정하고 답답한 커뮤니케이션 교환을 유독 고집하는 것은 우스운 노릇이다. 매스 미디어의 쌍방성을 활용한 제2의 학교, 이른바 '사이버 대학'의 학생들이 하나같이 '온라인에서의 답답함'을 똑같은 불만으로 토로하는 것을 보더라도 알 수 있다.

　　이러한 우스운 현실에서 더욱 우스운 것은, 이처럼 현실성이 떨어지고 유일하지도 못하여 천한 복사본이며 비대면적인 매스 미디어라는 사회화 기구가 오히려 각광을 받으며 지속적인 진보를 꾀하고 있다는 점이다. 그리고 그러한 진보의 추동력에는 오로지 '광고'라는 상업적 메시지가 똬리를 틀고 있다는 사실도 새겨보아야 할 부분이다. 또한 그 진보에는 대중에게 더욱 다양하고 세분화되어 있는 영상 혜택을 누리게 하려는 노력이 담긴 것이 아니라, 소비 실천을 더욱 극대화하기 위한 전략이 담겨 있을 뿐이다.

　　결국, 현재 가장 강력한 사회화 기구로서 이미 사회 전반에 걸쳐 지존의 자리에 앉아 있는 매스 미디어의 대표적인 내용이란 한결같이 모두 광고며, 그래서 이미 우리의 현실은 광고가 제시하는, 아니 강요하는 소비 실천의 바다에 고독하게 떠 있는 일엽편주의 신세가 되어버린 것이다.(광고 시간대는 물론이고 이 시간대를 제외한 모든 매스 미디어의 내용 역시 철저하게 광고주의 눈치를 살피고 있으며, 그래야만 매스 미디어가 지배하는 먹이사슬 속에 살아남게 되는 현실을 보라!)

　　한편, 어떤 이들은 이런 매스 미디어 기구의 광고가 온전하지 못한 현대의 여러 사회화 기구에 대한 보완으로서 오히려 청소년과 대학생들을 포함한 대중들에게 온전한 사회화 학습의 기회를 주고 있다는 주장을 펴기도 한다. 다시 말해, 오히려 온전치 못한 현실(가정 파탄, 결손가정, 교실 붕괴, 학교 폭력, 원조 교제, 개인 신용 불량 등)을 치료하기 위한 하나의 대안으로 광고의 모범적이고 도덕적인 메시지를 얘기하는 경우다. 사실 겉으로 보기에는 정말 고마운 사회화 기구의 학습 과정으로 오인할 수 있다.(버스 종점에서 공부에 지쳐 졸고 있던 학생을 깨우며 드링크제를 건네는 메시지나 비어 있는 노약자석 앞에서도 지킬 건 지키는 건전함을 보여주는 젊은이들, 자동차 접촉 사고로 인한 어른들의 언쟁과는 상관없이 초코파이를 건네는 어린아이들의 순수한 동심, 선물은 상대방이 꼭 필요한 것을 골라야 한다는 어느 인터넷 쇼핑몰의 메시지, 차보다는 사람이 우선이라는 자동차 보험 회사의 메시지 등을 보라, 얼마나 도덕적이고 교훈적인가!)

하지만 결국 소비의 나르시시즘에 빠져버리게 만들거나 기업의 매판자본주의 상술에 시나브로 빠져 허우적거리게 만드는 허상의 구매 학습일 뿐임을 왜 모르겠는가.

아무리 긍정적인 메시지를 담고 있는 매스 미디어 광고라 하더라도, 광고 수용이란 그 메시지대로 행동하는 것이 아니라 그러한 메시지의 이미지가 충만한 상품을 구매하는 것으로밖에는 연결되지 않는다. 오히려 일찍부터 청소년들에게 소비라고 하는 지극히 집단적이고 세속적인 사회화 학습이 이루어지는 것이지, 결코 올바른 의식 형성에 도움이 되지는 못한다. 다시 말해, 이들이 일상생활에서 감사하기 위해, 선해지기 위해, 합리적이기 위해, 개인적이기 위해, 능동적이기 위해 오직 그러한 이미지를 제공했던 제품을 구매하는 수동적이고 집단적인 사회화가 이루어진다는 것이다. 동시에 미래의 유망한 시민이 아닌, 특정 브랜드 기업에 지나치게 충성스러운 소비자로서 그 기업의 지침에 따라 점차 미래의 소비 고객으로 전락된다는 것이다.

결국 이 같은 문제 제기를 하는 이유는, 현재 이러한 집단적인 미래 소비 고객으로서의 특성만 보이는 대학생을 어찌 서구의 합리적인 사고와 행동 방식을 가진 소비자로 볼 수 있는가에 있다. 오히려 필자가 보기에는 기업의 상업주의에 매몰되기 쉬운 수동적인 존재에 불과한 것 같다. 물론 능동적이고 합리적인 미래의 시민이 되기 위해 노력하는 대학생도 있을 것이다.

대학생들은 자신들이 가장 진보된 존재로서, 합리적이고 개인적이며 능동적인 존재로 파악하고 행동한다. 물론 그런 면에서 때론 진취적이며 번득이는 아이디어를 창출해내기도 한다. 그러나 그들의 생활에서 가장 많이 차지하는 것은 바로 사회적 책무나 경제적 생산 활동보다는 소비에 대한 획일적인 집착과 행동인 것 같다. 하지만 안타까운 것은, 그런데도 불구하고 그들 자신은 정작 자신들의 그 같은 이중성을 감지하지 못하는 것 같다. 왜냐 하면, 오히려 매스 미디어라는 사회화 기구의 기능(특히 광고)이 이처럼 자각마저 감지해내지 못하게 획일적이고 집단적으로 사회화시켜 왔기 때문이다.

그런가 하면 어떤 이는, 매스 미디어의 기능 가운데서도 광고를 제외한 것들은 온전하게 활용될 수 있지 않겠느냐고 주장하기도 한다. 그러나 앞서도 이미 언급했듯이, 가정이나 학교처럼 현실에서의 고급한 사회화 기구들을 마다하고 저급한 매스 미디어를 우선적으로 활용할 필요는 없지 않나 한다. 매스 미디어는 기존의 사회화 기구와 비교할 수 없을 정도로 분명 저급한 사회화 기구다. 그리고 그 가운데서도 특히 광고는 그 저급함을 감추어내는 데 특별한 간판 역할을 하고 있는 것이다. 그래서 탁월한 사회화 기구라기보다는 저급하고 수동적인 집단화 기구라고 보는 것이 더 정확하지 않을까 한다.

결국 그러기에 대학생들이 알다가도 모를 존재로 파악되는 것이다. 그렇다고 해서 이들을 비난할 수는 없다. 왜냐 하면 이러한 기이한 이중성을 이들이 스스로 생성시킨 것은 아니기 때문이다. 오히려 필자를 포함한 기성 세대를 비난하려 한다. 왜냐 하면 이들을 지나친 매스 미디어 광고 환경으로 내몬 것이 기성 세대이기 때문이며, 그런 구매만이 더욱 발전적 이미지라 생각하게 만든 것도 기성 세대들이기 때문이다. 유독 모든 광고의 대부분의 메시지가 옛것들을 추하게 만들고, 새로운 세대를 창출해내며, 뒤틀린 서구의 합리성에 경도시키고, 이기주의적인 개인주의를 적극 주창하면서 진보성을 가장하는 이유는, 신제품의 끊임없는 생산과 소비를 합리화하기 위한 명분이 필요하기 때문이다. 새로운 것을 두려워하거나 옛것만 수구(守舊)하려 한다면 언제 새로운 물건을 팔아먹겠는가! 그래서 광고는 항상 젊음을 찬양한다!

사실상 대학생들이 학문에 전념해야 할 대학가라고 칭해지는 서울의 '신촌'이라는 곳에서 약속이라도 한 듯 동일한 스타일의 옷을 입고 평일은 물론이고 주말을 즐기는 모습은 기성 세대가 유도한 전략이다. 그런 물결 속을 거닐면서 선진 서구 사회의 개인주의와 합리성을 가장 잘 발휘하는 것이라고 굳게 믿는 대학생들이 가여울 따름이다.

예전에는 '책과 대학생'이라는 말이 너무나도 잘 어울리는 표현이었지만, 요즘에는 오히려 '매스 미디어와 대학생' 또는 '광고와 대학생'이 그 자리를 대신하고 있는 듯하다. 아직도 독자 가운데 여전히 매스 미디어를 통한 사회화 과정이 너무나도 탁월한 것으로 믿어 의심치 않는 확고한 이가 있다면, 다음과 같은 실험을 해보기 바란다. 자신을, 대학생의 자녀를, 아니 지금 막 학교 생활을 시작하는 초등학생 자녀를 매일 아침부터 저녁까지 텔레비전이나 인터넷에 노출시켜서 학습시켜보는 것이다. 그러고난 후에도 의연하게 아무 이상 없이 생활한다면 필자의 의견에 동의할 필요가 없을 것이다. 그러나 필자는 결코 매스 미디어라는 사회화 기구 그 자체가 정보를 걸러주는 능력까지 가르쳐주지는 않는다고 생각한다. 그런 반면에 현재 원활하게 작동하고 있지는 않지만 학교나 가정은 그 같은 걸러주기에 대한 능력 배양이 가능한 사회화 기구임에 틀림이 없다. 가정이나 학교의 위대함이 바로 여기에 있다.

지하철은 쓰레기 정보철?

　지하철은 승객들을 대량으로 실어나르는 가장 진보된 대중 교통 수단이다. 그러나 그 진보는 단순히 물리적이거나 경제적인 면만을 의미하는 것은 아니다. 그것은 일개의 교통 수단보다 더 고차원적인, 이른바 '의식적 기능'까지 극대화시킨 의미에서 진보다. 이를테면, 700원짜리 승차권 한 장(물론 여러 구간에 따라 차이가 나지만, 기본적으로 1구간의 경우 700원이다)으로 사당역에서 충무로역까지 간다고 할 경우, 오늘날 서울시의 교통 환경을 생각해봤을 때 가장 싸고 가장 빠른 교통 수단이라고 할 수 있다. 반면에 강제적으로 광고라는 학습을 끊임없이 소화해내야 하는 면에서는 가장 힘들 수도 있다는 점에서 역기능적인 진보성을 갖고 있기도 하다.

　텔레비전 시청을 할 때 광고는 시청자를 늘 괴롭히는데, 프로그램과 프로그램 사이에서 그 프로그램들과 동일하게 우리의 시간을 메운다. 그러나 광고는 명백히 귀찮은 존재며, 그래서 재핑(Zapping)♥이라는 개념이 있다. 시청자는 방송 광고가 방송사의 재원을 공급, 확보하기 위해서 광고 시간을 광고주에게 판매하는 것으로, 방송 광고 시스템에 수긍하고 그에 상응하여 무료의 프로그램들에 감사한다. 그러나 문제는 그 경제 관계가 방송사와 광고주만의 관계 형성은 아니라는 것이다. 방송사가 광고주에게 파는 그 시간은 방송사의 시간이 아닌 시청자의 시간이다. 시청자의 시간은 시청률이 높은 프로그램으로 변신하여 광고주에게 비싼 가격에 팔려나간다. 이는 다시 말해 방송사는 커뮤니케이션 수단을 소유하기에 시청자의 시간을 자신의 시간인양 통제하여 광고주에게 팔아버리는 기분 나쁜 광고 방송 시스템을 의미하는 것이다. 따라서 시청자는 광고를 봐야 하는 의식적 노동을 병행해야 하는 것이고 방송사는 광고 시간을 파는 것이 아니라 시청자를 파는 것이다. 결국 방송 광고는 결코 시청자와 상관없는 광고주로부터 방송사의 재원을 확보하려는 고마운 경제 시스템은 아니다.♥

대중 교통 수단인 지하철은 단순히 철로 만들어진 무기체에 불과하다. 그러나 이러한 무기체는 마치 어떤 의식적 소통을 원하는 유기체처럼 항상 승객들에게 많은 얘기를 하고 싶어한다. 행선지를 알리는 안내 방송만을 의미하는 게 아니다. 이 같은 지하철의 소통 욕구는 수다쟁이에 가까울 정도다. 승객들이 탑승하기를 기다렸다가 탑승하자마자 일방적으로 많은 얘깃거리를 펼쳐놓는다. (아니 요즘은 지하철을 타기 전부터 얘기 듣기를 강요한다. 몸체 바깥에까지 붙은 광고들을 보라!)

♥ 광고가 나오면 채널을 바꾸거나 소리를 작게 함으로써 광고를 회피하는 행위를 말함.
♥ 셧 잘리(Sut Jhally) 지음 · 윤선희 옮김, 『소비정치경제학의 광고 문화』(한나래, 1996)에서 참고.

재미있는 광고에 도시락을 던져라

어떤 승객은 전방위적으로 퍼붓는 지하철의 수다를 피하려고 신문(아, 여기에도 광고는 살아 있다!)을 펼치거나 책을 펴기도 하고, 어떤 승객은 음악을 듣기도 한다. 그렇다고 자하철은 자신의 수다를 회피하려는 승객들을 결코 그냥 내버려두지 않는다. 동영상이 나오는 모니터 화면까지 등장시켜 승객들의 오감을 계속 붙들어매고 있는 것이다. 어찌 보면 거의 전투 상황에 가깝다고 할 수 있다. 특히, 이 같은 동영상 모니터는 또 다른 광고의 반복 학습에 지나지 않는, 아주 폭력적인 광고 장치에 다름아니다. 이렇듯 지하철이 승객들에게 수다를 떨려고 안간힘을 쓰는 전략은 너무나도 처절해보이지만, 여기에는 치밀하게 계산되어 있는 마케팅 과학이 숨어 있다. 그러기에 지하철에 탑승한 승객들은 과학적이고 전투적인 수다의 레이더망에서 결코 벗어날 수 없는 것이다.

현대 사회에서 광고는 사람들의 시선이 가는 곳이라면 어디라도 놓치지 않고 존재한다. 움직이는 지하철도 마찬가지다. 그래서 지하철을 '움직이는 광고판'으로 보는 것이 더 알맞을지도 모르겠다.(광고학에서는 이 같은 광고를 옥외 광고 또는 교통 광고의 개념으로 분류해 놓기도 한다.) 승객이 지하철 안 어디에 있든지 모든 시선은 광고로 향할 수 있다. 아니 향하도록 만든다. 이는 지하철 광고가 아주 과학적으로 계산되었기에 가능하다. 심지어 취객이 출입문 옆에 쭈그리고 앉아만 있어도 광고는 고맙게도 그를 쳐다봐 준다. 우리가 어느 위치에 자리를 잡든 간에 지하철의 '광고'라는 그 수다쟁이는 고맙게도 우리와 시선을 맞추려고 친절하게 노력한다. 이런 이유에서 광고인들은 지하철 광고가 도시인들에게 언제나 유용한 정보를 주기 위한 배려라고 주장하겠지만, 안타깝게도 그 배려는 도시인들에게 불필요한 배려다. 한마디로 쓰레기 정보, 공해(公害)인 것이다. 우리가 지하철에서 그 수많은 광고라는 정보에 노출된 이래 정말로 필요할 정보를 얻어낸 적이 있었던가를 곰곰이 생각해 본다면 모두 공감할 것이다.

사실 승객들 각자의 의식에는 이런 쓰레기 정보가 아니라 그날 그 날 직장이나 학교에서 이미 얻은 유용한 정보로 채워져 있다. 그러나 지하철의 광고는 매일 매일 도시를 횡단하는 승객들에게 유용한 정보라고 자신을 호소하며 기억해달라고 기를 쓴다. 그리고 승객들도 별 저항감 없이 이러한 쓸데없는 정보를 채워넣는다. 광고인과 광고주의 전략에 휘말려 무의식적으로 텔레비전이나 신문, 라디오 등의 광고에서 이미 시간과 의식을 저당잡힌 것도 모자라, 이젠 움직이는 차안에서까지 그 같은 메시지에 고문당하고 있다는 사실을 읽어내야 한다.

지하철 문을 나서는 순간 승객들은 텔레비전 광고에서 경험했던 것처럼 수많은 기억을 품고 사라진다. 그러나 지하철과 텔레비전은 근본적으로 다르다. 다시 말해 지하철 승객들은 텔레비전 시청자와는 달리, 사전에 조건 없이(뉴스나 드라마 같은 프로그램의 제공 없이) 자신들의 시간과 의식을 광고주에게 팔아버린 꼴(의식적 노동)이 된다. 곧, 텔레비전 시청자들에 비해 지하철 승객들은 오락 프로그램 같은 혜택이나 채널을 돌릴 수 있는 선택권도 없이 일방적이고 강제적인 의식적 노동을 전면적으로 강요당하는 셈이다.(지하철을 타고 가다가 광고가 거슬린다고 해서 중간에 내릴 수는 없지 않은가! 울며 겨자 먹기 식으로, 강제로 보고 듣고 느끼면서 이를 악물고 목적지까지 갈 수밖에 없는 것이다.)

결국 이처럼 강요된 노동의 결과는 매일매일 우리의 뇌 속에 불필요하게 차곡차곡 채워진다. 이는 다른 매체들의 부도덕함보다 더 심하게 승객들로 하여금 의식적 노동을 시켜가며, 그 의식을 덤 핑으로 또는 무상으로 광고주에게 팔아버리는 꼴이다.

현대인들의 생활이란 이웃끼리의 커뮤니케이션이 단절됨으로 써 소외된 생활이라고들 하지만, 오히려 생활 공간 도처에는 과거 의 정감 어린 이웃에 버금가는 커뮤니케이션들이 존재한다. 집에 서, 버스 정류장에서, 버스에서, 지하철에서, 출근길에서, 퇴근길에 서, 등하굣길에서, 그리고 지하철 표에서, 버스 손잡이에서, 오히려 '광고'라고 하는 탁월한 기제를 통해서 일종의 담소를 나눈다. 그러 나 이는 광고인들의 지침에 따라 학습하고 또 실천에 옮기기 위해 의식적 노동을 해야 하는 것이며, 심지어는 사람들이 광고를 통해 광고주의 상품을 자기도 모르는 사이에 광고하게 만드는, '제2의 광고 매체'로까지 이용하고 있다는 사실을 알아야 한다.(이는 광고주 들의 광고제작비까지 절감해주는 셈인데, 예전과 달리 유명 브랜드의 경우 상표 를 눈에 잘 띄는 바깥에다 붙이는 일이 이제는 당연한 일로 된 점을 기억해보라! 여러분 자신이 어느새 그 상품의 '움직이는 광고', 영업맨이 되어 있지 않은가!)

어쨌든, 지하에서 운행되는 지하철, 아니 정보철 안에는 상품 정보 외에 각자 자신들에게 필요한 유익한 정보는 거의 존재하지 않는다. 어떤 이는 하나도 없을 거라고 본다. 모두가 '쓰레기 정보 (Junk Information)'라는 말이다. 그러기에 매일 전자우편으로 친 절하게 도착하는 '스팸 메일'이 이제는 세계적인 골칫거리가 되지 않았는가. 그나마 스팸 메일은 머리 속으로 들어오기 전에 삭제할 수는 있지만, 지하철의 쓰레기 정보는 물리적으로 일단 피할 수 없 는 고통이다. 이 얼마나 정신적인 에너지 낭비이고 불필요한 기억 력 낭비인가.(사실 지하철은 외우라고 강요하지는 않지만, 사람들의 잠재된 기억에는 이미 많은 부분이 입력되어 있는 것이다. 그리고 쇼핑 자체를 자신의 여가로 설정해놓은 사람들은 유익한 정보로 즐길지도 모른다.)

　　이번 기회에 독자들 각자 지하철 광고들이 자신에게 과연 얼마나 유용한 정보인지 한번 곰곰이 생각해보기 바란다. 아마 가슴팍에 유명 브랜드를 부착하고 자랑하기를 좋아하는 자에게는 '정보철'로 느껴질 것이고, 그렇지 않은 자에게는 '쓰레기 정보철'로 느껴질 것이다. 그러나 어쨌건 우리는 매일 매일 지하철의 시선을 피할 수 없으며, 학창 시절 때 영어 단어를 하루에 몇 십 개씩 외워야 했던 것처럼, 지하철이 요구하는 대로 수많은 기업 광고들에게 시선을 주며 그들이 강제하는 메시지를 외워야 한다. 아니 수동적으로 외워질 것이다. 매일 매일 반복적으로 만나지 않는가!

　　그럼에도 불구하고 지난 해 일어났던 대구 지하철 화재 참사는 또 다른 의미에서 지하철에 있는 온갖 정보들의 양면성이나 차별성을 지적하고 있다. 온갖 상업 광고들은 빤한 틈도 없이 중요한 곳마다 다닥다닥 붙여놓았지만, 비상시를 대비해서 지하철 승객들이 평상시에 인지하면서 기억해두어야 했던 정보들, 이를테면 '비상시 문여는 방법'이나 '대피 요령', '소화기 위치' 등은 모두 승객들이 알아보기도 힘든 구석에 마지못해 붙여놓았음을 알 수 있었다. 승객들이 초를 다투며 사투를 벌이는 순간에도 바로 눈앞에는, 소중한 목숨을 살릴 수 있는 '정보'보다는 화려하고 세련된 삶을 유혹하는 쓰레기 '광고'들이 아른거렸을 것이다. 다시 한 번 삼가 애도를 표할 뿐이다. 광고 없는 세상으로 극락왕생하시기를 ….

쿨링오프와 한국인

광고에 호기심과 학문적인 열의가 한창이었던 학부 시절, 나는 주제넘게도 미국에 있는 한 대학에 교환 학생이라는 일종의 유학생 자격으로 가서 공부하는 호사를 누릴 수 있었다. 짧은 경험이었지만 광고에 대한 소비자적인 시각이 싹트기 시작한 때도 바로 그때부터였던 것 같다.

유학을 하게 된 나는 자전거가 꼭 필요했다. 아니 꼭 필요할 거라고 했다. 미국에서 학위를 받은 독자라면 충분히 이해가 갈 것이다. 왜냐 하면 미국에 있는 시골 대학들, 적어도 내가 다니던 대학의 캠퍼스는 상상을 초월할 정도로 매우 넓었기 때문이다. 그래서 나는 당시 몇몇 한국 학생들과 W 할인점을 찾았다. 이 할인점은 얼마 전에 이미 한국에도 상륙한 할인점이었다.

나를 제외한 나머지 한국 학생들은 모두 자전거를 샀다. 나 역시 자전거가 절실하게 필요했지만 사지는 않았다. 내가 사지 않은 이유는, 조금 더 일찍 일어나서 부지런을 떨면 강의실까지 갈 시간이 충분할 거라는 요량에서였다. 아니 그보다도 실은 생활비가 충분하지 못해서였다.

평지가 대부분인 광활한 캠퍼스에서 나는 가끔 그 한국 학생들의 자전거를 빌려 타곤 했는데, 자전거로 이동하는 소박한 즐거움이란 한국에서와는 퍽 다르게 느껴졌고, 그래서 지금도 색다른 추억으로 남아 있기도 하다.

그렇게 시작된 유학 생활의 첫 학기가 어느덧 기말 시험과 함께 마감될 무렵, 학기초에 자전거를 구입했던 학생들은 나에게 놀라운(?) 사실을 알려주었다. 한 학기 동안 유용한 교통 수단으로 이용했던 그 자전거를 다시 가져다주고 고스란히 환불을 받았다는 것이다. 그리고 앞으로 남은 한 학기 동안 캠퍼스 안에서 필요한 교통 수단은 미국인 룸메이트의 도움으로 해결하겠다는 내용이었다. 좋은 룸메이트를 만났다는 것은 충분히 이해가 가고 부럽기까지 했지만, 6개월 정도를 타고 다녔던 거금의 자전거를 도로 갖다주고 환불받았다는 사실은 도저히 믿기지 않았다.

이 같은 계기를 통해 당시 나는 '환불(還拂)'에 내포된 진정한 소비자의 권리가 무엇인지 알게 되었고, 동시에 내 자신은 광고의 그 화려함을 생산하는 생산자가 아니라 소비자라는 것도 깨닫게 되었다.

본래 '환불'의 사전적 의미는, 판매자가 요금이나 대금 따위를 지불한 사람에게 물품·서비스 등에 문제가 있거나 기타의 사정으로 인해 돈을 되돌려주는 것을 말한다. 현재 한국에서는 소비자가 환불을 요구하려면 그에 대한 원인이나 귀책 사유가 판매자 측에 있음을 밝혀야 한다. 그렇지 못할 경우 대부분의 소비자들은 환불 요구를 포기한 채 울며 겨자 먹는 식으로 불만족이나 재수 없음을 감내하며, 애용(愛用)아닌 증용(憎用)으로 수용해야 하는 게 현실이다.(자동차 리콜만 해도, 대기업인 자동차 제조업체를 상대로 그동안 얼마나 많은 사람들이 계란으로 바위 치기 식의 억울함을 당해왔는가!)

하지만 물건을 구입하고 그에 대한 대가로 돈을 지불하는 상행위, 곧 소비자와 판매자의 관계도 법률상 일종의 계약 관계다. 따라서 환불의 경우도 계약이 맺어진 후에 발생하는 일종의 계약 철회라고 말할 수 있는데, 이 철회가 이루어지기 위해서 일방적으로 소비자 측에서만 판매자 또는 상품의 부당함을 물리적으로 입증시켜야 한다는 것은 소비자 편에서 보면 대단히 불리한 일이다. (다행히 얼마 전, '자동 변속 차량의 급발진' 사고에 대해서 이제는 소비자가 아닌 판매자가 그에 대한 원인 규명을 하는 것이 온당하다는 법원의 판결이 있기도 했다.)

구매한 물품에 물리적인 결함이 없다 하더라도 우리는 종종 후회하는 경우가 있다. 좀더 정확히 말하면 마음에 들지 않는 경우가 있을 수 있다는 얘기다. 흔히들 이런 경우, 마음에 들게끔 자기 자신에게 일종의 최면을 걸어가며 마지못해 입거나 쓰거나 사용한다. 그러나 이러한 구매 습성은 상당히 주체적이지 못한 행동이라고 말하고 싶다. 왜냐 하면 우선 그 물품은 소중한 금전적 대가를 치른 것이기 때문에 그에 상응하는 가치를 지녀야 하는데, 마음에 들지 않는다는 것은 그 가치에 못 미친다는 것이며, 결국 자신은 이러한 불만족을 감지했음에도 불구하고 이를 수정해보려는 시도를 애초에 또는 이 사실을 안 순간이나 나중에라도 포기해버리기 때문이다.

혹시 소비자 가운데 여러 상행위를 하는 과정에서 구입한 물건이나 서비스가 마음에 들지 않더라도 자신이 결정했기 때문에 감내하며 살아가는 것이 당연하다고 생각하는 사람이 있을지도 모르겠다. 필자가 여기서 제기하려는 문제는, 구매할 때 극도로 신중한 선택을 하는 라이프 스타일을 지녔거나 아니면 문제점이나 불편함을 시정하려는 용기 있는 소비자는 아무래도 아직은 드문 편이기 때문에, 그렇지 못한 소비자에게 최소한이나마 해결의 의지를 심어주고자 하는 것이다.

현재, 광고와 관련하여 소비자를 보호할 목적으로 만들어진 우리나라 법률 중에 1991년 7월에 제정된 '도·소매진흥법'을 보면, 충동 구매나 강요·강박에 의한 거래·구매에 따른 피해를 방지하기 위한 제도의 일종인 '쿨링오프(Cooling-off)'가 있다. 이는 소비자가 물품 구입을 결정한 뒤에, 이 구매가 소비자가 바라는 모든 조건(가격, 스타일, 품질, 애프터서비스 등)에 합당한 것이었는지 다시 한 번 냉각 기간을 부여하는 의미다. 현재 우리나라의 '할부거래법'에서 이에 대한 소비자의 권리를 인정하고 있다.

좀더 구체적으로 설명하면, 결국 모든 소비자는 할부 구매 행위에서 계약서를 교부받은 날로부터 또는 계약서를 교부받지 않은 때는 목적물이 인도된 날로부터 7일 이내에 무조건 자신의 할부계약에 관한 청약을 철회할 수 있다는 뜻이다. 곧, 일정 기간 내에 공급자가 판매한 물품에 물리적인 결함이 없어도 환불이 가능하다는 뜻이기도 하다. 이는 구매에 대해 소비자 입장에서 '선택의 권리'를 제도적으로 한 단계 발전시킨 것을 의미한다.

그렇다고 해서 이러한 소비자의 권리가 국내의 모든 상품 구매에 적용되는 것은 아니다.(물론 국내 할인점들은 소비자의 무조건 환불의 권리를 지켜주고 있기도 하다.) 일부의 상거래 조건에서만 그렇다는 것임을 밝혀둔다. 그도 그럴 것이, 우리나라의 경우 소비자 의식은 빈약한 데다 어느 곳에서도 따로 가르쳐주지도 않기 때문에, 물품 (특히 의류)을 사고나서 환불을 요구하고자 할 때면 마음을 조려야 하는 것이 일반적이며, 또한 이런 것이 그동안의 사회적 통념으로 인식되어 왔다. 그래서 어떤 이유에서라도 환불을 요구할라치면 소비자는 처음 살 때의 처지와는 달리 죄인이 되고, 판매자는 간수 의 위치가 되어버리는 것이다.

　사실 우리는 살아가면서 어떤 결정이든 적어도 하루가 지나고 나면 어제의 결정이 옳았는지 다시 생각해보는 사고의 냉각 기간 을 갖게 마련이다. 어제는 내가 너무 감정적이지는 않았는지, 옆 사람의 권유 때문에 눈치를 본 것은 아니었는지, 정보가 너무 부족 해서 바가지를 쓴 것은 아니었는지, 이미 다른 가족이 구매 신청을 해놓은 걸 몰랐다든지 등의 검증 기간을 거치게 되는 것이다. 더욱 이 요즘처럼 허위 과장 광고가 연일 쏟아져나오는 시대일수록 더 욱 그렇다. 아무리 꼼꼼하게 소비 행위를 한다고 해도 인간인 이상 철저하게 매순간 합리적인 소비를 한다는 것은 불가능에 가깝기 때문이다. 하물며 상대(판매자)가 그런 나(소비자)의 허점까지 알고 집요하게 물고늘어지는 상황이라면 더욱 그렇지 않겠는가.

　쿨링오프가 필요한 또 다른 이유는, 판매자와 소비자가 스스 로 이 과정을 통해 견제하면서 비로소 합리적인 판매·소비 활동 을 학습해가는 데 있다.

　앞서 설명한 소비자의 권리 외에, 판매자의 입장에서도 양질 의 소비자를 구별하기 위해 일종의 전략으로 쿨링오프 과정을 활 용하기도 하는 것이다.(고객별 등급 기준을 만들어서 우수 고객의 자격이 있는지 냉각 기간을 거친 후 통보해줌으로써, 선별된 소비자로 하여금 판매자의 약관이나 효용 성분 등을 사전에 인식시키고 차후에도 거부감 없이 잘 따르도록 유도하는데, 이는 소비자가 무의식적으로 동의하는 구실로 삼기도 한다.)

어쨌든, 필자의 일천한 경험으로 보더라도 미국의 경우는 비교적 많은 영역에서 이러한 쿨링오프의 권리 또는 소비자에 대한 그와 비슷한 배려가 다양하게 이루어지고 있는 듯했다. 앞서 예로 들었던 이야기에서, 필자와 함께 공부했던 몇몇의 한국 학생들이 한 학기 동안 자전거를 타고나서 환불을 받을 수 있었던 배경도 바로 여기에 있지 않나 한다.

추측컨대, 그 한국 학생들은 약관상 쿨링오프에서 보장해주는 소비자 항변의 기간이 비교적 장기간으로 명시되어 있는 자전거 제품을 이용했거나, 아니면 다른 소비자 구제 방법을 통해 환불을 받았을 것으로 추측한다. 물론 정확한 이유를 직접 확인한 바는 없다. 다만, 그 뒤로도 여러 명의 한국 학생들이 환불을 받았다는 얘기가 들렸으며, 그 때문인지는 알 수 없지만, 그 W 할인점에서는 한국 학생들의 경우에 한해서만 환불을 까다롭게 했다는 '불행한 소문'이 들리기도 했다.

아무튼 쿨링오프란 소비자에게 선택의 권리를 한 단계 더 발전시켜준 좋은 제도라고 생각한다. 그리고 선진국의 경우 상당 부분 소비자를 위한 쿨링오프 기간을 길게 주어 환불이 가능하게 하는 것으로 알고 있다. 그럼에도 불구하고 우리나라의 경우 이러한 제도가 하루빨리 확산되어야 한다는 기대와 절실함보다는, 과연 소비자의 권리를 증대시키기 위한 본디의 목적대로 긍정적으로 일반화될 수 있을까 하는 걱정이 먼저 앞서는 이유는 왜일까.

미국에서의 유학 생활이 끝나 한국에 돌아오기 며칠 전, 어느 한인 교포가 나에게 던져준 한마디는, 광고를 공부하고 그 광고로 밥을 먹고 살아갈 사람이기 이전에 한 한국인인 필자의 마음을 우울하게 만들었다.

"대도시에서는 대부분의 사람들(미국 현지인이 아닌 한국인)이 파티를 위해 드레스를 구매했다가 파티가 끝나면 곧바로 환불을 하지요 …."

쿨링오프라는 소비자의 권리를 가로막는 기업은 소비자 처지에서 보면 '교활한 생산자'임에 틀림이 없지만, 그 제도를 악용하는 소비자 역시 생산자 처지에서 보면 '교활한 소비자'임에 틀림이 없다. 그리고 그러한 '약삭빠른 한국인'이 미국에는 극소수이기에 미국의 소비 문화는 아직까지 건강해보였다. 그런데 우리는, 우리의 소비 문화는 어떤가?

8

두 가지 정보, 또 다른 삶

다음에 제시하는 두 가지 이야기는 우리의 일상 생활에서 보이는 두 가지 차원의 정보 노출 행위를 비교하기 위한 것이다. 하나는 항상 소비자 편에 서 있다고 생색만 내는 광고인들에 의해 제공되는 정보(광고)며, 또 하나는 소비자 편에 서 있음을 강조하지는 않지만 꼭 필요한 정보로서 소비자주의자들에 의해 제공되는 숨겨진 정보다. 두 가지 이야기를 통해 이른바 '정보화 사회'라고 일컫는 현 시점의 소비자가 진정 원하는 정보란 어떤 것이어야 하는지 간접적으로나마 감지해보기 바란다.

첫 번째 이야기는 2000년 9월 27일자 『뉴스위크』한국판에 소개된 것으로서, 칼럼니스트 올리버 모톤(Oliver Morton)의 의해 쓰여진 가상 이야기를 근거로 필자가 한국 실정에 맞게 각색한 것이다. 두 번째 이야기는 소비자운동가 로버트 메이어의 저서 『소비자주의』의 한국어 번역본에 나오는 가상 이야기 부분을 근거로 한국 실정에 맞게 각색한 것이다.

이야기 1

기현 씨는 어느 평일 아침, 어젯밤에 맞춰놓은 라디오에서 가수 '장나라'의 댄스 음악과 함께 자동차를 바꾸라고 쪽쪽거리는 소리에 눈을 떴다. 비몽사몽간에 기현 씨의 머릿속에 계속 떠오르는 것은 "오빠도 바꿔요 ○○○ 자동차로!"라는 정보였다. 하지만 오늘 날씨를 확인하기 위해선 그 시끄러운 라디오를 바로 끌 수 없다. 기현 씨는 수많은 광고 정보가 자신의 머릿속에 채워진 후에야 비로소 날씨 정보를 얻을 수 있었다.

화장실로 들어간 기현 씨는 샤워를 하려고 샴푸에 손을 가져갔다. 샤워할 때마다 샴푸통 표면의 광고 모델은 기현 씨의 머릿속에서 기현 씨를 소중한 사람이라고 일주일째 타이르고 있었다.

기현 씨는 주방으로 가 따끈한 아침밥을 먹고싶었다. 그러나 어려서부터 텔레비전 속에서 '호랑이'가 "시리얼이야말로 영양 덩어리"라며 세뇌시켰던 덕분에 오늘도 든든한 시리얼의 영향력을 의심하지 않고 그것으로 배를 채웠다. 기현 씨는 어머니가 준비해주시던 정성어린 밥이 그립긴 했지만, 그나마 요즘에는 호랑이 대신 '미녀 어머니'가 나와 시리얼은 당신 어머니의 따끈한 밥보다 더한 사랑이 담겨 있음을 확인해주었다. 그래서 기현 씨는 더욱 견딜 만했다.

버스 정류장까지 태워준 기현 씨의 아내가 오늘 아침도 유독

'○○주유소'를 찾는 이유를 알 것 같았다. 몇 해 전부터 '당신의 정보'를 팔기만 하면 할인은 물론 경품까지 주겠다는 광고에 솔깃해 아직까지 기현 씨의 아내는 그 주유소에 집착을 하는 것이다.

기현 씨는 대중 교통인 버스에 올랐다. 목적지까지 조용히 졸면서 가고싶었지만 승객에 대한 배려랍시고 운전사는 라디오 뉴스를 크게 켜댔다. 집에 있던 '장나라' 가수가 버스까지 따라와 또 차를 바꾸라고 쪽쪽쪽거렸다. '호랑이'도 나와 오늘 아침에도 시리얼을 먹고 나왔는지 추궁하기까지 했다. 게다가 '북극곰'도 가세하여 이 추운 겨울에 콜라를 마셔보라고 다정하게 말했다.

하지만 기현 씨는 어쩔 수 없어서 라디오 소리, 아니 소음을 참아야만 했고, 그래서 눈만 감은 채 인내심을 시험하고 있었다. 잠시 후 눈을 떠보니 창 밖에 낯익은 주유소가 지나갔다. 순간, 기현 씨의 입에서는 자신도 모르는 사이에 그 주유소의 시엠송이 흘러나오고 있었다. 기현 씨는 정말, 정말로 부르고 싶지 않았다. 하지만 자신도 모르는 사이에 나오는 흥얼거림과 함께 머릿속에는 주유소의 광고 영상까지 생생하게 떠올랐다. 기현 씨는 정말, 정말로 떠올리고 싶지 않았다.

버스에서 내린 기현 씨는 지하철로 갈아탔다. 지하철에는 여느 때처럼 무척 붐볐다. 승객들의 시선은 무언가에 모두 집중되어 있었다. 지하철에서 제공하는 영상 정보 화면이었다. 사실 기현 씨는 그 영상을 보고싶지 않았다. 그래도 그 정보는 기현 씨를 유혹했고, 어제 텔레비전에서 제공한 광고 정보를 다시 한 번 숙지하게 해주었다. 기현 씨는 광고 정보를 늘 '복습'한다고 생각한다. 그래서 다시는 잊어버리지 않을 거라는 생각이 들었다. 학창 시절 동창 이름이나 선생님 성함은 잘 기억나지도 않는 지금, 저 광고 정보들은 앞으로 좀체 잊혀지지 않을 것 같다는 생각이 들었다.

환승역인 충무로역에서 3호선을 기다리는 동안 전광판에 열차가 도착한다는 내용과 함께 '디지털 익사이팅 ○○○'라는 광고가 아까 버스 라디오에서 제공한 정보를 또 한 번 잊지 말라고 당부했다. 목적지와 출입구가 열리는 방향을 알리는 지하철 내부 전광판 또한 또 한 번 정보 제공의 배려를 아끼지 않았고, 손에 쥐어 있는 승차권 역시 기현 씨에게 "어른 700원 디지털 익사이팅 ○○○" 하고 속삭이고 있었다.

회사 현관을 막 들어서려던 기현 씨는 동료 직원의 차가 바뀐 것을 목격했다. 6개월째 계속 텔레비전 광고 정보에서 복습한 그 차였다. 왠지 그 동료가 귀족처럼 보였다. 정말 생각만 해도 기분 좋은 차를 산 저 동료의 안목이 남다른 듯하다는 생각이 들었다. 그러나 기현 씨는 그 동료의 연봉이 자신과 같다는 것을 떠올렸고, 사내에서 그 동료의 매너가 형편없는데도 귀족처럼 보이는 이유를 도무지 알 수가 없었다.

엘리베이터를 타고 층수 버튼을 눌렀다. 버튼 아래에 붙어 있는 어떤 정보는 기현 씨에게 야한 몸매를 원하느냐고 대뜸 물었다. 그리고 바로 옆에 얼굴 사진과 함께 '○○성형외과'라고 진한 글씨가 박혀 있었다. 사진의 주인공은 기현 씨를 보고 웃고 있었는데, 기현 씨는 그 성형외과 전문의의 얼굴이 의사라기보다는 연예인에 가까울 정도로 대중적인 신뢰감이 간다는 생각이 들었다. 그리고 그 아래쪽에는 '아무 조건 없이' 돈을 꿔준다는 자도 있었다.

기현 씨는 출근 후 회의에 참석하기 전에 거래처에서 보내온 메일을 확인하기 위해 전자메일을 열었다. 메일 용량이 꽉 차 있었고 빨간 경고 문구가 떠올랐다. 열어보니 모두 광고라는 친절한 정보로 가득 차 있었다. 정작 기다리고 있던 거래처의 메일은 없었다. 오히려 아까 엘리베이터에서 보았던 '야한 몸매', '○○성형외과' 같은 정보들이 있었다. 다시 한 번 귀한 시간을 버려가면서까지 반복하게 만든 정보들이 너무 두려울 따름이었다.

기현 씨는 급히 거래처에 전화를 했다. 거래처 직원은 전화를 받자마자 대뜸 화를 냈다. 어제 계속해서 업무 관련 메일을 보냈는데도 불구하고 되돌아왔다며 언성을 높였다. 수화기를 귀에서 조금 떼어놓으면서 기현 씨는 아무래도 오늘은 일진이 안 좋을 것 같다는 불안감을 느꼈다. 그리고 매일같이 어떤 정보들이 자신을 괴롭힌다는 생각이 들어 가위눌리는 것을 느꼈다.

지금까지 기현 씨는 잠자리에서 일어나 출근 시간까지 이미 수없이 많은 광고 정보의 혜택을 받았다. 또한 주말이나 휴일에 기현 씨의 행적을 따라가보면, 할인점이나 식품점, 백화점, 동네 비디오가게 등에서 더 많은 광고 정보의 혜택을 받고 있음을 알 수 있다. 또한 외출하지 않고 집에만 있더라도 우편물이나 광고 전단지, 인터넷, 텔레비전, 텔레마케팅 등을 통해 여러 광고 정보를 접하고 있음을 알 수 있다.

그렇다고 해서 기현 씨는 이러한 정보 혜택에 무임승차한다고 해서 미안해하지는 않는다. 왜냐 하면 그 정보들을 기현 씨가 공짜로 향유하는 것은 아니기 때문이다. 사실 그러한 정보료는 기현 씨가 구매하는 상품이나 서비스에 모두 포함되어 있기 때문이다. 또한 기현 씨 스스로가 개인 정보를 할인점이나 카드사, 백화점 등에 제공한 대가로 받는 것이기 때문이기도 하다.

다만 기현 씨가 미안해하기보다는 깨달아야 할 것이 있다면, 그 수많은 정보들이 진정 기현 씨를 위한 혜택인지 아니면 불필요한 쓰레기인지 판단하는 것이다.

잠자리에 든 지금, 기현 씨의 머릿속에는 텔레비전에서 마지막으로 본 맥주 광고 모델이 현란하게 클로즈업되고 있다. 아무래도 오늘밤도 숙면을 취하기는 어려울 것 같다고 생각한 기현 씨는 아내 쪽으로 등을 돌리고 어렵게 눈을 감았다.

이야기 2

기현 씨는 어느 평일 아침, 여느 때와 마찬가지로 잠에서 깨어났다. 순간, 침대 위에다 피워놓았던 모기향에서 아직도 연기가 나고 있는 것을 발견하고는 깜짝 놀랐다. 간밤에 불을 붙여놓았던 모기향불을 안전하게 끄지도 않은 채 잠이 들었지만, 정부의 엄격한 불연 처리 기준 덕분에 침대보에 화재가 나지 않은 것이 천만다행이었다.

가슴을 쓸어내린 기현 씨는 거실로 가서 두 딸아이들의 손이 닿지 않는 선반에 놓아둔 가정 상비약 캐비닛을 열었다. 이 선반의 안전성은 며칠 전 기현 씨의 어린 조카가 방문했을 때 재차 확인되었다. 혹 선반에 매달려 상비약 캐비닛을 열었다 하더라도 모든 약통이 어린이의 힘 정도로는 함부로 개봉할 수 없도록 한 '식품의약품안전청'의 엄격한 안전 장치 기준에 고마움을 느꼈다.

기현 씨는 욕실로 가서 샤워를 한 후에 '기술표준원'의 규제 덕분으로 발암성 석면을 사용하지 않은 모발 건조기로 머리를 말렸다. 그때마다 기현 씨는 과거 이러한 기준이 적용되기 전에 시중에 나온 모발 건조기를 사용하다 피해를 입었던 고모님을 생각하곤 했다. 머리를 다 말린 기현 씨는 '식품의약품안전청' 덕분에 피부에 아무런 해가 없도록 만든 방취제를 두 번쯤 뿌려 욕실 향기를 바꾸었다. 물론 호흡기 질환이 있는 사람에게도 안전하다는 것을 알고 있었다.

주방으로 들어간 기현 씨는 전자레인지 애프터서비스 담당자로부터 받았던 서비스 확인 전화 내용을 생각했다. 그간 정부로부터 '회수 처리' 명령을 받았으므로 전자레인지를 다시 돌려보내라는 내용이었다. 그 전자레인지는 너무 오래 사용하였기 때문에, 버튼에 인쇄된 글자나 숫자들이 거의 지워진 상태였으며, 가끔 문이 닫히지도 않았다. 전자레인지를 돌려보내면 추가 비용을 들이지 않고 새것으로 교환을 받을 수 있을 것이었다. 만약 주부 소비자 단체에서 전자레인지의 문제점을 제기하지 않았다면 아마도 실현 불가능한 혜택일 뿐만 아니라, 잘못되면 화재 위험까지도 안고 있었다.

기현 씨는 인스턴트 우거지국을 끓이면서 포장지 옆면을 읽어 보았다. 거기에는 인스턴트 식품의 성분과 영양가에 대한 정보가 상세하게 적혀 있었다. 이러한 정보가 정확하고 빠짐없이 제공됨으로써 소비자로 하여금 자신의 건강 상태에 맞는 식품을 선택하여 조리해먹을 수 있었던 것도 '식품위생법'과 '식품의약품안전청' 덕분이었다. 그래서 오늘 기현 씨는 비록 인스턴트이지만 열량이 적을 식품을 택할 수 있었다.

우거지국을 다 끓인 뒤 기현 씨는 오렌지 주스를 마시기 위해 냉장고 문을 열었다. 오렌지 주스병에는 유통 기간이 명시되어 있었다. 아직 3일은 더 마실 수 있었다. 옛날 같으면 아직 남아 있는 주스를 마시기가 왠지 찜찜했을 것이다.

냉장고문을 닫고 냉장고 앞면을 보니 아직도 밝은 노란색의 '에너지 효율 등급' 표시가 붙어 있었다. 그 표시는 '에너지합리화법'에서 요구하는 것으로, 다른 회사에서 만든 비슷한 냉장고와 연간 에너지 비용을 비교할 수 있는 정보였다. 기현 씨의 냉장고는 1등급이었고 에너지 효율 면에서 40퍼센트까지 절약할 수 있다고 생각했다.

기현 씨는 방으로 들어가 셔츠와 양복을 골랐다. 둘 다 세탁할 때 지켜야 할 처리와 보관 방법에 대한 표시 라벨이 부착되어 있었다. 셔츠와 양복을 입으면서 기현 씨는 아내가 어김없이 그 라벨 표시의 지시에 따라 세탁을 해놓았을 것이라고 생각했다.

집을 나선 기현 씨는 정기적인 점검 날짜 확인란에 사인이 되어 있는 승강기를 타고 아파트를 나와 자동차에 올랐다. 차안은 온통 소비자 보호 관련 법률의 결과물로 둘러싸여 있었다. 좌석 안전 벨트, 보호 패드를 댄 자동차 계기판, 유사시 휘어지는 핸들, 탄탄한 범퍼, 안전 유리 등 모든 것들이 '한국자동차협회'와 '교통안전공단', '건설교통부' 덕분이라는 생각이 들었다. 시동을 걸자 차는 힘찬 엔진 소리를 내며 사뿐히 미끄러져 나갔다. 룸미러로 뒤를 보니 배기 가스 색깔을 식별할 수 없을 정도로 주변 공기가 맑은 상태 그대로였다. 이 역시 가짜 연료와 배기 가스 기준을 엄격하게 규제하는 법률 덕분이었다. 이 덕분에 주차장 옆 화단에도 화초들을 아무런 걱정 없이 키울 수 있었다.

기현 씨는 자동차 라디오에서 듣고 있는 상업 광고가 어느 정도 과장되었다는 것을 알고 있었다. 그리고 '공정거래위원회'와 '한국소비자보호원'에서 광고에 명백한 거짓이 포함되어서는 안 된다고 확인한 것을 희미하게나마 떠올렸다. 마찬가지로 술 광고를 아이들과 같이 텔레비전을 시청하는 시간대에는 전혀 보지 못하게 된 것도 정부의 소비자 보호 덕분이며, 그러한 조치는 당연하다고 생각했다.

기현 씨가 숨쉬는 공기는 '환경부'와 '시청'에 의해 규제를 받는다고 생각했다. 그리고 그 규제에는 자동차의 경우 대기 오염 방지 장치가 부착되어 있어야 하며, '교통안전공단'에서 1년에 한 번 실시하는 배기 상태 점검을 의무적으로 받아야 한다는 내용이 포함되어 있다는 것도 상기했다. 그리고 무엇보다도 '건설교통부'는 그 같은 기준에 못 미치는 차량이 생산되는 것을 허락하지 않는다고 생각했다. 아울러 만일에 사소한 하자가 발생할 경우 공개적이고 적극적이며 강제적인 리콜을 통해 최단 시간에 수리나 보상을 받을 수 있게 해준 '건설교통부'의 각종 자동차 관련 규정에도 고마워하고 있다. 그래서 기현 씨는 자신의 차가 도로 위를 달리는 '시한폭탄'이 아니라 안전성과 함께 환경 보호에 적합하며 연비 또한 최적의 상태를 유지하는 차라는 사실을 다시 한 번 깨달았고, 구입한 지 몇 년이 지났지만 아직도 이 차를 구입하게 된 것을 후회하지 않았다.

지금까지 기현 씨는 잠자리에서 일어나 회사에 가기까지 이미 수없이 많은 소비자 보호 정책의 정보 혜택을 받았다. 이것 외에도 기현 씨를 따라 은행이나 식품점, 백화점, 병원, 카센터, 터미널 등에 가면 훨씬 더 많은 소비자 보호 정보 정책이 기다리고 있음을 알 수 있다. 그러나 이러한 숨겨진 정보 혜택은 기현 씨를 위해 정부나 기업 스스로가 자각하여 지켜내는 것은 아니다. 이는 오로지 소비자 단체나 소비자주의자들의 끊임없는 문제 제기로 인해 마련된 혜택들이다.

그렇다고 해서 기현 씨는 이러한 혜택들에 무임승차한다고 생각하지는 않는다. 왜냐 하면 그 같은 정보에 담겨 있는 제도나 규칙들은 기현 씨 같은 국민 한 사람 한 사람이 지불하는 세금에 포함되어 있기 때문이며, 소비자 보호 시민 단체에도 얼마간의 후원을 하고 있기 때문이다.

　다만 기현 씨가 미안해하기보다는 깨달아야 할 것이 있다면, 그처럼 많지만 숨겨진 정보들, 그래서 소비자들에게 진정으로 필요한 정보들이 때때로 어떠한 다른 불필요한 정보에 밀려나 있지는 않은가 하는 점이다.

9

광고를 본다 고로 존재한다

요즘 여러 광고들 중에서도 유독 독자 자신에게 관심 있다는 듯한 광고를 접하게 된다. 요즘이라고 말할 것도 없이, 원래 광고는 유독 소비자 각자의 마음을 헤아려주는 존재가 되기 위해 노력해 왔다. 그 노력이 진정 이해하려는 것인지 아니면 이해시키려는 것인지는 모르겠지만 말이다.

'자본주의' 개념을 설명할 때 대부분의 사람들은 '민주주의'와 잘 맞물리는 것으로 생각하여 자유로운 경쟁만을 상상한다. 그러나 하버마스(Habermas)에 따르면, 후기자본주의(후기자본주의라고 말할 것도 없이 우리가 사는 지금 이 체제)는 오히려 잘 맞물려서 돌아가는 것이 아니라 오히려 두 체제의 부조화가 가속화된다고 한다. 이는 바로 자본주의의 원리와 민주주의의 원리의 선천적인 대립을 뜻한다고 말할 수도 있는데, 사회 이론적으로 볼 때 두 체제는 다음과 같이 그 속성이 개념화된다.

곧, 민주주의 체제는 체계적으로 통합된 행동 영역이 생활 세계의 요구에 의해 규제되어야 한다는 의미를 내포하고 있다. 반대로 자본주의 체제는 체계적으로 통합된 행동 영역의 기능적 필요가 의미와 규범을 통해 매개되는 생활 세계의 요구와 무관하게 그리고 그 생활 세계의 기초를 파괴하는 한이 있더라도 충족되어야 하는 의미를 갖고 있다.▼ 이는 결국 애초부터 두 체제가 대립을 넘어서 만나지 말았어야 하는 것이 아닌가 하는 생각까지 들게 한다. 물론 그럴 수야 없었겠지만 말이다.

후기자본주의의 병리 현상으로까지 말하는 이른바 '생활 세계의 식민화'는 애초의 민주주의 의도와는 무관하게 화폐, 권력 매체를 통해 조절되는 사회 전반에 경제 체제로의 명령으로 민주주의의 무엇보다도 유연해야 하는 의사 소통 행위의 생활 세계를 지배하게 되었다. 다시 말해 우리가 공적 영역에 대한 투자를 중단하고 생활 방식을 '사유화'하면서 우리의 시민 의식을 집 밖으로 내다버렸다는 것이며,▼ 결국 우리는 더 이상 시민이 아닌 소비만 만끽하는 소비자로 전락했다는 것이다. 이러한 시민의 자격 교체 조장에 가장 큰 주체는 대량 생산의 주인공인 자본가들이며, 이미 이들이 수행한 전략은 이들을 독점 자본가라는 새로운 타이틀과 그 독점가들만 연계된 네트워크 생활 세계를 창조한 것이다. 일찍이 마르크스도 이러한 자본주의의 교활한 전략을 감지했기에 사회 체제를 상부와 하부 구조로 나누어 설명한 것이 아닌가 한다.

▼ 김재현 외, 『하버마스의 사상』, 나남, 2002, 211-222쪽 재인용.
▼ John de Graaf · David Wann · Thomas Naylor 지음 / 박웅희 역), 『어플루엔자』, 한숲, 2002, 125쪽.

자본주의의 가장 성스러운 이념은 바로 이윤 창출이다. 이 체제에 살고 있는 사람이라면 누구나 어떤 경우에서든 이득을 남겨야 하는 강박 관념에 사로잡혀 있는 것을 보면 알 수 있다. 자본가들은 초기 이러한 강박 관념을 참지 못해 대량 생산을 위해 건설한 공장에 과학화를 추진하기로 결정하는데, 그 과학화는 이른바 '과학적 관리'라 하여 공장에서 일하는 공원들과 일 자체를 분업화(단순화 · 표준화 · 세분화)하여 관리한다는 것이다. 예를 들어 철사를 펴는 일, 나사를 조이는 일, 허리를 구부리는 시간 등의 모든 공원의 작업 과정을 동작과 시간 연구로 철저하게 과학적으로 관리한다는 것이다. 그러다보니 공원들의 태업(怠業)을 방지할 수 있었고 투자비에 비해 생산량은 몰라보게 향상되었다. 그리고 무엇보다도 이윤도 날로 증가하게 되었다.

그러나 이러한 표준화된 기계적 공장 작업은 공원들의 인간성을 말살하는 작업으로, 인간이라는 존재를 정신과 행위가 분리된 채 단순한 조립 도구로 취급하게 되어 사회적 문제로 떠오르게 되었다. 결국 자본주의라는 체제의 경도된 사회는 이윤 추구라는 강박 관념에 집착한 나머지 인간성의 거대한 문제를 해결하지 못한 채 사회 전반에 과학화를 확산시키게 된다.(자본가들의 과학적 공장 관리는 탁월한 생산성 향상으로 인정되어 오늘날의 '산업공학'의 모태를 마련하게 된다.)

그래서 '블루칼라'는 과학적으로 관리되며 인간성에서 벗어난 공원들, 곧 단순화되고 창의적이지 못한 직업 개념으로 자라잡게 된 것이다. 반면에 사무실에서 일하는 극소수의 '화이트칼라'는 과학적 관리 대상이 아니라는 해석이 대부분이지만, 자본주의라는 체제는 이윤 창출을 위해서 자본가들에게 사무실에 앉아 있는 화이트칼라에게도 과학적 관리 대상으로서의 작업을 명령하게 된다. 다시 말해 자본가들은 이윤 극대화를 위하여 공장과 마찬가지로 또 한 번의 과학적 관리를 시도하는데, 바로 펜대 굴리는 사무실의 분업화(단순화·표준화·세분화)다. 이를테면 서류철 여는 시간, 의자에서 일어나는 시간, 책상과 서류철 사이의 소요 시간과 거리, 기록계에 끼우는 시간, 연필 들기, 계산 소요 시간 등을 분석하여, 사무실에서 오직 정신적으로만 바삐 일하는 화이트칼라면서도 공장에서 공원들이 느끼는 정신과 행위가 분리된 소외감과 무력감을 숨길 수 없게 되었음을 느끼게 해준다.

결국 과거의 정신과 노동 행위가 다소 일치되어 있기에 블루칼라와 비교 대상이었던 화이트칼라도 그 직업적 소명 의식이라는 희소성이 제거된 채 블루칼라의 속성과 별반 다를 것이 없게 되었다. 그러는 와중에 자본가인 기업가들은 공장이나 사무실에서 공원과 사무원들이 과학적 관리의 비인간화를 감지하여 반발이라도 할 기세면, 화이트칼라들에게는 '고가의 인력'이라고 치켜주며 달랬던 것이다.

좀더 많은 이윤 창출을 위한 자본가의 이윤 추구 강박 관념의 결정체인 이 '과학적 관리'는 사무실에서 이제 서비스업으로 옮겨가게 된다. 예를 들어 할인점에서 바코드만 찍어대는 계산원들, 패스트푸드점에서 햄버거 페티만 굽는 요리사 아닌 요리사들을, 과거 창의적이고 희소성 있는 계산원이나 요리사와는 다른 차원에서 역시 단순화·표준화·세분화를 통해 과학적 관리 대상으로 편입시켜버렸다. 이처럼 자본가의 과학적 관리라는 도구는 이윤 추구를 위해 공장에서 사무실, 사무실에서 서비스업으로 그리고 서비스업에서 사회 전반으로 확산시키게 되는데, 이것이 가능하게 된 데에는 이른바 '자본주의의 꽃'인 '광고'라는 기재를 통해서다. 이는 다시 말해 민주주의의 시민을 자본주의의 소비자로 전락시킬 수 있는 아주 기발한 아이디어를 개발해낸 셈이기도 하다.

결국 광고라고 하는 기발한 과학적 관리는, 지역 공동체를 위해 봉사하고, 국가의 공공 정책에 대해 적극적 관심을 가져야 하는 민주주의 시민들을 집안에 틀어박혀 수동적으로 살게 만들어버렸다. 곧, 햄버거를 소비하기만 하고, 체인점 주유소에서 유혹하는 마일리지에 집착하게 하고, 백화점 세일 기간을 기억하게 만들고, 광고를 통해 인지된 브랜드 옷이 아니면 괜히 불안해하게 만들고, 쇼핑을 취미라고 당당하게 말하게 함으로써 민주 시민을 소비에 혈안이 되어 있는 즉물적인 소비자로 둔갑시켜 과거의 그 어떤 과학적 관리보다 큰 성공을 거두게 된다.

이는 한마디로 참여 정신의 민주 시민을 즉물 정신의 천박한 소비자로 아주 자연스럽게 과학적으로 변화시켰다는 것인데, 앞에서 언급한 '생활 세계의 식민지화'의 아주 적절한 예라고 할 수 있겠다. 광고는 일상 생활에 별로 영향력 없는 존재로 파악되는 경우가 많은데, 이처럼 오히려 민주주의의 주체적 시민을 자본주의의 수동적 소비자로 과학적 전환을 아주 기묘하게 관리해내는 도구이기도 하다.

그 과학적 전환의 시작은 계층별 세대별 단절의 수용이다. 어린이 소비자, 청소년 소비자, 대학생 소비자, 직장인 소비자, 주부 소비자, 노인 소비자, 장애인 소비자, 예비 부부 소비자, 명품 소비자 등으로 철저하게 분리하여 단절시키고 그 각각의 범주에서 소비자를 극도로 표준화·단순화시켜 지속적으로 관리하게 된다. 결국 민주주의 사회의 숭고한 시민 의식은 사라지고, 자본주의 사회의 천박한 소비 의식만 간직하게 된 시민은 각자의 표준화된 계층 별 세대별 범주에서 개성을 만끽하며 만족해하는 소비자인 것이 다. 그러나 그 개성은 자본가들의 철저한 과학적 관리를 통해서 세 분화·표준화·단순화된 범주에서의 작위적인 개성일 뿐이다.

과거 시민으로서의 우리는 세대별 단절 없이 집안에서 직접 아버지의 훈육을 받아들였고, 가족이 한자리에 모여 식사를 했으 며, 형이 동생의 숙제를 지도했고, 이웃집 아저씨의 친절을 받아들 였다. 그리고 지역 사회에서 다양한 봉사를 기꺼이 해냈고, 내 고장 의 정치가가 누군지 알고 비판할 줄 아는 자주적이고 멋진 시민이 었다.

그러나 오로지 소비자로서 단절된 채 관리되어온 오늘날의 우 리는 아버지의 훈육을 낡은 사고나 잔소리로 생각하고, 가족과 나 는 절대 여가를 같이 즐길 수 없다고 생각하며, 집안에서도 개인별 식단이 따로 마련되어 있을 뿐만 아니라 식사하는 시간도 각자 달 라 함께 식사라도 하려면 약속을 해야 할 정도로 개인주의 아니 이기주의가 생겨나고 있다. 그런가 하면 동생이나 자식의 공부를 유명 학습지에 맡기거나 유명 체인 학원에 보내고, 옆집 아저씨는 갑자기 돌변할지도 모르는 위험한 존재로 전락했으며, 우리 고장 의 정치가는커녕 옆집에 누가 사는지도 모르는 안타까운 현실이 되었다.

이런 모든 현상에 광고로 상징되는 자본주의의 즉물적인 가치 행태가 자리잡고 있다고는 할 수 없을지라도, 전혀 무관하다고는 또한 말할 수 없는 것이다. 그럼에도 불구하고 소비자 사회, 곧 자 본주의 사회는 이 같은 현실에 너무나도 깊숙이 빠져 있는 구성원 들이 계속해서 현실을 감지하지 못하게 만들고, 오로지 계층별 세대별로 단절되어서 각자의 마음을 너무나도 잘 알아주는 광고의 마력에 매료되는 화려한 사회로 인식하게끔 유도한다. 결국 현 사회 전반은 자본가들에 의해 지속적으로 소비만을 위하여 과학적으로 관리되고 있는 것이다. 과거에 관리되던 것처럼, 이 사회가 하나의 커다란 공장이나 사무실인 셈이다.

생산성 향상을 위해, 그리고 이윤 증대를 위해 날로 진보되는 (?) '과학적인 사회적 관리' 개념이 무슨 죄가 있겠느냐고 생각할 수도 있겠지만, 사실 그러한 과정에는 생산성도 없고 이윤도 없다. 왜냐 하면, 날로 넘쳐만 가는 쓰레기나 환경 오염, 그로 인한 면역성 감소, 나아가 무엇보다도 인간 의식의 비주체화 등을 모두 감안하여 연산해본다면, 결국 제자리이거나 퇴보인 것이다.

누군가 다음과 같은 독백을 한다고 가정해보자. 아니 다음과 같은 독백의 주인공은 이미 가상의 인물이 아니다. 우리 주변에 널려 있다. 나일 수도 있고 바로 여러분일 수도 있다.

어머니는 젊고 합리적인 나의 생각과 패션 스타일을 너무 이해하지 못한다. 나 또한 아버지의 고리타분함과 촌스러운 옷차림이 맘에 들지 않는다. 동생은 아직도 어린아이고 게다가 너무 되바라졌다. 나를 이해하는 사람은 우리집에 아무도 없다. 우리 가족 모두가 나와 너무나도 다르다.

그러나 카드 광고에 나오는 저 모델의 사고 방식과 옷 입는 스타일 그리고 말투는 정말 내 스타일이다. 내가 꿈꾸던 세련된 생활이다. 내 마음을 어찌 저리 잘 알까? 마치 내게 힘을 주는 것 같다.

그래, 나는 누구도 알 수 없는 X 세대인 것 같다. 나는 소비로만 나의 정체성이 드러나는 소비자인 것 같다. 나는 개성의 결정체다.

필자나 독자인 여러분도 자신을 의심할 여지없이 '개성 있는 존재'라고 믿지만, 혹시 각 계층별 세대별로 전략적이고 은밀하게 겨냥한 광고를 통해 관심과 배려를 받으면서 '과학적으로 관리'되고 있다는 것을 느껴본 적은 없는지 생각해봐야 한다. 그렇지 않다면, 역으로 그 같은 광고들을 당당히 과학적으로 관리할 수 있는 능력이 자신에게 있는지 스스로 생각해봐야 한다.

10

당신은 시민•인가 소비자•인가?

앞에서 시민과 소비자의 차이를 어느 정도 이해했다면, 과연 독자 자신이 민주적 참여 시민으로서 생활하고 있는지 아니면 소비만 즐기는 수동적인 소비자로서 생활하고 있는지 궁금하리라고 본다. 그래서 이를 위해 두 가지 유형의 질문을 마련해보았다.

이 두 가지 유형의 질문 A와 B는 독자가 현재 두 가지 성격, 곧 민주적 참여 시민과 수동적 소비자 가운데 어느 쪽 속성의 정보를 더 많이 축적해놨는지를 감지할 수 있는 것으로, 각각 50개의 문항으로 꾸며놓았다. 따라서 한 문항에 2점씩 곱해 100점 만점으로 계산해보면, 자신의 정체성이 어느 쪽에 가까운지 알 수 있을 것이다.

이 질문들은 학문적이고 객관적인 근거나 보편적인 합의 아래 만들어진 것을 결코 아니며, 더욱이 독자가 어떤 쪽 유형에 치우쳐 있다는 것을 질책하기 위한 것도 아님을 분명히 밝혀둔다. 만약 독자가 어느 한쪽에 치우쳐 있는 결과가 나왔다 하더라도 이는 결코 독자의 탓이 아니며, 그러한 편향된 정보 축적으로 이르게 한 사회 환경의 탓임을 명심하기 바란다.

질 문 [A]

(다음에 나오는 50개의 주관식 문항에 답하시오)

1. '우리나라 대표 브랜드'는?
  (   )

2. '생각만 해도 기분 좋은 차'는?
  (   )

3. "○○○○적인 생각이 대한민국을 움직입니다"에서 그 생각은 어떤 생각입니까?
  (   )

4. '갖고 싶은 번호'는?
  (   )

5. "○○의 변신은 무죄"에서 누구의 변신을 뜻하는 것인가?
  (   )

6. 어떤 브랜드를 입고 "just do it"을 해야 하나?
  (   )

7. '옷을 오래오래 입고싶으면' 어디다 빨아야 하나?
  (   )

8. "걱정 마세요!" 어디에서 아이스크림 콘이 300원입니까?

( )

9. '눈으로 마시는 맥주'는?

( )

10. "니들이 게맛을 알아?!"라고 호소한 사람은?

( )

11. 독자의 능력을 보여주기 위해서는 어떤 카드를 써야 하나?

( )

12. '열심히 일한 당신'은 뭘 해야 하나?

( )

13. '꼭 찍어서' 먹어야 하는 요구르트는?

( )

14. '며느리도 모르는' 고추장은?

( )

15. "국물이 끝내줘요!"라고 말하는 사람은?

( )

16. '내게 힘을 주는 카드'는?

( )

17. "손이 가요 손이 가"라고 노래하게 하는 스낵 재료는?

( )

18. '아름다운 사람들'을 만나려면 어느 항공사를 이용해야 하나?

( )

19. 전자 제품을 살 땐 어디로 가야 하나?

( )

20. "깨끗해요!"라고 말하는 여성들은 무엇을 사용하고 있나?

　(　　　　　　　　　　　　　　　　　　　　　)

21. '남자의 흑맥주'는 뭔가?

　(　　　　　　　　　　　　　　　　　　　　　)

22. '정(情)'을 건네라고 말하는 파이는 무슨 파이인가?

　(　　　　　　　　　　　　　　　　　　　　　)

23. '대한민국 미남미녀'는 무엇으로 세수하나?

　(　　　　　　　　　　　　　　　　　　　　　)

24. '부자 아빠'를 꿈꾸는 사람은?

　(　　　　　　　　　　　　　　　　　　　　　)

25. "코딥니다!"라고 외치며 직원을 집집마다 방문시키는 기업은?

　(　　　　　　　　　　　　　　　　　　　　　)

26. '코리아 퍼스트(first) 카드'는 어느 은행에서 발급하나?

　(　　　　　　　　　　　　　　　　　　　　　)

27. '오동통한 내 너구리'는 동물인가 먹거리인가?

　(　　　　　　　　　　　　　　　　　　　　　)

28. '생감자'로 만든 칩은?

　(　　　　　　　　　　　　　　　　　　　　　)

29. 아파트 열쇠고리를 보자마자 경악을 금치 못하는 아파트는?

　(　　　　　　　　　　　　　　　　　　　　　)

30. 내 입에 안성맞춤인 라면은?

　(　　　　　　　　　　　　　　　　　　　　　)

31. '창의력이 경쟁력'인 학습지는?

　(　　　　　　　　　　　　　　　　　　　　　)

32. 껍데기만 바꾸면 되겠냐고 묻는 자동차 회사는?

( )

33. '사나이 울리는 라면'은?

( )

34. 눈밭에서 부자되라고 외치는 친절한 사람은?

( )

35. 사진 명암의 휴대폰 기능을 자랑하는 사람 둘은?

( )

36. 까불면 돌리는 휴대폰은?

( )

37. 여자라서 행복하게 하는 냉장고는?

( )

39. 캡슐에 싼 유산균을 뭐라 하나?

( )

40. "함께 즐겨요"는 뭘 먹으면서 즐기자는 얘긴가?

( )

41. "감기 조심하세요"라고 말하는 인형은 뭘 마시라고 하나?

( )

42. 치킨이 생각날 땐 어디로 가야 하나?

( )

43. "공부할 때 마셔보아요"라고 하며 노래 부르는 사람은?

( )

44. "걸렸구나 생각할 땐" 무슨 약을 먹여야 하나?

( )

45. 일요일에 먹어야 하는 라면은?

( )

46. '고향의 맛'을 느끼게 해주는 조미료는?

( )

47. 아내와 커피를 마시는 것을 즐기는 사람은?

( )

48. 건조해지지 않는 비누는?

( )

49. 인물 사진은 뭘로 찍어야 하나?

( )

50. '고객행복주식회사'는?

( )

질 문 [B]

(다음에 나오는 50개의 주관식 문항에 답하시오)

1. 나의 이웃집 아저씨의 성씨는?

( )

2. 내가 사는 고장의 시장(市長) 이름은?

( )

3. 우리 고장에는 몇 개의 양로원이 운영되고 있나?

( )

4. 우리 고장의 일반 시내 버스 요금은?

   (   )

5. 우리 고장의 시장(市長)은 어느 정당 소속인가?

   (   )

6. 지난 번 내가 뽑은 우리 시의회의 후보자는?

   (   )

7. 우리 고장의 대표적인 봉사 단체는?

   (   )

8. 내가 자주 이용하는 우리 고장의 재래 시장 이름은?

   (   )

9. 우리 고장의 시립 합창단 명칭은?

   (   )

10. 조선시대에 우리 고장의 명칭은?

   (   )

11. 우리 시가 자매 결연을 맺은 외국 도시는?

   (   )

12. 우리 고장의 쓰레기 봉투 값은?

   (   )

13. 우리 고장의 소비자 단체는 어디에 있나?

   (   )

14. 우리 시의 상징 나무는?

   (   )

15. 우리 고장의 성폭력 상담 기관은?

   (   )

16. 우리 고장의 유형 문화재 하나만 고른다면?

  (   )

17. 우리집 앞에 쓰레기를 수거해가는 요일과 시간은?

  (   )

18. 동네 어르신과 내가 담소를 나눌 수 있는 장소는?

  (   )

19. 우리 고장의 장애인 단체 명칭은?

  (   )

20. 우리 고장의 상징 새는?

  (   )

21. 우리 시의 '시민의 소리'를 듣는 창구의 전화 번호는?

  (   )

22. 우리 시의 인구는 몇 명인가?

  (   )

23. 우리 고장에서 가장 시급한 문제는?

  (   )

24. 차기 시장(市長)으로 추천하고 싶은 우리 고장의 인물은?

  (   )

25. 우리 고장을 대표하는 국회의원은 어느 정당 소속인가?

  (   )

26. 우리 고장의 관할 경찰서는 어디에 있는가?

  (   )

27. 현재 우리 지역구 국회의원은?

  (   )

28. 이전 시장(市長)이 소속되었던 정당은?

   (   )

29. 우리 가족 모두 자주 이용하는 우리 동네 음식점은?

   (   )

30. 우리집과 가장 가까운 파출소는?

   (   )

31. 시정(市政)에 대한 의견을 전달할 때 내가 하는 방법은?

   (   )

32. 우리 고장의 환경을 생각해 집에서 내가 실천하는 것은?

   (   )

33. 내가 우리 고장에서 후원하는 단체는?

   (   )

34. 우리 고장에서 활동하고 있는 환경운동가는?

   (   )

35. 우리 마을 동사무소는 행정 업무 외에 주민을 위해 다른 무슨 프로그램을 마련하고 있나?

   (   )

36. 우리 고장을 대표하는 역사적 위인 한 분을 꼽는다면?

   (   )

37. 지난 월드컵 때 "대~한민국"을 응원하기 위해 우리 고장 사람들이 모인 장소는?

   (   )

38. 우리 고장의 시청 주차료는 유료인가 무료인가?

   (   )

39. 우리 고장의 독거 노인과 소년 소녀 가장의 현황은?

( )

40. 우리집 관할 소방서는 어디에 있나?

( )

41. 집 앞을 치워주시는 환경미화원 아저씨가 안 나오실 때마다 확
인하기 위한 전화 번호는?

( )

42. 우리 고장 출신 올림픽 금메달 리스트나 유명 스포츠맨은?

( )

43. 방문 판매자에게 피해를 입었을 경우 접수할 담당 기관은?

( )

44. 내가 자원 봉사를 하는 내용과 대상은?

( )

45. 우리 고장에서 전국체전을 주최했던 연도는?

( )

46. 지난 번 대선 때 내가 투표한 장소는?

( )

47. 내가 속한 시청의 인터넷 홈페이지 이름은?

( )

48. 우리 고장의 청소년을 위한 상담 기관 전화 번호는?

( )

49. 공직자 비리 신고 전화 번호는?

( )

50. 우리 고장을 대표하는 심볼마크는?

( )

두 유형의 질문에 대한 점수 차이를 비교하여 독자는 과연 민주주의 시민으로서 살고 있는지, 아니면 자본주의의 소비자로 살고 있는지 점검해보기 바라며, 개인적으로는 소비자보다 시민이 많기를 바랄 따름이다.

시·인과 촌장

언제부터인가 현대인들은 책과는 거리가 먼 존재로 묘사되어 오곤 했다. 그래서 의식 없이 살아가는 듯한 현대인들의 사고 공백을 비판하거나 책을 많이 읽으라는 캠페인을 종종 접할 때가 있다. 그리고 그것에 대해 가끔 현대인들 스스로 자책할 때도 있다. 그러나 그렇게 자책할 정도로 자신에게 핀잔까지 줄 필요는 사실 없을 것 같다. 왜냐 하면 이를 철저하게 보완하고 대신하는 기재가 이미 오래 전부터 우리의 생활 속에서 활용되고 있기 때문이다.

그야말로 완벽한 이 보완 기재는 과거의 그 어떤 문학 작품보다도 독자나 필자 그리고 대중들에게 풍부한 상상력과 감수성을 제공하는데, 늘 학습서 외의 책과는 거리가 먼 우리 청소년들에게까지도 그 상상력의 자극은 경이롭기까지 하다. 그 주인공은 바로 광고 문구다.

우리는 눈만 뜨면 광고 문구라는 새로운 작품을 매일 외우다 시피 하는 시대에 살고 있다. 때론 시 구절로, 때론 소설이나 수필로, 때론 아주 무거운 논설문이나 경구로 등장하기도 한다. 아무튼 현대인들에게 광고는 이처럼 무상으로 문학적 즐거움을 선사하고 있는지도 모른다.

얼마 전 좌석 버스를 타고 지하철역으로 가다 느낀 일이다. 버스에 올라타 의자에 앉으니, 흔하게 보듯이 앞좌석 시트 뒷면에 커다란 광고가 인쇄되어 있었다. 자세히 읽어보니, 마치 여러 편의 문학 장르를 접하는 것 같았다. 그 작품은 문학의 모든 영역을 아우르고 있는, 그야말로 종합 문학 선물세트 같은 고차원의(?) 작품이었다. 자세히 기억나지는 않지만 지금 기억해보면 대충 이런 내용이었던 것 같다.

> 야한 몸매를 원하는 당신
> 느껴보세요 미끈한 자신의 몸매
> 종이처럼 가볍게
>
> ○○○ 단식원은 과학적입니다.
> ○○○ 단식원은 경제적입니다.
> ○○○ 단식원은 기술적입니다.
> ○○○ 단식원은 당신의 건강과 아름다움입니다.
>
> 차츰차츰 야해지고 가벼워지는 당신을
> 느끼실 수 있습니다.

두 번째 연은 너무나도 잘 외워지는 동음의 운율이었으며, 내용은 여성들의 감성을 자극하는 문구에다 날씬한 자신의 모습을 상상하게 만드는 탁월한 문장이었다. 이 구절 아래 바로 이어지는 것이 과학 서적에서나 볼 것 같은 천연색 사진이었는데, 한 여성이 ○○○ 단식원을 이용하기 전과 후의 모습을 비교해놓은 사진이었다. 화살표로 비만한 부분을 부위별로 의학적인 용어를 동원해가면서 설명해놓았는데, 마치 어린 시절에 보았던 『컬러학습대백과사전』을 연상시킬 정도였다.

이어 그 옆에는 또 ○○○ 단식원에서 살을 빼는 데 성공한 체험자의 '수기'가 공개되어 있었다. 내용 중에 가장 기억에 남는 것은 바로 "직장 동료들이 저를 대하는 것이 달라졌어요. 저는 저의 야한 몸매에 너무 만족해요"라는 대목이었다. 수기보다는 호소문에 가까웠다. 이처럼 절박하게 성공한 단식원이니 꼭 이용해보라고 절규하는 것처럼 느껴졌다.

놀랍게도 필자가 비교적 그 저급한 '종합 문학 선물세트' 같은 광고를 기억해내고 있는 것은, 지하철역까지 가는 동안 적어도 대여섯 번은 읽었기 때문이며, 집으로 돌아갈 때 다시 보아야 했기 때문이었다. 사실 읽고 싶지 않았지만, 버스에서 당장 내리지 않는 이상 시선은 그곳을 향할 수밖에 없었다.

그런데 더욱 놀라운 것은, 그 저급하면서도 반복적이고 강제적으로 시선을 빼앗은 광고를 보면서도 그동안 잃어버리고 있었던 문학적 향수를 어느새 다시 느끼고 있었다는 점이다. 각박한 현실 속에서 점차 메말라가는 동안, 잊거나 잃어버렸던 문학적 감수성이나 풋풋했던 젊은 날의 순수한 열정을 다시 한 번 맛볼 수 있었다는 점은 아이러니가 아닐 수 없었다.

우리는 문학 작품 하나 진득하게 읽어낼 수 없을 정도로 아주 바쁘게 산다. 아니 솔직히 말해서 읽기 싫어한다. 어떤 이는 그런 문자 해독을 통한 상상력의 세계를 회복해보려고 버스나 지하철 안에서 독서를 시도하는 이도 더러 있지만, 그러나 그러한 의지도 집에만 도착하면 이내 사라지고 만다. 책에서보다 더욱 기가 막히고 감동적인 동영상들이 클릭만 하거나 리모콘만 누르면 스펙터클로 모니터나 화면에서 쏟아져나오기 때문이다. 게다가 15초나 30초의 완성도를 가지고 있는 화려한 광고의 압축된 영상미는 또한 얼마나 우리의 눈과 귀를 붙들어매고 있는가!

긍정적으로 생각해보면, 이 같은 동영상 광고가 더 놀라운 상상력의 세계나 감동의 세계로 우리를 데려간다고 볼 수도 있다. 그래서 학창 시절 이후로 감동적인 시 한 편 접하지 못했다고 해서 자신에게 미안해할 필요까지는 없다. 어쩌면 필자나 독자 모두는 학교 졸업 이후라 하더라도 이미 수많은 광고를 통해 감미로운 문학 작품들을 접해왔는지도 모른다. 그러기에 이렇게 상상해도 좋을 것이다. 우리가 사는 도시라는 곳은, 어쩌면 밤낮으로 시상(詩想)을 떠올리는 시인들(광고인)과 이들의 작품(광고)을 감상해주는 감성 풍부한 촌장들(소비자)이 한데 어우러져 사는 마을이라는 생각을 해본다. 그리고 그런 시인들 가운데는 다음과 같은 대작(?)을 남긴 이도 있어 새삼 감동의 기쁨이 더 커지는 걸 느낀다.

누군가 내게 말했어
이건 바로 내가 세상을 당당하게 살 수 있도록
힘을 주는 ○○ 카드야
내게 힘을 주는 ○○ 카드야

전 항상 앞서가니까요

1❚❚ 재미있는 광고에 도시락을 던져라

난 ○○ 카드만 써요
내게 힘을 주는 ○○ 카드야

　위의 시 구절은 지난해 그 유명세 덕분에 노래로 제작되어 학창 시절 이후 문학의 '문'자도 접할 수 없었던 우리의 메마른 가슴에 엄청난 감동으로 남았다. 그리고 앞으로도 많은 사람들에게 주옥같은 작품으로 기억될 것이다. 그런가 하면, 필자뿐만 아니라 많은 사람들에게 오랜 세월이 흘렀어도 아직도 기억에 생생하게 남아 있는 작품이 두 가지 있다.

하늘에서 별을 따다
하늘에서 달을 따다
두 손에 담아드려요 ○~란○
아름다운 날들이요
사랑스런 눈동자요
오 오오오 ○란○ ○란○ 파인

그대 어디선가 느낄 수가 있죠
그 어느 누가 그대만큼 아름다울까
생활 속의 백화점 신○○

　그런데 그 감동이 씁쓸하게 다가오는 것은 왜일까? 혹시 독자 여러분은 알고 있는지 ….

12

소비를 기념하는 날?

우리는 왜 무언가 기념하는 날이면 선물을 사야 할까? 기념일에는 반드시 선물을 사서 교환해야 한다고 정해놓지도 않았는데 말이다. 가끔 그런 기념일에 변변한 선물 하나 준비 못하는 자신을 본 적이 있을 것이다. 그리고 그로 인해 자신의 경제력과 준비성 부실을 자책하며, 애인이나 친구, 형제, 부모, 스승에게 미안하고 죄스러워했던 경험이 있을 것이다. 그러나 그렇다고 해서 상대에 대한 자신의 애정이나 우정, 형제애, 효심, 존경심 따위가 없는 것도 아닌데 말이다. 다만 자신의 본심을 알아주었으면 하는 바람만은 간절할 뿐이다.

상업주의의 주체라 할 수 있는 기업들은 대중의 라이프 스타일 자체를 그들이 의도한 대로 개념화시키고 있다는 것은 이미 앞에서 언급하였다. 그러나 무엇이 어떻게 구체적으로 개념화되고 있는지에 대한 예를 접해보지 않았다면 아마도 대부분의 독자가 고개만 끄떡이는 정도일 것 같아, 그 심각성을 짚어보기 위해 기념일과 상업주의에 대한 예를 들어보겠다.

매년 우리는 2월 14일의 발렌타인데이를 시작으로 12월 25일의 크리스마스에 이르기까지 여러 가지 각종 기념일이 만나게 된다. 그 가운데 어떤 기념일은 정말 사회적으로나 역사적으로 의미가 깊은가 하면, 어떤 기념일은 이미 그 의미가 퇴색되어 그냥 형식적으로 명맥만 유지하고 있는 경우도 있다. 그런가 하면 어떤 기념일은 철저한 상업주의 의도 아래 시나브로 만들어진 경우도 있다. 문제는 바로 이 같은 기념일로, 만들어졌다기보다는 작위적으로 조작되거나 기획되었다고 하는 게 더 정확할 듯싶다.

대체로 상업주의 문화라는 것은 소비를 유도하기 위해 자신들의 입장을 정당화한 그럴 듯한 허위 의식을 아주 자연스럽게 유포시키는 문화다. 예를 들면, 겨울에 먹는 아이스크림이야말로 제 맛이라거나, 가장 쓸모 없었던 광물에 불과한 다이아몬드를 희소성 하나만으로 어떤 귀금속보다도 가치가 있다거나, 세계 평화를 위해서는 군에 입대하여 적(?)을 무찔러야 한다(걸프전과 아프가니스탄 침공에서 보여준 미국의 전쟁 놀음은, 세계 평화를 담보로 하여 전쟁까지도 상업적으로 이용한 대표적인 사례다. 무기 판매와 석유 자원 확보라는 두 마리 토끼를 다 잡은 수지 맞은 장사였을지 모르지만, 인과응보라는 전 지구적 질서의 준엄한 경고를 잊지 말아야 할 것이다.)거나, 서부의 사나이라면 당연히 폼나게 담배를 물어야 한다거나, 가족과 행복을 나누려면 패스트푸드를 즐겨야 한다거나, 좀 있어 보이려면 해외로 골프 여행을 가야 한다거나 하는 식의 허위 의식 조장이 쉴새없이 개념화되어 이루어지고 있는 것이다.

특히 기념일은 상업주의 전략에 따라 철저하게 기획된 대표적인 허위 의식 유포의 온상이다. 우선 축하를 해야 하는 기념일에는 크림을 바른 빵 덩어리(케이크)가 빠지지 않는다. 심지어 연인과의 만남을 기념하기 위해서도 그 빵 덩어리(촛불까지 얹힌 그야말로 신비롭게 생긴 덩어리)는 빠지지 않는다. 요즘 여러 광고 매체에서 이와 같은 허위 의식을 연인 사이에 등장시키려고 각종 빵 광고를 기를 쓰며 하고 있다.

그런가 하면 '초콜릿'의 영원한 판로를 위해 역시 상업주의가 기획한 날이 바로 발렌타인데이다. 또한 구매층이 어린이로 한정되어 있던 '사탕'을 성인층으로까지 확대한 전략이 '화이트데이'다. 나아가 이를 모방하여 우후죽순처럼 여러 가지 천박한 상업주의 전략을 담은 온갖 기념일들이 다양한 이름들을 붙여 뒤질세라 태어나기 시작했고, 각종 매스 미디어에서는 짝자꿍이 되어 이를 기획 보도해줌으로써, 누이(제조업=광고주) 좋고 매부(광고 매체) 좋은 일이 벌어지게 된 것이다. 문제는, 누이도 좋고 매부도 좋은데 정작 좋아야 할 나(소비자)는 좋기는커녕 지갑만 털린 셈이 된 것이다.

이 같은 상업주의는 크리스마스에 이르면 절정에 다다른다. 애초 종교적인 의미를 담고 있어서 상업주의와는 거리가 멀었던 날인데도 숱한 상술로 난도질당해 본래의 형체를 알아볼 수 없을 정도에까지 이르렀다. 예수 탄생의 숭고한 의미 대신, 연말 연시와 겹치면서 1년 중 가장 소비가 왕성하여 흥청망청하는 날로 변해버렸다. 크리스마스 이브에는 신용카드 결제 규모가 연중 최고에 이른다는 자료를 보더라도 상업주의의 극치를 어느 정도 알 수 있을 것이다.

2004년 전 12월 25일은 인간을 위해, 인간의 죄를 대신 속죄하기 위해 그토록 갖은 고통을 당하고 결국 죽음을 당한 예수가 탄생한 날이며, 그 탄생에는 지극히 숭고한 의미가 담겨 있다. 그래서 그 숭고한 날에는 사실 그 어떤 세속적인 상술이 침투해서는 안 되는 날이다. 그러나 불행하게도 이 날은 야바위꾼들(광고주)이 장악한 가장 대표적인 날이기도 하다. 걱정스러운 것은 만약 이렇게 기형화된 기념일인 크리스마스에 예수가 재림한다면 과연 그는 어떤 반응을 보일까? 아마 침통한 얼굴이 되어 눈물이 바다를 이룰지도 모르겠다. 아니면 그래도 우리 인간을 사랑하셔서 돈벼락이라도 내려주실는지도 모르겠다.

이처럼, 어느 순간부터 우리는 아주 자연스럽게 어떤 일정한 날을 기념하게 되었고, 그 기념일에는 꼭 무언가를 소비해야만 직성이 풀리게 되었다. 이렇듯 소비로 가득 찬 기념일에 가장 적합한 모델 사회로 미국을 꼽은 이가 있다.

미국인 문화역사학자 모리스 버만(Morris Berman)은 그의 저서 『미국 문화의 몰락(The Twilight of American Culture)』에서 미국 사회를 소비지상주의의 전형적인 모델 국가로 해석하고 있다. 그는 현재 미국 사회에는 민주 시민을 위한 정책은 사라지고 소비자를 위한 우민화 정책만 넘쳐나고 있다고 지적한다. 또한 그러한 정책에 심혈을 기울이는 미국 사회는 겉으로 보기에는 생동감이 넘치는 사회로 보일는지 몰라도, 마더 테레사 수녀의 말을 빌려와 '가장 가난한 나라'라며 독설을 멈추지 않는다. 이는 마치 라스베이거스라는 도시의 화려하고 역동적인 야경이 미국의 '정신의 부재'를 감추기 위한 장식에 불과한 것처럼, 미국의 황폐함을 지적한 것이다.

그러나 미국이라는 사회는 그들 스스로 주장하듯이, 애초에 영적인 풍요를 기반으로 건국된 나라가 아니던가. 그럼에도 불구하고 테레사 수녀가 본 미국 사회는 상업주의의 풍요로 뒤덮여 썩어가고 있었던 것이다. 하지만 테레사 수녀의 지적은 비단 미국만의 현실이 아니다. 이미 '소비의 날'이 되어버린 대표적인 기념일인 크리스마스를 시작으로 미국, 아니 한국을 포함한 전 세계의 모든 기념일들이 하나같이 '소비의 날'로 전락해버린 것은, 과거 '미국화'의 확산이 선진 문화로 가는 것인 양 오도했던 데에서 자초한 화가 아닌가싶다.

우리는 항상 각자 주체적이고 능동적인 존재로 자신을 평가한다. 그러나 그러한 존재일수록 각자의 기념일만은 유독 소비 자본주의 주체인 기업이 정해주길 바라며, 또 어떻게 해야 되는지 일일이 간섭해주기를 바라면서 그 날을 학수고대한다. 무엇보다도 그 수동성의 극치는 그 날이 되고 나면 모두들 늦은 자정을 넘겨가며 (크리스마스 이브) 앞다투어 소비를 해야 직성이 풀리곤 한다. 그리고 나서도 종교적인 의미를 새기는 행위는 뒷전이다. 물론 그렇다고 해서 그 성스러운 크리스마스의 종교적 의미가 완전히 사라진 것은 아니다.

이제 독자들에게 묻고 싶다. 독자 여러분이 진정으로 기념하고 싶은 날은 어떤 날인지, 그리고 그 날은 어떻게 보내는지 묻고 싶다. 초콜릿을 사고 사탕을 사면서 촛불을 끄고 유흥가를 배회하며 쇼핑도 하고 밤새도록 흥청망청하는 하지는 않았던가. 이제 이같은 기념일 챙기기와 그에 따른 모든 소비 행위와 일탈 행위들은 수십 년 동안 광고가 개념화시켜 반복적으로 세뇌시킨 결과에 지나지 않는다는 사실을 인정해야 한다. 그렇다고 해서 그 같은 기념일들의 의미까지 모두 제거해버릴 필요는 없을 것이다. 그 대신,

지극히 상업적 목적으로 개발된 수많은 기념일들을 자기 자신이 주체가 되어 새로운 의미를 부여하고, 나아가 거기에 알맞은 합리적인 기념 행위를 개발해내는 것은 어떨까 한다.

여기에 한 가지를 더 보탠다면, 모든 사람 모든 나라에서 유행처럼 기념하는 날에서 벗어나 자기만의 특별한 기념일을 발굴해내는 것도 상업주의의 그늘에서 벗어나는 일일 것 같다.

필자의 경우 내가 주체가 되어서 제일 기념하고 싶은 날은 '군에 입대하던 날'이다. 군 복무 기간 동안 힘들었지만 그래도 필자의 인생에 전환점이 되었던 날이고, 그 날 걱정 어린 마음으로 배웅하시던 어머니의 그 따뜻한 눈물을 잊을 수가 없기에 진정 기념하고 싶은 날이기도 하다.

적어도 이 날만은 아직 상업주의가 침투하지 못했다. 나만의 특별한 날이기 때문이다. 더욱이 아직은 나만의 기억이기에 광고 메시지로의 개념화도 불가능하여 상업주의의 유혹에 휘둘릴 염려도 없다. 나와 나의 어머니만 공유하는, 평생 그 의미가 퇴색되지 않는, 진정으로 뜻깊은 기념일이기 때문이다.

13

독일에서 온 편지와 미국에서 온 소시지

우리가 매일 접하는 광고들을 잘 살펴보면 서구 지향 기호들을 무한정 뿌려대는 것을 느낄 수 있다. 이는 필자를 포함한 대부분의 소비자들이 상품을 구매하는 과정에서 서구적인 것이면 의심의 여지없는 신뢰하는 사대적인 속성이 자리하고 있기 때문에 더욱 그러하다.

예를 들어 광고 문안을 보자. 텔레비전 광고의 경우 이를 증명이라도 해주듯, 광고 마지막 부분에는 어김없이 현지인 영어 발음을 배치하여 강한 여운을 남긴다. 재미있는 것은, 필자가 알기에 그 능숙한 영어 발음은 모두 우리나라 유일의 교육 방송인 EBS 영어 강사들의 목소리들에 불과하다는 것이다. 단지 그 강사들이 앵무새처럼 기가 막힌 영어 발음으로 몇 마디 강조해줬을 뿐인데 우리 소비자들의 상상력은 이를 믿고 싶지 않을 것이다.

얼마 전 한국소비자보호원에는 독일로부터 한 통의 편지가 배달되어 왔다고 한다. 그 봉투 안에는 A4 용지에 한글 워드로 정성껏 작성된 편지가 한 장 들어 있었고, 편지 말미에는 '조국의 발전, 바른 사회를 기대하는 동포 드림'이라고 쓰여 있었다고 한다. 따뜻한 조국애가 담긴 그 편지의 내용을 대강 옮겨보면 아래와 같다.

독일에 사는 이 교포는 얼마 전 조국인 한국에 다니러 왔다가 친지 권유로 한국에 수입·시판되는 한 독일산 음료를 시음해보게 되었다. 그 음료는 독일의 유명 상품이며 당뇨, 숙취, 알레르기, 피부 미용 등 만병에 유용하다는 식으로 선전·판매되고 있었다. 값도 매우 비쌌다.

작은 의구심을 갖게 된 이 교포는 독일로 돌아가 이 음료를 찾아보았다. 그러나 한국에서 대단히 효과 있는 건강 음료라고 선전·판매되는 이 음료가 독일 현지에서는 평범한 음료일 뿐이었으며, 유명 회사의 유명 음료도 아니어서 일반 슈퍼마켓에서 쉽게 찾기도 어려웠다. 더구나 한국에서는 3~4만 원에 판매되고 있었는데, 독일 현지에서는 불과 1000~1500원에 지나지 않았다.

이 교포는 한국에서 이루어지고 있는 이 음료의 허위 과장 판매는 한국 국민의 건강에 도움이 되지도 않을 것이며 외화 낭비 등 국익에 손해라고 주장하였다. 편지의 내용이 과연 사실인지 여부에 대해서는 확인이 필요하나, 외국의 평범한 저가 상품을 들여와 특별한 기능의 유명 상품인 양 허위 과장 선전하며 고가에 판매하는 일이 일부 사업자에 의해 여전히 일어나고 있음을 짐작케 한다. 외국산 상품의 유혹에 약한 일부 국내 소비자들의 무지와 허영이 그 온상을 제공하고 있음은 물론이다.

지구 저편 멀리에서 조국에 있는 소비자들의 건강과 경제적 손실을 염려하며 바쁜 외국 생활 가운데에서도 편지를 보낸 중부 독일 에센 지역에 사는 동포의 지적이 우리 모두에게 좋은 참고가 될 것임을 이 지면을 통해 답변을 드린다.

(한국소비자보호원 홈페이지 http://www.cpb.or.kr)

우리는 외국 제품을 유독 선호하는 경향이 있다. 가난에서 벗어나기 위해 경제 개발 일변도의 고속 성장만 추구하는 와중에, 우리가 생산한 모든 공산품뿐만 아니라 사회 간접 자본 시설에 이르기까지 제대로 된 완성도 높은 제품이나 시설을 만나본 적이 드물었던 것도 먼 이유 가운데 하나일 것이다. 게다가 허례와 허위 의식이 속물 근성과 맞물리면서 이 같은 사대주의 근성과 서구지상주의 풍조는 더욱 광범위하게 퍼진 것 같다. 문제는 지금에 와서 어느 정도 우리의 기술과 경쟁력이 선진국에 비해 대등하거나 어떤 분야에서는 더 월등한 경우가 나타나고 있음에도 불구하고, 아직도 정신적인 식민지 근성에서 벗어나지 못하는 구태가 일부 남아 있다는 점이다.

이를 반영이라도 하듯 모든 매체 광고들은 서구 선진국 사람처럼 보이는 앵글로색슨계 광고 모델을 등장시키는가 하면, 서구 현지의 원어민 발음의 음향 효과와 영상 배경, 소품 등 철저하게 연출된 광고를 만들어낸다. 그러나 이는 서구 선진국에서 생산된 제품이 결코 아니며, 서구의 표피적 이미지를 입혀낸 것에 불과하다. 독일에서 보내온 어느 교포의 편지도 이를 증명해주는 아주 좋은 예다. 비록 독일에 존재하는 제품이긴 했으나, 이 또한 단순히 서구적인 무언가를 덧씌움으로써 소비자들의 잘못된 소비 심리를

재미있는 광고에 도시락을 던져라

이용하여 구매하게 하는 것이다.

　이 같은 일종의 소비자 의식 유린을 공공연하게 이용하는 대표 선수가 바로 지상파 방송 사이사이에 끼여 있는, 이른바 '홈쇼핑' 채널들이다. 이들은 오로지 소비를 여가로 즐기는 자들을 위해 탄생한 아주 친절한 방송사이기도 한데, 상품을 광고할 때 생방송이라는 현장감의 이점을 최대한 살려 서구적인 신뢰감이 물씬 풍기는 북미나 유럽 모델을 등장시켜 화면을 사정없이 휘젓게 하고 있다. 그리고 이들과 단짝을 이루며, 상품을 한 번도 써보지 않은 야바위꾼 '쇼호스트'가 등장하여 필사적인 호소를 하기도 한다. 게다가 한정 판매라거나, 시간이 얼마 남지 않았다거나, 마지막 기회라는 식으로 너스레를 떠는 장면까지 보고 있노라면 정말로 '생쇼'를 보고 있다는 느낌이다. 더욱이 심각한 것은, 이미 보도되었다시피 70퍼센트 이상이 허위 과장 광고라는 사실이며, 개중에는 사회적인 위기 의식을 조장하는 데에까지 이르고 있다.(파격적인 가격으로 이민 상품을 판매한 경우, 나중에는 현지 사정을 제대로 소개하지도 않은 허위 상품으로 드러났지만, 사회적 위기 의식을 심어주기에 충분한 아이템이었다.)

　앞서 얘기한 편지글이 독일에 사는 교포의 조국애를 보여준 예라면, 필자는 조국에 대해 부끄러워했던 기억 한 가지를 소개해 볼까 한다.

　필자가 미국에서 교환 학생으로 잠깐 유학 생활을 했던 경험을 이미 얘기한 적이 있다. 어쩌면 필자 자신에 대한 부끄러움일 수도 있지만, 결국 그러한 부끄러움의 바탕에는 그 독일의 교포처럼 안타까운 조국의 현실이 엄연히 존재하고 있었다는 점에서 상통하는 부분도 있을 것 같다. 사실 유학 당시에는 개인으로서가 아니라 '한국인'으로서 창피했던 기억을 감출 수가 없었다.

당시 필자는 3학점짜리인 '광고학(Intro to Advertising)'을 수강한 적이 있었는데, 그 수업만 생각하면 필자의 서툴렀던 영어 실력(현재도 여전히 서툴지만)과 난처했던 교수님의 두 가지 질문이 떠오른다. 매주 책을 읽고 간단한 시험을 봐야 했던 그 과목은 필자에게는 다소 부담스러웠다. 더 부담스러운 것은 기말 고사 대신 광고에 대한 어떤 주제를 선정해서 프레젠테이션을 해야 하는 것이었다.

언어 소통이 원활하게 이루어지지도 않는 상황에서 프레젠테이션을 준비한다는 것은 여간 버거운 일이 아니었다. 더욱이 미국 광고 실정에 대해 아무것도 몰랐던 필자로서는 주제를 선정하는 것 자체부터 장벽이어서, F 학점이라는 불길한 징조를 늘 떠올리고 다녔다. 그러던 중 몇 주가 흐르고 중간 고사가 끝날 무렵, 필자는 번뜩이는 주제는 아니지만 그래도 고심 끝에 한 가지를 생각해내어 교수님을 찾아갔다. 교수님은 별 문제 없으니 진행하라고 허락하였고, 이에 필자는 약간의 안도감을 느꼈다.

필자가 정한 주제란, 한국 광고를 한 번도 접해보지 못한 학생들과 교수님께 한국 광고의 특징을 통해 한국인의 소비 문화를 소개하겠다는 것이었다. 딴에는 인류학적이고 사회학적인, 아주 거창한 주제였다.(당시에 천진하기만 했던 필자로서는 이 주제가 한국 광고라는 상행위의 소개 차원을 넘어 더 커다란 학문적 의의가 있다고 굳게 믿었다.) 그러기에 혼자 지레 달떠서 자랑스러워했다. 지금 생각해도 얼굴이 달아오른다.

아무튼 주제를 정한 필자의 첫 번째 작업은, 한국에서 잘 나가고 있는 광고물들을 공수해오는 일이었다. 우선 한국의 집으로 연락해서 일주일 정도의 텔레비전 광고를 녹화해달라고 부탁했다. 그로부터 2주 만에 따끈따끈한 최신의 한국 광고가 도착했다.(당시

임신중이셨던 누님이 일주일을 꼬박 텔레비전 광고를 녹화해주신 덕분에 학기를 마칠 수 있었다. 뒤늦게나마 다시 한 번 고맙게 생각한다.) 유학을 온 지도 1년이 다 되어가던 시점이라, 그동안 한국 광고를 접하지 못한 필자로서도 택배를 통해 도착한 광고들이 무척 궁금하였다.

물을 만난 고기처럼 필자는 며칠에 걸쳐 그 광고들을 제품별, 이미지별, 전략별, 소비자 취향별로 분류하여 각각의 특성들을 정리한 뒤 최종적으로 한국 소비자들의 정서를 뽑아냈다. 그리고 그 뽑아낸 정서의 결론은 곧 한국인들은 '최첨단'을 선호한다는 것으로, 눈부신 성장을 한 한국의 산업화를 은근히 자랑하려는 의도가 깔려 있었다. 드디어 필자가 발표하는 날, 그간 정리한 프린트 자료들을 바탕으로 서툰 영어를 가지고 시작했다. 물론 한국에서 보내온 광고들도 마지막에 보여주었다.

프레젠테이션이 끝난 뒤, 교수님은 나에게 두 가지 질문을 하였다. 첫 번째 질문은, 한국 광고에는 왜 그렇게 미국 연예인, 특히 백인 영화 배우들이 많이 나오느냐는 것이었다. 당시 한국 광고에는 미국 연예인들을 등장시키는 붐이 있었던 것 같다. 필자는 비록 유명인이 광고 모델로 나오는 것은 당연한 것 아니냐고 반문했지만 교수님의 대답은 달랐다.

미국 연예인, 특히 할리우드의 영화 배우들은 상업 광고의 모델이 된다는 것에 대해 자신의 가치를 떨어뜨리는 것으로 생각하므로 출연하는 것을 꺼린다는 것이었다. 그런데 한국에 가서 광고 모델이 된다는 사실에 어찌 놀라지 않을 수 있겠느냐고 했다. 당시 그 광고들에서 할리우드 연예인, 특히 앵글로색슨계 연예인들만 대거 등장한 것에 대해 필자는 이렇게 해명했다. 한국의 대중·소비자들은 할리우드 연예인들을 많이 좋아하며, 특히 백인 연예인을 좋아한다고 했다. 엉겁결에 그처럼 설명을 하면서도 왠지 필자는 몸에서 힘이 빠져나가고 있는 것을 느꼈다. 나도 모르는 사이에 나 역시 서구 지향적인 무언가에 빠져 있음을 깨닫게 된 필자는 잠시 비통함을 맛보아야 했다. 필자의 얼굴은 이미 달아오르고 있었다.

두 번째 질문은, 광고 한 편을 다시 보여달라는 주문이었다. 왜냐 하면 그 광고에는 마치 미국 현지에서 촬영한 것처럼 '성조기'의 상징인 별과 끈들이 화면 가득 채우고 있었고, 그 밑에선 미국인들(앵글로색슨계)처럼 보이는 외국인과 한국인들이 뒤섞여 별과 끈들을 향해 아우성을 치고 있었다. 그 광고를 다시 본 교수님은, 왜 저 광고에서 저런 장면들이 미국의 상징인 것처럼 제시되느냐는 것과, 또 왜 거기에다 아우성을 치느냐는 질문을 던졌다. 그 대답은 다음에 이어지는 광고 문안을 보는 한국인이라면 누구라도 알 수 있을 것이다.

지금 미국에서 선풍적인 인기를 끌고 있는 그 맛
그 맛이 온다 ○○○○○○ 소시지

필자는 그 질문에 대답하기에 앞서 우선 학생들과 교수님께 반문했다. 혹시 '○○○○○○ 소시지'가 지금 미국에서 인기를 끌고 있느냐고. 사실 1년 남짓, 그것도 그 대학 근처에서만 거주하고 있던 필자는 그 근처 슈퍼마켓이나 할인점을 가봐도 '○○○○○○ 소시지'는 못 보았던 것 같았다. '선풍적인 인기'라는 광고 문안이 무색할 정도로 학생들과 교수님은 금시초문이라고 했다.

그도 그럴 것이, 그들의 거의 주식으로 취급하는 소시지가 특별히 '선풍적인 인기'가 있다고 광고까지 해대는 것 자체가 우스운 일이 아닌가. 마치 이는 매일같이 혼하게 먹는 한국의 '○○○ 김치, ○○쌀'이 '선풍적인 인기'를 끌고 있다는 것과 같이 우스꽝스러운 꼴이었다. 필자는 당황한 나머지, 혹시 그 소시지가 미국에 있는 한인 교포 마켓에만 있는 것을, 마치 미국민들 대부분이 애용하고 있는 것처럼 다소 과장되게 보이도록 한 광고 같다고 얼버무렸다. 다행히도 교수님과 학생들은 고개를 끄떡여주었다.

그리고 나서 교수님께서는 수업이 끝나갈 무렵 한 학기 수업을 정리해주시면서, 예전에 '부당 광고'에 대한 정리 부분에서 내가 소개한 한국 광고가 적절한 예가 될 수 있다고 보충 설명을 하셨다. 졸지에 내가 교재로 소개한 한국의 광고가 교수님이 지적한 부당 광고의 사례로 둔갑하는 순간이었다.

수업이 끝나는 시간까지 차마 고개를 들지 못하고 바닥만 보고 있던 필자는 이렇게 생각했다. 발표 전 한국인 소비자의 정서랍시고 뽑아냈던 결론인 '최첨단에 대한 선호 현상'은 180도 바뀌어, '미국화' 혹은 '서구화에 대한 왜곡된 집착'으로 수정해야 하지 않을까 하고 말이다. 그 일이 있고 나서 필자는 미국 대도시에는 분명 그러한 소시지를 팔지 않을까 하여 수소문해봤으나 결국 출처를 찾지 못했다.

그러한 뼈아픈 체험을 한 이후로 필자는 국내 광고에서 운운하는, 서구 선진국이니 인증이니 보증이니 실험이니 개발이니 하는 식의 광고는 믿지 않게 되었으며, 혐오감마저 들게 되었다. 필자가 꼭 필요한 경우라도 필자만의 방법으로 철저하게 확인해보거나, 아니면 한국소비자보호원 같은 공인된 검증 기관을 거치고 나서야 구입해야 하지 않나 하는 생각도 우선 하게 되었다. 필자가 수업 시간에 프레젠테이션 자료로 활용했던 그 광고 역시 당시의 한국에서는 마찬가지였을 것이다. 서구적인 주술에 휘감겨, 마치 그 소시지를 먹으면 서구 선진국의 대표격인 미국인이라도 된 양 집단세뇌를 느꼈을 것이다.

창피한 일이지만, 결국 독일에서 온 편지와 미국에서 온 그 소시지는 우리의 광고 문화와 소비 문화의 현주소를 정확하게 보여준 바로미터 같은 증거였던 셈이다.

광고의 나라 미국

흔히들 광고를 '자본주의의 꽃'이라는 별칭으로 추켜세워 준다. 이는 광고가 소비 사회의 화려함을 대변하는가 하면 자본주의가 작동하는 원동력으로 원천적 기능을 수행하기 때문이기도 하다. 그러나 그 별칭으로 인해 급기야 후기 산업자본주의도 별칭을 하나 갖게 되었는데, '소비지상주의'라는 명예로운 이름이다.

다니엘 벨(Daniel Bell)은 후기 산업자본주의를 '정보 사회'라 개념화하였지만, 필자가 보기에는 '소비지상주의 사회'가 더 설득력이 있다. 지속적으로 개발되는 모든 정보 경로는 소비 촉진을 위한 광고라는 정보 유통의 대부분을 차지하기 때문이다. 이는 소비가 우리 생활의 가장 중요하고 강력한 미덕으로 변모한 것을 보여주지만, 그 느낌은 몹시 불편하기만 하다. 이는 마치 어릴 적부터 근검 절약을 생활의 미덕으로 삼았던 어린아이가 어른이 되어 세상의 붕괴를 걱정한 나머지 오히려 무한한 소비를 미덕으로 받아들여야 하는 황당함과 다를 바 없기 때문이다.

사실 그 어린아이의 성장과 마찬가지로 자본주의 체제도 애초에는 소비지상주의와 전혀 어울리지 않는, 소비를 절제하고 근면성실하며 순수한 어린 시절이 있었다. 그러나 그 시절의 꽃이 광고가 되어버린 이후 자본주의는 너무나도 딴판인 세계로 달려가고 있다. 흡사 '정신 나간 육체'를 보는 것만 같다. 적어도 초기 자본주의 시절은 이렇듯 광고가 설치고 다닐 필요가 없는 숭고한 정신이 육체 행위와 합치된 시기였기 때문이다.

그렇다면 여기서 궁금해지는 것은 자본주의 어린 시절은 어떠했는가 하는 것과, 더 나아가 광고가 설치지 않았던 그 시절의 자본주의의 정신이란 어떤 것일까 하는 점이다. 분명히 봉건 시대의 어떤 강권적 절대자에 의해서 작동되던 체제와는 사뭇 다른 변화이기에 깊은 정신적 격률(格率)이 있을 것이다. 필자는 그 궁금한 초기 정신의 흔적을 찾아보기 위해 역사적 추론을 하고자 했다. 그러나 그 추론은 독자들에게 의문에 대한 속시원한 해답이 되지는 못할 것이다. 왜냐 하면 해답에 대하여 독자 각자가 만끽하고 있는 자본주의 체제를 한 번 성찰할 수 있는 약간의 기회를 주고자 했기 때문이기도 하다.

우선 자본주의의 그 순수한 어린 시절의 정신 상태를 알기 위해서는 19세기 후반과 20세기 전반에 걸쳐 있던 시기의 사회학자 막스 베버(Max Weber)의 지적 호기심의 결과를 살펴보는 게 좋을 것 같다. 일찍이 베버는 '자본주의라는 체제가 발흥한 곳이 유독 서구 유럽에서부터인가?'라는 의문으로 그 역사적 발흥 기원을 밝히려 했다. 이러한 지적인 의문은 바로 자본주의 생성 정신이 무엇인가를 의미하기도 하는데, 사실 우리가 역사적으로 감지하는 사회 변동의 물리적인 급변은 느낄 수 있어도 그 변동의 생성 정신까지는 감지해내지 못한다. 결국 자본주의 생성도 양대 혁명인 프랑스혁명과 산업혁명으로 그 변화를 구분하지만 그 변화의 생성 이유는 속시원하게 풀리지 않는다. 그런 이유로 당시에 학자들간에도 그러한 관심이 유행되기도 했으나 그 중에 베버의 논지가 가장 쓸 만한 것 같다. 이것은 필자만의 의견이 아닌, 사회학자 대부분이 자본주의의 발흥에 대한 이유를 두고 베버의 의견을 지지하는 것이기도 하다.

자본주의의 발흥이 감지되는 것은 과거 동서양의 역사 속 어디에나 존재했다. 이를테면 중국, 인도, 바빌론, 고대 중세 사회 그리고 과거 한국에서도 이른바 '금전욕'이라 일컬어지는 이윤 추구의 욕구는 어디서나 존재했다는 것이다. 그러나 서구 유럽을 제외한 이러한 여러 지역에서 다양한 자본주의 발흥(사회 체제로까지의 일반화)의 가능성들은 가능성으로만 머물 뿐 채화(採火)되지는 못했다. 베버는 그 이유를, 다른 지역의 자본주의 가능성들이 서구 유럽과 같이 일종의 윤리적 색채를 띤, 또는 생활 행위의 격률에 해당하는 에토스(ethos)▽로까지 발전시키지 못했으며, 애초부터 그 지역들에서 발휘되는 금전욕에는 그것이 결여되어 있기 때문이라고 지적했다. 결국 서유럽을 제외한 지역들이 자본주의 가능성이 있다 해도 그 격률로서의 정신이 부재했기에 그 가능성들이 사

▽ 이 말은 일반적으로 민족적·사회적인 관습을 말하며, 아리스토텔레스에 의해 중요한 철학적 개념으로 대두되었다. 인간이 가지는 가능성이나 능력은 항상 상반하는 방향을 내포하고 있으나, 동일한 행위를 반복함으로써 한 방향으로만 지향하는 습관이 양성되는 것으로 보았다. 국가의 사회 제도나 기풍, 정신, 민족(사회) 정신, 사조 등이 이에 해당한다.

회 체제로까지 퍼져나가지 못한 것이다. 혹 퍼져나갔다 해도 무분별하고 아무런 규범이 없는, 어떤 규범적 내면과도 무관한, 내면적인 모험가 근성만으로 추구되는 영리 활동은 결코 에토스 근처에도 못 가는 것으로, 사회 체제로 자리잡지는 못한다는 것이다. 따라서 서유럽을 제외한 여타 지역의 가능성들은 역사적 가능성만으로 남아 있을 뿐 모두 소멸해버린 것이다.

　베버는 초기 자본주의 정신이 되는 근거를 바로 서구 유럽의 기독교의 종교적인 근원으로 거슬러올라가 그 정신을 검색했다. 일찍이 1500년경, 서유럽의 기독교는 종교개혁자 칼뱅으로 인하여 예정설(predestination)의 교리를 유포시키게 되며, 그 교리에는 문제점이 발견된다. 칼뱅은 당시 유일한 신앙 규준(規準)으로서의 예정설을 갱신하고 루터의 사상을 계승하는 동시에 독자적인 사상을 발전시켜 이른바 칼뱅주의(Calvinism)를 탄생시킨다. 칼뱅주의란 신의 절대적 주권 이상을 강조하는 신관(神觀), 곧 인간 개개인의 구원은 인간의 행위나 노력에 의하여 이루어지는 것이 아니고 하느님의 의지로 미리 정해진다는 그 '예정'에 대한 모든 해답을 부정하는 것으로, 지엄하고 무조건적인 '신비주의'의 수긍하지 않는 것이기도 했다. 다시 말해 가톨릭의 무조건적인 신비주의 강요와 그 신비주의가 만연될 대로 만연된 전지전능함은 철저한 주술적 복종의 불합리로 여겨, 오히려 가톨릭의 정신 세계 지배는 사람들에게 추상적인 개념들로 논리적으로 종교를 인지할 수 없게 만든다고 주장하였다. 따라서 오로지 가톨릭대로의 종교적 복종만은 모든 신앙적 질문의 답변이라 할 수는 없고 분명 문제가 있었던 것이었다. 그래서 새로운 기독 종파인 개신교(프로테스탄트)가 탄생하였고, 동시에 지난 강권적 로마 신비주의 가톨릭과는 결별을 주장하게 되었다.

　베버는 자본주의 정신의 동인을 그 결별에서부터 전개시킨다. 우선 그 문제의 '예정설'은 세 가지 분야인 인간론·구원론·신론으로 개선되어 자본주의 정신의 근간이 된다. 우선 인간론은 인간 욕구 그대로의 감정 상태에서 감정 억압 심리가 거룩한 교회의 일원으로 일하도록 하여 심리적 동인으로 연결되는데, 바로 공동체 의식이 이웃 사랑과 신의 영광 증대를 사명감으로 이어지게 된다. 이는 드디어 에토스적인 윤리적 형태의 격률로 공리주의(功利主義)가 발동하며, 이를 위해서는 공동 예배 윤리가 '청지기'로서의 소명 의식으로 제고된다. 결국 그 소명은 직업이 있어야 타락을 방지하는 노동 생활, 곧 불규칙하고 우연적인 노동이 아닌 정규적인 근면한 직업 노동으로서, 성실하고 전문가적인 직업 소명 자본주의의 외적 형태를 갖추게 된다.

　두 번째로 구원론 역시 과거 가톨릭의 종교적인 주술성의 전체성에서 벗어나 오직 개인적인 믿음으로서 구원을 받는 신과 은밀한 1 대 1 관계의 개별성을 추구하여 출발한다. 이는 불안감과 내적인 고립감이라는 심리적 동인을 유발시켰지만 고립감은 개인주의 윤리로 과거의 국가, 가톨릭 교회, 사업가의 동맹으로 철저하게 결탁된 이윤을 추구(조합주의)해야 하는 것이 아닌 순수한 개인적인 수완의 이윤 추구의 창의성이 더 가치를 발하게 되는 것이기도 하다. 결국 그 창의성은 자신의 직업에 대한 순수한 열정으로 승화되었고 그 순수한 창의성들이 모여 '자유 시장'이라는 자본주의의 또 하나의 외적 형태를 갖추게 된다.

　세 번째로 신론의 경우는 바로 자본주의 외적 형태인 이른바 '합리적인 사상'의 근원이 된다. 우선 항상 어디서나 신의 은밀한

심판이라는 동인의 시작은 생활 전반에 신에 대한 경각심을 불러일으키게 되고, 하느님 면전에 충성을 다해야 하는 '생활 윤리'를 탄생시킨 것이다. 그리고 그렇게 늘 평가하는 신은 '합리적인 창조주'라는 것이다. 곧, 합리적인 창조주란 계획적이고 합리적인 심리적 상태를 말하여 그러한 행동 실천을 야기시켰던 것이다. 결국 그래서 모든 생활 방식에 질서를 부여하는 서구 사회의 그 유명한 '합리주의'가 채택된 것이다. 이는 자본주의 외적 형태인 직업 소명 의식에서도 게으르지 않은 생산성 촉진으로 연결될 수 있었다는 것이다.

결국 위의 예정설로 거슬러올라간 서구 사회의 자본주의 초기 정신에는 다음과 같은 격률이 정리된다. 우선 철저히 감정에 치우치지 않은 주술적 감성 억압의 이성적 인간 자세야말로 자본주의 정신이다. 두 번째, 어떤 주술적 전체성은 결코 수용될 수 없으며, 오로지 개인적인 신앙적 노력만이 자본주의 정신이다. 세 번째, 질서 없는 비합리적 생활은 신비적인 것으로 간주되어 자본주의 정신에서 일찌감치 외면당하고 질서와 분업의 합리적인 생활 방식인 근면, 성실만이 신 앞에 충성한다고 간주했다. 그리고 무엇보다도 중요한 것은 이러한 최초의 격률 실천은 청교도(Puritan)들이 새로운 대륙에서 미국 사회의 건국을 이끈 반석 정신으로 말하기도 한다. 그래서 적어도 미국은 그 철저한 정신 무장으로 그 험난한 여정 끝에 초기 자본주의를 설계했으며, 현재도 미국인들 스스로 그러한 정신이 살아숨쉬고 있기에 이렇게 건재하다고들 믿는다.

그러나 필자나 독자가 보기에 또 다른 한 가지 의문은, 그처럼 격률이 풍부한 대표적인 사회를 지금의 미국 사회라고 볼 수 있는가 하는 점이다. 오히려 대립되지 않는가 한다. 필자가 보기에, 미국 사회의 현재 모습에는 그 숭고한 자본주의 초기 생성 정신의 여지가 그 어디에도 없는 것 같다. 만약 조금이라도 있으면 그것은 철저한 합리성으로 외교를 펴는 정책(오로지 자국의 이익을 위해 평화라는 신비주의로 포장한 채)이랄까 하는 것이다. 사실 미국에는 그 자본주의 순수 정신이 자취도 없이 사라졌다. 오히려 미국 사회의 그 숭고한 초기 정신은 자취를 감추고 오직 그 외형의 자본주의 육체만이 정신 없이 사방을 떠돌고 있다. 그리고 그러한 '역마살'의 상징이자 자본주의의 꽃이라고 일컬어지는 광고 산업의 무분별한 만개만이 왕성해진 사회가 아닌가 한다.

미국은 적어도 베버가 제시한 그 자본주의 초기 정신을 아주 먼 옛날(청교도들이 미국 땅으로 이주할 당시)에라도 갖고 있던 나라다. 그러나 현재는 그 정신은 명백히 사라졌다. 일부에서는 베버가 추론한 자본주의 정신과 한국의 유교 정신은 비교적 같은 격률을 지닌다고 한다. 그러기에 미국 내 한인들을 두고 그렇게 근면·성실할 수 없다고 칭찬들을 한다. 그래도 우리는 미국을 여전히 '자본주의'의 나라라 칭송한다. 그리고 그 칭송은 무한한 신비적 소비가 자유로운 '광고의 나라', 곧 소비지상주의의 자본주의 나라로서 이루어놓은 세속적인 성공에 대한 칭송일 뿐이다.

아이러니컬하게도 미국은 초기 순수한 자본주의 정신과 상관없는 광고가 무한히 발달된 나라다 그래서 광고학 분야에서는 어느 나라도 따라오지 못하며, 그러기에 전 세계의 모든 광고학도들은 광고를 공부하기 위해 미국으로 갈 기회만 살핀다.

그래도 요즘에는 그 변형된 자본주의를 모범적인 자본주의랍시고 따르는 사회가 꽤 늘었다. 한국도 마찬가지다. 하지만 안타까운 것은, 이처럼 미국을 추앙하는 사회들의 경우 미국과는 달리 애초부터 자본주의 초기 생성 정신이 부재한 상태, 곧 '정신나간 육체'의 상태에서 자본주의로 출발하고 있다는 점이다.(미국적 상업화로서 전 세계를 휩쓸고 있는 이른바 미국 소비 문화의 세계화인 미국화(Americanization)가 바로 그것이다.)

그 신비스런 미국화가 내뿜는 마력이야말로 험난한 세상(이를테면 세계적인 문젯거리인 전쟁과 환경, 식량, 재난 등)에서 인류를 구출할 '거대 마법사'의 재림이라도 알리려는 듯 하루도 빠짐없이 매일 '소비의 활성화'라는 주술을 퍼트리고 있는 것이다.(어딜 가든지 '광고'라는 소비 성경 구절이 우리의 소비 신앙심을 자극한다.) 하루도 빠짐없이 예배를 드리는 독실한 '무슬림' 못지 않게 말이다.

머리가 텅 비어 있는 육체만 떠도는 미국 같은 사회는 당연히 마법으로 꾀어내기에 적당한 사회다.(과거 가톨릭의 신비화 역시 거의 마법에 가까웠다.) 이는 과거 개신교가 결별한 가톨릭의 신비주의와 주술성이 가득 한 사회로 회귀함을 뜻하며, 또한 이는 그야말로 '마법의 사회'라 말할 수 있겠다. 마법의 사회는 이성적이고 근면하고 성실한 절약가들을 원하지 않는다. 광고로 뿌려대는 환영적 화려함으로 소비에 무한히 집착하게 하고 브랜드에 신봉하게 하는 마법을 부려서 설사 절약가라 하더라고 그 영적인 술책에서 빠져나갈 수 없게 만든다. 이를테면 황금색 알파벳 M자를 신봉하게 하고, 톡 쏘는 검은 성수(聖水)를 매일 들이키게 만들거나, 'just do it'이라는 주기도문을 외우면서 항상 빨간 갈퀴 모양의 상징을 가슴팍에 새겨 뜀박질하게 하고, 멋진 서부 사나이가 뿜어대는 연기를 마시는 것이 최상의 성령인 것으로 유도하는 사회다. 또한 그 마법의 술책이 부려지는 사회는 사회 전반의 시스템이 마법사를 키워내는

데 혈안이 되어 있다. 그래서 그 사회 모든 영역에 마법사를 배치(사회의 모든 영역에 광고 산업이 침투)하고, 그 마법사가 부리는 마법의 술책을 학습(소비자 관리와 통제에 관련된 학문의 인기는 시들 줄 모른다.)하려는 문하생들로 넘쳐난다. 겉으로 보기에는 정신과 육체가 일치한 역동적인 사회로 보일는지 모르지만, 내면을 자세히 보면 분명 정신은 텅 비어 있다. 마치 '헤리포터'와 같은 아이들을 양성하는 그 마법의 성처럼 말이다.

결국 자본주의 꽃이 광고라고 말할 수 없는 베버의 '정신이 온전한 자본주의'와 현재의 '정신나간 자본주의'는 너무나도 어울리지 않는다. 더욱이 광고 대국인 미국은 오늘날 그 정신이 온전하게 작동되고 있는지 의심스러운 나라다. 그럼에도 불구하고 그런 미국 사회를 자본주의가 아주 잘 작동되는 나라로 여기는 것이 또한 우리의 서글픈 현실이기도 하며, 그리고 대부분의 나라들이 그런 미국에 아주 쉽게 매료되어 은밀한 육체적 관계만 맺고자 애를 쓰고 있다.

15

최신 제품만 쓰는 바보들

광고는 최신 제품으로 갈아치우는 소비자를 아주 좋아한다. 그렇다고 해서 그렇지 못한 '자린고비' 소비자들을 그대로 방치하지도 않는다. 오히려 그들 자린고비들이 유행이 지난 옷을 입고 나가거나 구닥다리 전자 제품을 쓰고 있으면, 세련된 시선으로 쏘아보며 고개를 들 수 없게 한다든지, 심지어는 세련된 주류 사회에서 버림받았다는 우울증에까지 빠지게 만들어 결국에는 최신 유행이나 제품을 사용하도록 만들고야 만다. 이러한 현상은 여성들에게 더 심한 것 같다.

우리는 '우수 고객'이라는 사람들을 무척 부러워하는 경향이 있다. 그러나 '우수 고객'으로 신분이 상승되는 길은 너무나도 간단하다. 오직 비싼 최신 제품을 빠른 시일 안에 자주 구매해주면 되는 것이다. 기존에 신분 상승을 함부로 가로막았던 장애들, 곧 학력이나 성별, 나이, 능력, 배경 따위에 눈치볼 필요가 없어진 것이다. 심지어 성격 이상자라도 상관없다. 그야말로 우수 고객은 복잡하지 않은 심플한 기준, 곧 최신 제품을 자주 그리고 신속하게 구매해 주는 것으로 선정되는 것이다. 그간의 사회 운동에서 그토록 부르짖어오던 계급 불평들이 한순간에 무너지는 것이 바로 이 '우수 고객'의 간택인 것이다. 아마 인간이 만든 여러 신분 평가 방법 중에서 가장 급진적인(?) 신분 평가 제도가 바로 이 '우수 고객 간택'을 위한 평가 작업이 아닌가 한다.

물건을 구매할 때 우리는 어렵지 않게 '우수 고객'들을 볼 수 있다. 가끔 이들의 지갑이 열린 채로 고개를 내밀고 있는 여러 종류의 멤버십 카드들을 슬쩍 볼라치면, '신분 차이'에 대한 부러움과 씁쓸함을 동시에 맛보게 된다. 일반인들과 비교했을 때 이들에 대한 대우는 눈에 띌 정도로 파격이다. 그리고 그러한 파격 자체를 차별화하여 전시 효과를 높임으로써 일반인들로 하여금 신분 상승을 유도하는 마케팅 전략으로까지 활용하고 있는 것이다. 은행, 쇼핑센터, 유명 레스토랑, 헬스클럽, 골프장, 마사지 숍 등지에서 이들의 이 같은 신분 상승과 그에 대한 대우를 실감하는 것은 그다지 어렵지 않다. 그들 또한 은연중에 그런 것을 즐기며 맘껏 뽐내고 싶은 것이다.

물론 이 같은 자랑이나 알량한 자부심 표출의 배경에는 바로 남들보다 몇 배나 빠른 날짜에 최신 제품에 대한 정보들을 습득하고 이를 통해 소수 선별된 독점적 지위를 누리는 데에 있다. 그러나 이는 사실 기업이 '씀씀이가 헤픈 자'와의 상호 교류를 끊임없이 이루어내려는 치밀한 상술에 걸려들어 먹이가 된 것에 불과하다. 이는 마치 어느 특정 종교에 입문하여 독실한 종교인이 되기까지 끊임없이 배려해주는 종교 집단의 행위와도 같은 것이다. 그러면서 다른 종교(다른 브랜드나 다른 회사)로 절대 개종하지 않을 것을 늘 다짐받으면서 감시하는 가운데, 딴마음 먹을 여지를 원천적으로 막아버림으로써 고정된 소비를 계속 유지하게 만드는 '고객 관리 통제 시스템'을 항상 작동하고 있는 것이다.

　여기서 필자가 지적하고 싶은 것은, 광고를 통한 지속적인 '통제 시스템'이 아니라, 그 통제 시스템을 너무도 쉽게, 아니 아예 적극적으로 받아들이려는, 다시 말해 기업의 간택을 너무나도 쉽게 받아들이는 그 '우수 고객'들의 '용기'에 관한 것이다.

　'우수 고객'이라 일컬어지는 사람들은 광고 정보를 통해 전혀 새로운 차원의 신제품을 비교적 빠르게 만날 수 있기 때문에 '소비 문화의 리더'로서 자신들을 은근히 자랑스러워한다. 그러나 그러한 자랑은 자아 도취일 뿐이다. 그 자랑스러운 별칭 이면에는 엄청난 '용기', 곧 '쓸데없는 용기'가 자리하고 있고, 그 용기는 자신들도 알지 못하는 사이에 늘 신제품의 취약점을 감당하는 희생양으로 전락하게 만든다. 다시 말해 우수 고객으로서 비교적 빨리 취득하는 광고 정보와 그에 따라 독점적으로 우선 구매하게 되는 신제품에는 극도의 불안정한 결함이 많다는 것이다. 왜냐 하면 실질적 임상 실험인 소비자 실험을 거치지 않은 것들이기 때문이다. 물론 상품 시판 이전에 철저한 안정성이 확보되었기에 시판한다고 하지만, 신제품 시절에는 안정성에 대한 문제점이 드러나지 않는 게 일반적이므로, 이른바 '제품의 수명 주기' 중 문제가 가장 많이 발생하는 시기를 자세히 살펴보면 알 수 있다. 결국 아무리 극도의 세련된 신제품이라 하더라도 어느 정도 성숙기에 올라가야 안전성이 입증되거나 또는 문제점이 발생하여 보완이 이루어진다는 것이다. (신이 만든 것이 아닌 이상에야 모든 제품은 분명 여러 문제가 있다. 게다가 처음부터 임상 실험을 통해 검증해보려는 의도까지 숨어 있다면 더 말해 무엇하랴!)

결국 신제품은 구제품보다 기능은 우월할지는 몰라도 위험성이 더 많이 잠재되어 있기에 오히려 우월하지 못하다. 그럼에도 불구하고 소비 문화의 리더로서 우수 고객들은 기꺼이 신제품의 그야말로 실질적 임상 실험에 자발적으로 참여하는 '용기'를 보인다. 이는 마치 소비 문화의 리더로서 따끈따끈한 최신 제품으로 무장한 채 거리를 활보하는 우수 고객들이 날벼락을 당할 확률이 더 많다는 것과 같다.(사실 리더는 항상 많은 위험성을 대표로 감당하거나 책임지는 고마운 존재이기는 하지만 말이다.)

이러한 날벼락의 위험성은 더욱이 생명과 연관된 신제품일수록 더한 것이다. 예를 들어 초기 오토매틱 자동차의 불안전성, 어쩌면 사망으로까지 이어질 수 있는 의약제품의 부작용, 전열 기구의 화재 위험성, 안전성이 확인되지 않은 식품 등 결국 신기술이 가미된 모든 신제품(무형의 서비스 상품도 마찬가지)의 탄생 초기에는 많은 위험성을 내포하고 있다 물론 모든 신제품이 엄격한 정부의 시판 기준에 합격한 것이지만 말이다.

그럼에도 불구하고 소비 문화의 리더들이라고 자처하는 사람들은 언제나 신제품 정보를 하루빨리 습득하여 구매함으로써 우수 고객의 대열에 이르러 세련된 사람으로 보이려고 노력함과 동시에 우수 고객으로 간택된 만큼 기업과 긴밀한 관계를 유지하면서 소비 문화의 리더를 굳건히 하려고 한다.

광고는 늘 이 리더가 되기 위해선 최신 제품을 두려워해서는 안 된다고 아주 정중하게 꼬드긴다. 그러나 그렇게 되려는 자들은 모두 윤똑똑이들이다. 왜냐 하면 그들은 모든 제품이 처음에 태어나서 시장에서 자취를 감추기까지의 과정에서 오로지 초기 단계, 신제품 단계만 신뢰하기 때문이다.(광고는 이들에게 신제품을 구입하는 자만이 신뢰받는 사람이 될 수 있다고 긴급하게 귀뜸해준다.) 그러나 광고의 신제품 찬양 메시지와는 달리 제품은 원래 어느 정도 판매 성숙기에 이르러서야 무서운 단점이 발견된다. 이것은 최신 자동차를 구입한 소비 문화 리더가 시판 당시 미처 발견하지 못한 자동차의 결함으로 인해 사망하거나, 신약품의 유해 물질로 인하여 몇 명의 소비 문화 리더의 자녀가 병원에 입원하고서야, 최신 가전 제품이 몇몇 소비 문화 리더의 집을 태우고서야 비로소 신제품의 잠재된 결함이 발견된다는 것이다. 그리고 그 이후의 신제품들은 이 같은 결점들이 보완되어 다시 태어나므로, 이제야 비로소 '신제품'인 것이다. 오히려 이때 구매하는 '비우수 고객'이 결과적으로 더 현명한 소비자가 아닌가 한다.

　　돌다리도 두들겨보고 건너라는 옛 조상들의 진부한 명언이 여기서도 적용되지 않나 한다. 아무리 최근에 놓은 돌다리라 하더라도 아직 아무도 건너보지 않았다면 안정성이 검증되었다고 볼 수는 없다. 그 돌다리를 건너본 몇 사람의 경험에 의해서 그 돌다리의 안전성이나 위험성은 대충 감지되는 것이다. 예를 들어 세 번째 돌다리는 몹시 흔들리니 그 돌은 다시 손봐야 한다든지 해서 문제 해결이 있은 후에야 그 돌다리는 마을 사람들이 안심하고 이용할 수 있는 다리가 되는 것이다. 더욱이 돌다리를 처음 건넜던 몇몇의 사람이 물에 빠질 뻔했다거나 넘어져 다치는 일이 있었다면, 그들은 돌다리의 안전을 몸소 확인해줌으로써 더 큰 사고를 방지하는 데 공헌한 용감한 사람들일 것이다. 이처럼 점검을 해도 시간이 가면서 더 근본적인 문제가 발생할 수도 있는 것이 세상일이다.

그런 의미에서, '우수 고객'으로 뽑힌 소비 문화의 리더들 역시 아주 용감한 사람들이다. '우수 고객'을 간택하는 평가 기준에 털끝만큼도 뽑힐 여지가 없는 우리네 같은 '형편없는 고객들'을 위해 비싼 돈을 들여가면서 신제품의 안전성을 앞장서서 검증해주는 선발대이기 때문이다. 그런데도 '우수 고객'이 안쓰러운 이유는 왜일까. 필자의 경우, 아무래도 '우수 고객'이 될 가망은 여전히 없는 것 같다.

16

광고와 독심술

　'독심술(讀心術)'이란 어떤 사람의 미묘한 몸가짐이나 표정 따위로 그 사람의 속마음을 알아내는 기술을 말한다. 이러한 독심술에 능한 사람을 우리는 대단한 초능력이라도 있는 듯이 보곤 한다. 그러나 그러한 독심술에 능한 사람도 광고를 통해 광고주의 진심은 간파하기란 여간 힘든 것이 아니다. 아니 일반인과 마찬가지로 어느새 그 광고의 매력에 빠져들고 만다.

　우리는 광고에서 말하는 것과 실제의 제품이 동일하지 않다고 느낄 때가 종종 있다. 심한 경우는 동일하지 않은 정도를 넘어 물리적인 피해를 입거나 생명의 위협을 느끼는 경우도 있다. 이러한 모든 피해는 우리가 광고 표현의 본질을 감지하는 독심술이 없기 때문이다. 광고 차원에서의 독심술 능력이란 그리 거창한 것은 아니다. 몇 년간 도를 닦을 필요도 없고, 일정한 교육을 받을 필요도 없다. 다만 전 세계의 모든 광고는 동일한 목표를 성취하고자 한다는 생각을 명심해두고서 주시하기만 하면 된다. 다시 말해 광고가 표현하는 내용 가운데 브랜드만 남겨두고 모두 제거해버리거나 본래 상술의 근원인 야바위 습성대로 해석하는 연습만 이루어진다면 그야말로 누구든지 자유자재로 독심술을 부릴 수 있다.

다음의 광고 문안을 보면서 독심술을 연습해보자.

광고 문안 [1]

오늘 서점에서 우리 아이 선생님을 봤습니다.
아내는 '○○수학'으로 직접 가르칩니다.
일주일에 한 번 학습지 선생님이 오시지만,
우리 아이 기초만큼은 직접 가르쳐주고 싶다는 아내!
그녀가 지금 서점에서 '○○수학'을 고르고 있습니다.
엄마만큼 아이를 잘 아는 선생님이 어디 있나요?
기초 탄탄 엄마교육 ─ '○○수학!'
엄마는 가장 좋은 선생님입니다.

광고 문안 [2]

고정 관념이 말합니다.
'군대는 남자의 영역이다!'
○○○적인 생각이 대답합니다.
'군인다움과 남성다움은 다르다'
여성과 남성에 대한 고정 관념은 반드시 깨어져야 합니다.

차이는 인정한다, 차별엔 도전한다.
○○○적인 생각이 대한민국을 움직입니다.

광고 문안 [3]

새로운 대통령님.
깨끗한 대한민국을 만들어주십시오.
깨끗한 공기는 '○○산소정화기'가 책임지겠습니다.

광고 문안 [4]

자동차 보험의 브랜드 시대를 열어갑니다.
자동차 보험의 대표 브랜드 '○○화재'.

우선 위의 광고에서 제시하는 모든 표현은 하나같이 같은 목표를 호소하고 있다. 다시 말해 위의 광고 표현 모두 임의적으로 제거해버리면, 동일한 목표인 '많이 팔아야 한다'의 원천적 목표만 남는다. 그러기의 그들의 본심을 그 동일한 목표대로 생각한다면 간단하게 '하나만 사주세요!'라는 문장으로 일축할 수 있다. 아무리 격조 높은 정중한 광고라 해도, 그 광고가 진정으로 일반인들에게 하고싶은 말은 천박하게도 '사주세요!'다. "하나만 사주세요!" 하고 직접적으로 대놓고 말하고 싶을 만큼 입이 근질거리지만, 이를 꾹 참고 나름대로 격조를 꾸미며 가증스러운 페르소나(가면)를 쓰고 있는 것이다.

사실 광고 행위라는 것은 본디 과거에 천하게 여기던 이른바 상술이 아니던가! 사회의 모범이 되는 유명 인사가 돈을 벌고자 상업주의에 손을 댈라치면 과거에 우리가 교활하고 천하게 여기던 야바위꾼의 습성과 다를 바 없다고 여겨 천박하게 취급하였다. 오늘날에야 사농공상(士農工商)에 따른 신분 차별과 구분은 타파되었다 해도, 상업주의를 보는 눈은 아직 여기에서 완전히 자유롭지 못한 것이 사실이다.

이제 본격적으로 광고 문안별로 독심술을 부려보자. 이를 위해 첫 번째 광고 문안에서 독심술의 첫 번째 요령인 광고 표현을 제거해보자. 서점에서 학습지를 고르는 아내니 뭐니 하는 것은 다 소비자의 환심을 사기 위한 일종의 야바위 습성이다. 이들의 표현을 제거한다면 그 광고가 소비자에게 널리 알리고 싶은 본심은 다음과 같은 짧은 문장으로 요약된다.

"○○수학 학습지 하나만 팔아주세요, 네?"

또는, 이제는 아련한 향수로 남아 있는 '재래 시장 약장수' 버전으로 해석해본다면 더욱 이해가 빠를 것이다.

자녀를 가르칠 자신이 없는 거 다 알고 있어!
기초조차도 자신이 없는 아버지, 어머니들
'○○수학' 학습지 한 번만 사서 풀어줘 봐!
애들이 금방 달라져!

두 번째 광고 문안도 마찬가지다. 차이는 인정하지만 차별엔 도전한다느니 하는 것은 쓸데없는 레토릭(수사)이나 사족에 불과하다. 더욱이 '○○○적인 생각이 대한민국을 움직인다'는 말은 일종의 집단 최면용 주술이다. 그런 합의는 어디에도 없다. 물론 어떤 이는 광고가 보여주는 창의적인 발상을 지나치게 매도하는 것이 아니냐고 우려하겠지만, 그 창의적인 발상을 믿은 나머지 구매하고나서 피해를 입었다면 그런 생각은 사라질 것이다. 이 광고 역시 진정으로 하고 싶은 얘기는 너무도 간단하다.

"우리 통신 회사 이동 전화를 계속 이용해주세요, 네?"

또는, 다음과 같이 해석해보면 일반인들을 대상으로 어떤 최면을 시도하고 있는지 드러난다.

여성과 남성에 대한 고정 관념은 반드시 깨어져야 한다는 말은 사실 우리 회사 입장이 아닙니다. 왜냐 하면 우리 회사는 아직 그런 개방적이고 평등하며 수평적인 구조가 아니거든요. 희망 사항이지요.
이는 사실 평등주의자나 페미니스트들의 주장이지요. 이들의 주장이 앞서가는 것 같고 또 대부분의 젊은 사람들의 의견이기도 한 것 같구요. 좋아보이잖아요. 군대 얘기도 그래요.
사실 이런 얘기, 나이든 분들은 싫어하시지요. 하지만 나이든 분들은 실제적인 구매층이 아니거든요. 주요 타깃이 젊은이들이다보니까 이들의 눈치를 안 볼 수가 없지요.
그래서 우리가 정말 그런 것처럼, 아니 우리 주장인 것처럼 흉내를 내봤습니다. 그러면 매출에 효과가 있을까 해서요.
그리고 저의 회사는 그런 조직 구조를 갖고 있지 못합니다. 그렇게 회사를 바꾸려면 엄청난 돈이 들거든요. 그래서 생각만이라도 이런 뜻을 가지고 있는 것처럼 흉내를 내봤으니까, 제발 귀엽게 봐주시고 저희 통신 회사 이동 전화를 계속 이용해주세요, 네?

세 번째 광고 문안에서도 사실 대통령에게 부탁하고 있는 것이 아니라는 것은 어린아이도 다 안다. 진정 부탁하고 싶다면 청와대에 직접 탄원서라도 올릴 것이지 왜 일반인에게 호소한단 말인가. 또한 책임지겠다는 말도 믿음을 주기 위한 언어의 유희일 뿐이다. 상품이라는 물건을 두고 문법적으로 어찌 책임을 지겠단 말인가. 물론 '의인화(擬人化)'라는 문법 체계가 있긴 하지만, 광고 문안에서 문법을 파괴하는 것은 주목률을 높이기 위한 방편일 뿐이다.

새로운 대통령에게 '개혁'을 바라는 국민들의 간절한 마음을 대신하여 표현하는 방법을 쓰면서, 타깃을 소비자가 아닌 '대통령님'에게 맞추는 파격을 보여줌으로써 관심을 증폭시키고 있지만, 이런저런 포장과 트릭을 벗겨내면 이 광고 목적 역시 다음과 같이 표현할 수 있다.

"○○산소정화기 하나만 사주세요, 네?"

이 또한 약장사의 야바위 습성대로 속내를 해석해보면 그 의도는 더욱 명료하다.

사실 우리는 대통령님이 나라를 깨끗하게 바꾸건 말건, 그다지 상관이 없어요. 다만 새로운 대통령이 나올 때마다 '개혁'을 요구하는 열망들이 습관처럼 나왔다 사라지고 해서, 이 참에 대통령의 개혁 이미지를 저희 회사에서 팔고 있는 공기정화기랑 연결시켜서 이득 좀 볼까 한 것이지요. 개혁하려면 더러운 것들을 깨끗하게 만들어야 할 거 아니겠어요? 그러니까 공기정화기 만한 대체 이미지가 어디 있겠습니까?

대통령님은 나라를 개혁하는 데 책임을 지시고, 저희는 공기를 정화하는 데 책임을 지고, 어떻습니까? 그러니 이 공기정화기 하나만 사주시면 됩니다. 하나만 사주세요, 네?

네 번째 광고 문안은 짧지만 일반인들에게 엄청난 최면을 걸고 있다. 복잡다기한 시대를 '브랜드 시대'라는 극히 단순화한 코드로 개념화시키는가 하면, 자기 자신이 품질을 평가하고 자축하고 있으니 자가당착의 코미디다. 사실 '브랜드 시대'니 '대표 브랜드'니 하는 뻔뻔한 말들은 이 광고의 본심이 아니다. 이들은 사실 구걸을 하고싶은 것이다. 이렇게 말이다.

"○○화재보험 하나만 들어주세요, 네?"

이 또한 이면을 풀어 헤쳐보면 어렵지 않게 광고 문안의 저의를 알아차릴 수 있다.

사실, 자동차 보험의 '브랜드 시대'라는 것은 없습니다. 자동차 관련 보험 상품이라고 해봤자 그게 그거지요. 하지만 소비자들은 비슷비슷한 것들 가운데 선택하라면 몹시 어려워하거든요. 그런 심리를 간파한 거지요 뭐. 자동차 보험도 이제는 대충, 인정에 끌려서 선택하는 시대가 아니라, 회사(상표)를 보고 자랑스럽게 선택하는 시대이니 생각을 고쳐먹으라고 말입니다.

그렇게 시대의 세련된 변화가 있는 것처럼 보여주면 우리 보험을 더 많이 들어줄까 해서 먼저 오버 좀 하면서 치고 나간 거지요.

'대표'라는 말이 좀 그렇지요? 누가 공식적으로 인정해준 것도 아닌데 말입니다. '대표 브랜드'라는 말도 우리가 만든 허상입니다. 우리가 '대표 대표' 하면, 잘 모르는 사람들은 정말 우리가 한국 자동차 보험 업계에서 제일 좋은 줄 알거든요. 반복적인 세뇌인 셈이지요. 광고의 힘은 반복 아닙니까? 그러니 저희 회사 보험 하나만 들어주세요, 네?

이처럼 광고의 이면은 단순한 상술에서 벗어나지도, 벗어날 필요도 없다. 그것이 광고의 태생적 한계이자 태어난 목적이다. 그러니 광고 속에서 흐르는 눈물은 '악어의 눈물'에 다름아닌 것임을 알아야 한다.

한편, 요즘 지상파 방송 3사의 채널을 이동할라치면 채널과 채널 사이에 얌체처럼 끼여 있는 '야바위 채널'을 볼 수 있다. 시간을 달리하여, 소파를 팔다가 조리기구를 팔기도 하고, 화장품이나 보석을 파는가 싶으면, 컴퓨터나 캠코더, 디지털 카메라 패키지를 들고나와 IT 강국의 위용을 유감 없이 보여주다가, 갑자기 건강이 중요하다며 러닝머신 위를 달리기도 한다. 이윽고 어둑어둑해지면서부터는 서서히 침대를 소개하는가 싶더니 아이들이 잠든 야심한 시각이 되면 미끈한 각선미를 자랑하는 팔등신 외국 모델들이 낯뜨거운 속옷을 입은 채 휘젓고 다닌다.

광고 자체의 과장이나 허위 정도는 일단 접어두더라도, 그 내용의 노골성과 대담함, 난잡함은 공해를 넘어 도덕적 위험 수위를 넘은 지 오래다. 텔레비전을 켜면 무방비 상태로 안방극장으로 범람해 들어오는 이 무제한적인 야만성 때문에 낮에도 아이들 혼자 집에 두고 나가기가 걱정인 세상이 되었다. 한마디로 본격적인 야바위 시대가 열린 셈이다. 그 옛날 야바위꾼들은 장날 하루만 반짝 등장해 일반들의 눈을 현혹시키곤 했었다. 그러나 요즘에 방송까지 타는 야바위꾼들은 장날에 한정된 후미진 장소와는 차원이 다른 상설 매장 스튜디오를 하루 24시간 1년 내내 운영하고 있다. 불면증에 시달리는 사람들에게 고마운 볼거리이자, 많은 사람들을 소비 중독에 걸리게 함으로써 가장 경제를 파탄으로까지 몰고가고 있는 주범이기도 하다.

이처럼 현대 사회는 정보화 및 진보를 가장한 소비 사회다. 이 사회는 개인 자신을 늘 소비만 하는 존재로서 일반인의 의식을 잠식시키는 사회다. 정보화의 모든 채널 개발의 궁극적인 목적은 모두 일반인들에 대한 상행위의 영구적이고 견고한 경로를 확보하기 위한 작업이다. 이른바 쇼핑 채널의 등장은 일반인들의 생활이 소비 축제로만 이루어지고 있음에 대한 반증이자 일종의 경고다.

그러나 불행하게도 그 축제를 경고로서 간파해내는 것은 이미 의식이 잠식당한 일반인들에게는 여간 힘든 일이 아니다. 하지만 우리가 앞에서 분석해보고 예시해본 '독심술'은 그러한 힘든 일에 다소간의 도움을 줄 것이다. 이를 발휘한다면 그러한 야바위 소비 환경에서 살아남기 위한 성숙된 능력이 복원될 것이다.

앞에서 해본 광고에 대한 독심술을 독자의 생활에서 활용해보면 변화를 조금씩 느낄 수 있을 것이다. 그 독심술을 떠올림으로써 실생활에서 긴장을 늦추지 않는다면, 쇼핑 채널에 살갑게 유혹하는 '쇼 호스트'의 목소리도 시장판에서 "아, 골라 골라!"와 다름없게 들릴 것이고, 따라서 '시간이 얼마 남지 않았다'는 속임수에 넘어가 한밤중에 자기도 모르는 사이에 전화기를 들어 상담원과 통화하는 해프닝은 하지 않게 될 것이다. 자연 부부싸움도 줄어들게 될 것이고, 카드 대금 결제일에 한숨쉬는 일도 줄어들 것이다.

17

'야만의 시대'로 돌아간 정보화 사회

21세기를 코앞에 두었던 지난 20세기 후반, 다가올 정보화 사회에 대한 열정은 대단했었다. 제2의 산업혁명이라고 일컬을 정도로 거센 사회 변혁은 마치 신세계가 열리는 듯했다. 그러나 그 떠들썩한 신세계 진입은 본격적으로 전 세계적인 거대 소비 사회를 알리는 진입로였으며, 그 진입로에 이르지 못한 대중들을 불안하게 만들어 소비 사회를 동경해야 하는 온라인 구매의 강박 관념까지 심어준 아주 혁명적 변화였다. 그렇다고 해서 현재 그 변화의 과도기가 끝난 것은 아니지만 현재에도 그러한 변화, 이른바 정보화 사회로의 움직임을 좀더 정확히 이해하고 있는 사람은 드물다.

이러한 이유로 그간 정보화 사회라 일컬어졌던 여러 개념을 정리하여 진정한 정보화 사회를 정의해보고자 한다. 우선 아래에 제시되는 다양한 시각의 다섯 가지 정보화 사회 개념화들은 2002

년에 한국에서 출간된, 미국 옥스퍼드대 사회학과 프랭크(Frank Webster) 교수의 저서『정보 사회의 이론(*Theories of Information Society*)』의 일부분을 발췌한 것임을 밝혀둔다.

우선 정보화 사회의 초기에는 철저히 기술결정론자들에 의해 기술적인 진보만으로 변화를 감지했다. 다시 말해 정보 처리, 저장 및 전송의 획기적인 발전으로 인하여 사회의 거의 모든 부분에 정보 기술(IT)을 활용하게 될 것이며, 과거와는 판이하게 다른 사회가 될 것으로 보았다. 다시 말해, 정보 체계라 일컬어지는 기술 개발이 앞으로 정보 처리 및 저장 기술로 광범위하게 확산되는 사회를 예견했던 것이다.

정보 기술의 가장 활발한 활용은 사회 체제 중에서도 통신 체계의 변화를 들 수 있다. 이는 통신의 컴퓨터화라고 할 수 있는데, 사무실이나 은행, 가정, 공장 그리고 학교에 존재하는 컴퓨터가 내부에서의 자동화만이 아니라 외부와도 연결됨을 뜻한다. 과거 전기 보급과 같이 정보가 필요한 곳이면 어디나 공급되는 것과 같다. 명백하게 정보화 사회의 기술적 해석은 우리 자신의 눈으로 볼 수 있기 때문에, 기술결정론적 시각에서 보면 기술이야말로 새로운 사회의 두드러진 특징으로 간주되며, 조금만 더 천착해보면 기술이라는 것으로 정보화 사회를 설명하기에는 매우 모호하다고 볼 수 있다. 그 모호성의 첫 번째가 바로 '산업 사회에서 정보 사회로의 전환·구분을 어떻게 측정할 수 있느냐' 하는 것과, '정보화 사회에 존재해야만 하는 산업 사회의 기반은 어떻게 설명하는가'에 있는 것이다. 기껏 해야 정보 기술 비용 1인당 소비율, 소형 컴퓨터 보유율 등을 갖고는 일반적인 개념으로 평가되지 못한다. 다시 말해 제조 산업(유형의 상품 생산)의 기반 없이는 정보라는 것이 유통되지 못한다는 것이다. 모호성의 두 번째는, '기술이 일차적 사회 변동으로 연결됨은 기술 혁신(비사회적 현상)이 오로지 사회적 · 경제적 · 정치적 차원(사회적 세계)을 규정하는가'에 있다. 경제적 · 사회적 · 정치적인 복합적 계기가 없으면 기술 혁신은 결코 이루어질 수 없는 것이다.

경제적인 관점에서 유독 정보화 사회에 대한 측정을 시도하려는 연구는 계속되어 왔기에 정보화 사회에 대한 좀더 명확한 설명이 이루어질 수 있다. 곧, 사회의 모든 경제 성장의 공헌도가 정보 산업으로 편중 · 변화됨으로 설명되는 것이다. 그러기에 정보화 사회의 도래는 확연히 드러나는 것이라 말한다. 예를 들어 현재 가장 두드러지는 경제 행위는 다음과 같은 산업에 집중되어 있다. 교육(학교 · 도서관 · 대학 등), 통신 매체(라디오 · 텔레비전 · 모바일 등), 정보 기기(컴퓨터 · 악기 등), 정보 서비스(법률 · 보험 · 의료 등), 기타 정보 활동(연구 개발 · 비영리 활동 등) 등의 새로운 정보를 생산하는 산업과 그러한 정보를 유통시키는 산업을 말한다. 또한 이러한 산업은 이른바 '지식 산업'이라 하여, 과거의 제조업이 생산 위주의 산업이었다면 지식 산업은 사고를 발휘해야 하는 산업이다. 그러나 정보 산업은 경제 성장(GNP)에 별다른 공헌을 한 듯 보이지 않으며, 다른 산업의 성장과도 별 차이가 없다. 이들은 다른 부문의 산업 확장과도 거의 다를 바 없다. 오히려 미국에서 지식 산업의 기여도가 1958년과 1980년 사이에는 28.6%에서 34.3%로 증가하였으며, 1970년대 이후로는 거의 변화가 없다. 다른 부문의 성장과 거의 동일하며, 이는 현재에도 마찬가지인 듯하다.

직업적 정의로서의 정보화 사회의 개념을 간단히 말하자면, 정보 업무와 관련된 직업이 지배적이 될 때 '정보 사회'가 등장한다는 것이다. 쉽게 말해 사무 직원·교사·법률가·연예인 등이 광부·건설 노동자·생산직 근로자들보다 많을 때 정보 사회가 도래한다는 것이다. 이는 육체적인 힘이나 능숙한 손놀림을 필요로 하는 일들이 감소하면서 숫자나 문자를 처리하는 일에 의해 점점 대체됨에 따라 새로운 유형의 사회로 진입하게 된다는 것이다. 다시 말해 '화이트칼라'들의 사회로서, 산업 노동이 쇠퇴하게 되고 산업 노동이 쇠퇴하면 자연히 계급간 혹은 노사간 정치적 갈등은 사라지게 되며, 결국 공동체 의식 확대와 성별간 평등성 확대로 이어지는 중대한 변화를 맞게 된다는 것이다. 이는 마치 이상적인 유토피아가 아닐 수 없다.

그러나 직업적 변화도 정보화 사회라는 사회 변동의 강력한 설득력을 갖진 못한다. 이미 과거의 '화이트칼라'라는 직업의 본의가 상실된 현대 사회에서는 정보를 다루든 정보를 다루지 않든 모두 '블루칼라'(늘 과학화·분업화·표준화된 업무)의 속성을 보임을 알아야 한다. 반대로 모두 '화이트칼라' 사회라고 가정한다면, 정보 노동자와 그렇지 않은 노동자를 분리할 수 있는 근거가 없다. 왜냐하면 모든 직업이 상당한 정도의 정보 처리 및 인지와 관련되어 있기 때문에, 어느 정도가 정보적 인지인지를 논하기란 여간 어려운 일이 아니다. 또한 정보 업무와 관련된 직업이 지배적이라면 이미 외국 인력으로 대체되고 있는 국내의 육체적 노동 산업의 건재함이 설명될 길이 없다. 모든 선진 국가들도 마찬가지다. 미국의 경우도 미국 주변의 저개발 국가에서 유입되는 노동력으로, 그리고 유럽 선진국의 경우도 유럽 주변 제3세계에서 유입되는 노동력으로 대체되고 있는 실정이다.

이미 앞에서 정보 산업이 경제적 공헌도가 별로 높지 않다는 것을 살펴본 바, 정보 업무가 육체적 노동보다 더 중요하다는 근거도 없으며, 결국 '직업적 정의'는 이론적인 지식의 핵심적인 중요성을 주장하는 엘리트적 관점으로밖에 설명되지 않는다. 오히려 '정보화 사회'는 이러한 이론적인 지식을 소유하고 중요시하는 사람들만의 '축제의 장'밖에는 되지 못하는 것 같다.

'정보 사회'에 대한 공간적 정의는 사회학과 경제학에 의존하고 있기는 하지만, 그 핵심은 지리학자들의 공간에 대한 독특한 강조에 있다. 여기서 강조되는 것은 지역을 연결하는 시간과 공간의 조직화에 중대한 영향을 미치고 있는 '정보통신망'이다.(도시·지역·국가·대륙 그리고 전 세계를 연결하는 실시간 정보통신망의 중요성으로 설명되며, 이는 공간의 제약이 아주 제거되지는 않았지만 극적으로 감소됨을 말한다.) 그러나 이러한 극적인 감소는 현재보다는 덜했지만 과거에도 존재했었다. 다시 말해 중요한 것은 통신망의 규모가 어느 정도일 때 정보화 사회로 규정하는가에 있다. 만약 통신망의 정도를 전 세계적인 규모로 규정한다면, 과거에 우편물·전화·팩스를 통하여 대화하던 통신망의 사회는 전 세계적인 규모가 못 된다고 말할 수 있겠는가. 또는 이를 정보화 사회라고 말할 수는 없는가. 결국 정보화 사회의 시점이 모호해지기 때문에 현대 사회를 '정보화 사회'로 설명하는 공간적 정의도 설득력이 부족하다고 볼 수 있다.

'정보 사회'에 대한 마지막 정의에서 가장 쉽게 인정되는 것은 문화적 정보의 범람이다. 가정을 예로 들어보면, 역사적으로 유례가 없을 정도로 문화적 정보들로 가득 차 있다. 우리는 정보 기호가 문화적으로 편재한 환경 속에서 살고 있다. 다시 말해 매스 미디어 내에 유통되는 문화 정보의 양이 엄청나게 확대되었다는 것이다. 그러나 이러한 문화적 정보의 확대에는 '정보화 사회'에 걸맞는 지

대한 뜻은 전혀 없다. 예를 들어 각 가정의 우편함에 쌓여가는 쓰레기 우편물(junk mail)을 보면, 이처럼 미디어를 통한 경험화(정보 수용)의 신뢰가 오히려 감소함을 의미한다. 곧, 직접적인 경험을 통해서 얻는 지식이 적어짐에 따라 기호가 더 이상 사물이나 사람을 직접적으로 대표하는 것이 아님이 분명해졌다. 기호가 그 자체로부터 어떤 '실체'를 표현하는 것이라는 관념은 신뢰성을 잃어가고 기호만이 있을 뿐이라는 것이다. 또한 이러한 인식은 과거 미디어가 등장한 이래로 신뢰성의 강도를 꾸준하게 감소시키고 있는 실정이다. 오히려 그러한 껍데기의 문화적 정보만이 만연한 사회가 정보화 사회다.

결국 사람들은 모든 것이 정보 관리와 조작의 문제라는 것을 알고 있으며, 진실이라는 것이 더 이상 존재하지 않는다는 것을 인정하기 때문에 어떤 진실한 기호를 갈구하지는 않는다. 다만 상징적 상호 작용이 진행되고 있다는 감각 이외에는 문화적 정의로서 정보화 사회의 특징을 알 수가 없다.(예를 들어 1920년도 전과 현재를 구분할 수 있는 것은 순전히 차이의 정도밖에는 없다.)

지금까지 다양한 개념화로 해석한 정보화 사회란 결국 모호할 뿐이다. 어느 경우라도 정보화 사회로의 진입을 명확하게 구분하기에는 너무 많은 방해 의견들이 있다. 그러나 하나 분명한 정의는, 과거 정보화 사회라고 호들갑을 떨지는 않았지만, 기술적으로 정보화 사회의 조짐이 감지되던 시대의 서신 체계에서부터 정보 경로가 꾸준히 발달된 이후로 현재의 인터넷에 이르기까지 모든 정보의 발달은 기업가들이 영구적인 판매 경로를 확보하기 위한 노력이 숨어 있다는 공통적 정의를 갖는다는 것이다.(사실 민족국가 시절에도 백성들에 대한 정보는 세금을 거두어들이기 위한 유일한 경로였다.) 오히려 철저하게 상업주의 수단으로 개발되었다는 것이 더 옳을 듯싶다. 아니면 직접적인 경로 개척은 아니더라도 소비 근거를 제공하는 문화적 배경을 유포시키는 경로로 늘 활용되어온 것은 분명하다. 오히려 이러한 상업주의 정보 경로의 개척은 질적으로는 형편없는 정보를 받기만 하면 끝나는 것으로 보이지만(쇄도하는 상업적 정보에 대하여 냉담하기만 하면 된다는 식) 상업주의라는 속성에는 무료란 없고 대중의 냉담함을 가만 놔두지 않는다. 오히려 대중의 정보를 감시하는 체계로 역전된다.

예를 들어 한 할인점에서 광고하는 '할인 카드'는 단순히 대중에게 할인 혜택을 주고자 대대적인 광고를 해대는 것이 아니다. 겉으로 보기에는 가입비 없이 할인 혜택을 누릴 수 있다고 보지만, 오히려 '감시의 대상'을 모집하는 것이다. 가입할 때 우리는 아주 질 좋은 우리의 신상 정보를 제공한다. 아니 판다. 그러한 대가로 우리는 사는 물건마다 다소간의 할인을 받을 수 있다. 그뿐만 아니라 빈번한 카드 사용(결국 빈번한 소비)은 경품으로 이어진다. 경품의 고지를 향한 점수 적립 경쟁이 시작되는 것이고, 결국 우리는 그 할인점의 전략에 휘말려들어 수동적 소비자로 전락하는 것이다.

또한 기업은 이런 할인 카드와 맞바꾼 소비자의 정보를 단순히 보유만 하고 있는 것은 절대 아니다. 소비자의 정보는 아주 다양하고 유용하게 그리고 입체적으로 활용된다. 한 가지 대표적인 예로 재고 관리를 들 수 있다. 자동 재고 관리 시스템은 소비자들의 일거수일투족을 파악하여 분류하게 되고, 그 결과에 따라 다시 소비자를 자극하기 위해 특정 광고를 만들어 정보랍시고 자극한다. 이러한 소비자 정보 감시는 쌍방향 정보화라고 일컬어지는 대중 매체에서 벌써부터 일어나고 있는 일이다.

만약 당신이 텔레비전으로 연결된 인터넷을 통해 사이버 월마트에서 천 기저귀를 구매했다고 하자. 구매한 뒤 당신은 오락 프로그램으로 채널을 돌렸다. 그런데 온통 기저귀 광고뿐이다. 왜냐 하면 당신의 최근 구매 프로 파일을 검색한 결과 당신의 가정에서 필요한 물품이 기저귀였기 때문이다. ― 스코트 세비지의 『플러그를 뽑은 사람들』 중에서

전자 매체의 사회라 부를 수 있는 정보 사회는, 한마디로 세련된 합리성과 효용성이 광고 정보로 치장된 외관에다 그 이면에는 이와 가장 상극인 이른바 '야만의 문화'(소비 유도를 위한 온갖 토템 사상)라는 이중적인 모습을 보이고 있다. 역설적이지만 아주 오래 전 덜 진화된 미개한 원시 사회나 야만 사회는 오히려 현대 사회의 정보 사회와 비하면 비교적 '투명한 진실성'이 있는 사회라 말할 수 있다. 그러나 현대의 정보 사회를 다시 야만 사회로 보는 이유는, 세상을 보는 우리의 세계가 오로지 정보화 경로인 매체를 통해 불투명하고 불확실하며 불안정해졌다는 점과, 무수히 생산되는 정보 상징의 횡포가 난무하는 사회로 변화되었다는 데 있다. 이는 인간의 지적인 해독 능력이나 무한한 상상력의 기능을 억압하고 방해하며 차단하려는 매체의 인간 지배력 때문이며, 그 지배력의 목표는 단 한 가지, 바로 철저하게 상업적인 소비 사회로 진입하는 일이다.

이미 21세기로 진입한 우리는 지금의 정보화 사회가 우리 각자의 자아정체성을 더욱 명확하게 확보하고 모든 감각 기관에 투사되는 감각 대상들을 합리적으로 인식할 수 있게 만들어주리라고 믿는다. 그러나 실상 정보화 사회는 대량의 광고 정보를 유포시키는 경로에 오히려 억압당하는 사회다. 진정한 정보는 없고 황폐환

재미•있는 광고에 도시락을 던져라

정보, 금방이라도 숨이 막힐 듯한 소비의 즉물적인 쓰레기 정보만 넘쳐나고 있는 것이다. 이는 우리의 삶이 다시 '야만의 사회'로 회귀하는 것으로, 다만 정치적인 전체주의가 아닌 상업적인 전체주의로 되돌아가는 것을 뜻한다. 결국 20세기말 우리가 그토록 호들갑들을 떨며 기대했던 21세기의 정보화 사회의 진짜 의미는 어느새 우리가 혐오하던 또 다른 '야만의 사회'였던 것이다.

이 시대의 진정한 '귀족'

봉건제가 붕괴된 이후 근대 사회에서 귀족 혹은 양반이란 신분은 자취도 없이 사라졌다. 물론 그러한 정신의 명맥을 유지하는 사람들도 있고, 왕족이 아직까지 남아 있는 나라도 있다. 그래서 귀족이나 양반이라는 신분이 사라졌다기보다는 그 의미가 없어졌다고 하는 게 더 맞는지도 모르겠다.

이는 대중 사회라는 거센 물결이 닥쳐오면서, 정치적인 면뿐만 아니라 모든 면에서 민주 사회의 시민이라면 누구나 참여할 수 있는 자격과 자유가 법적으로 보장되기 시작했기 때문이다. 그러기에 더 이상 귀족이라는 계급적 차이는 종식될 수 있었다. 동시에 신분 상승을 갈망할 필요도 없게 되었다.(자본주의는 필연적으로 계급화를 초래했지만, 적어도 민주주의라는 체제대로의 해석이라면 어느 정도 봉건제에서의 계급 차이를 극복시키지 않았나 한다.)

그러나 대중들은 과거 귀족(양반)이 누렸던 매력을 잊을 수가 없는 모양인지 아니면 사회 모든 영역에 침투한 소비 문화의 영향인지 알 수 없으나, 과거에 누렸던 귀족의 강권을 다시 한 번 민주주의 사회 속에서 부활시키고자 한다. 그러나 과거의 귀족 탄생 방법과 비교해보면 상당히 자유로운 방법으로 얻어진다. 왜냐 하면 오늘날의 신분 상승에 대한 꿈은 과거보다는 훨씬 간단하게 취득될 수 있기 때문이다. 돈, 곧 금력이 있으면 간단하게 이루어지기 때문이다. 이는 구체적으로 과감한 소비를 통해 사회적으로 공인(?)된다.

자칭 '귀족주의'를 추구하는 브랜드 제품을 구매해 몸에다 두르고, 먹고, 타고, 살고 또 모셔두면 된다. 그리고나서 그 귀족주의 브랜드와 자신을 일치시키려는 광고를 보면서 스스로 최면에 걸리려고 애쓰면 되는 것이다. 나아가 그 다음날 아침부터 주위의 시선을 의식하면 귀족이 되는 것이다. 신분 상승이 이보다 간단할 수 있는가! 역시 '머니(money) 머니(money) 해도 머니(money)가 최고'인 셈이다. 과거 봉건제에서는 상상도 할 수 없는 파격이다.

귀족 신분이란 본래 수적으로 많지 않았기 때문에 그 가치는 지대했다. 한 봉건 영토에 한 집 혹은 한 동리에 한두 집 정도로 적은 수이기에 귀족(양반)으로 분류될 수 있었다. 그러나 현재의 귀족은 너무 많다 못해 넘쳐난다. 가히 귀족의 대중화(누구나 귀족 신분을 만끽할 수 있는 긍정적 현상)를 맞이한 듯하다. 그러나 수적으로 대중화되어서 기쁘기는 하지만, 불행하게도 그 옛날 본디의 귀족 정신을 따르고 있는 이는 매우 드물다. 초기 로마 시대에 왕과 귀족들이 보여준 투철한 도덕 의식과 솔선수범하는 공공 정신에서 비롯한 '노블리스 오블리제(noblesse oblige)'를 굳이 떠올리지 않아도, 진정으로 이들을 닮은 사람들을 찾기 어렵다. 다시 말해 돈으로 과거의 귀족 '이미지'는 구매할 수는 있어도 그들의 '정신'과 '품격', '풍류'까지는 구매할 수 없다는 뜻이다. 왜냐 하면 현대 사회의 귀족이 되고자 하는 대중은 귀족의 화려한 껍데기에만 끌린 것이지 그 이면의 이른바 '귀족 정신'까지 생각하고 따르기엔 역부족이기 때문이다. 그래서 오늘날 금력을 통해 귀족 행세를 하려는 사람들의 정신은 오히려 밑바닥에 거주하는 이들의 정신 상태보다 건강하지 않다.(이들 '귀족 행세'하는 사람들이 경제적으로 빈곤한 이들에게 온정을 발휘하는 경우 역시 극히 드물다. 하물며 사회적인 기부를 기대하는 것은 얼마나 무리이겠는가!)

본디 귀족이란 상당히 무거운 책임감을 지녀야 하는 자들이었다. 또한 그에 상응하는 품위를 지켜내기 위해 사회적 책임을 안고 있는 사람들이다. 우리는 간혹 봉건 시대를 왕과 귀족들이 막무가내로 권력다툼만 일삼던 시대로 보는데, 실은 엄격한 질서와 책임, 그리고 위계에 따른 권리와 의무가 엄정하게 유지되던 사회였다.

이러한 의무 체계는 국왕에서 오등작(공작·후작·백작·자작·남작), 기사(騎士)로 이루어지는 피라미드식 구조로 이루어졌으며, 최종적으로는 그 아래 백성의 안전을 지켜내야 하는 의무로 연결된다. 이런 구조 속에서 가신의 가장 중요한 의무는 주군의 영토를 방어하기 위해 군역 또는 다른 형태의 군사적 의무를 지켜야 했다. 이에 상응하는 주군의 의무란 가신의 생명과 명예, 재산을 침해받지 않도록 여러 형태의 보호 조치를 취하고 생활 환경을 돌보는 의무였다. 다시 말해 주군은 가신의 생활과 생명을 수호하는 의무와 책임감을 가져야 했던 것이다. 이러한 의무를 지켜내기 위해서는 어린 시절부터 철저하게 교육되었으며, 그 과정은 고된 수행과도 같았다. 우선 예의범절과 군사 훈련을 익혀야 했으며, 하느님에 대한 헌신적 봉사와 아울러 이단과 이교도를 배척해야 하는 엄격함도 배웠다. 그리고 생활에서는 부녀자와 어린이 등 약자와 가난한 자들을 보호하고 이웃에게 친절과 관용을 베푸는 것을 배웠다. 이처럼 그들의 생활이란 결코 여유롭거나 화려하지 않았으며, 오히려 엄격한 규율과 책임감이 어린 시절부터 몸에 배도록 키워졌고, 성인이 되어서는 이를 유지하기 위해 긴장된 자세를 늦추지 않았다. 물론 중세 유럽 후기 귀족의 병폐는 이와 같은 순수한 귀족 정신에서 일탈한 결과였다.

한국의 귀족이라 할 수 있는 양반도 마찬가지로, 서구 사회의 귀족 못지 않은 정신 수양의 길을 걸었다. 원칙적으로 조선시대 양반이 되는 길은 과거 시험에 합격하는 것이 가장 이상적이었다. 또한 과거 시험에 합격하기 위해서는 학문을 쌓아야 했고, 이런 이유로 양반은 곧 지식인이요 선비 정신이 깃든 사람들을 뜻하게 되었다. 이들은 어려서부터 '천자문'으로 시작하는 모든 학습을 문자 습득 차원을 넘어 지행합일의 차원으로 이어나갔다. 이러한 정신은 멸사봉공(滅私奉公)과 철저한 수양에 기초한 고매한 인격 형성, 고급 문화 창출과 수용, 자기 혁신, 위민(爲民) · 애민(愛民) · 이민(利民)의 애국 애족 정신으로 이어졌다. 비록 조선 후기로 갈수록 그 정신은 퇴색되어 자신들의 사리사욕을 챙기는 데 혈안이 됨으로써 민생은 뒷전으로 밀려나고 조선 왕조는 종언을 고하게 되었지만, 어쨌거나 이 같은 선비 정신은 조선 500년을 지탱해온 동력이었던 셈이다.

서구의 귀족 정신과 우리의 양반 정신을 보면 서로 공통점이 있음을 알 수 있다. 과거 그들은 왕권으로부터 일정한 권한을 부여

받아 특혜를 누렸던 만큼 그에 대한 사회적 책임과 의무도 함께 부여되었다는 점이다. 시대가 바뀜으로써 이러한 권리와 의무의 사회적 균형이 사라지기는 했지만, 아직도 약한 자들을 돕거나 공동체 문화를 선도해가거나, 맡은 바 자기 직분을 소리 없이 해나가면서 사회의 그늘진 곳을 찾아 봉사하거나, 때로는 사회적 공분을 참지 못해 앞장서 대안을 찾아 동분서주하는, 이른바 새로운 시대의 귀족 정신, 양반 정신이 생겨나고 있다.

이처럼 오늘날 민주주의 체제에서 이론상으로 계급적 구조가 사라졌다고는 하지만, 그렇다고 해서 사실 순수하게 승화된 귀족 정신까지 사라진 것은 아니다. 비록 그러한 정신을 발휘해야 하는 신분의 자격은 무의미해졌지만, 그런 정신은 여전히 살아남아 여러 지역 자원봉사자나 사회운동가들에 의해 자발적으로 행해지고 있다. 이들이 바로 이 시대의 새로운 귀족이요 양반인 셈이다.

> 누구도 당신을 대신할 수 없습니다
> 그 무엇도 캐슬을 대신할 수 없습니다
> 비교할 수 없는 가치 — ○○캐슬
> —2002년 여성 소비자가 뽑은 최고 명품 대상 수상(아파트 부문)

귀족 정신의 가치란 이 광고 문안처럼 누구도 대신할 수 없고 무엇과도 비교할 수 없는 가치다. 그러나 안타깝게도 현대 사회의 모든 광고는 소비를 유도하기 위해 귀족의 껍데기만 대중에게 이식시키려는 수단에 불과하다. 사실 그 껍데기의 공허함은 누구나 아는 것이다. 그럼에도 불구하고 그 껍데기는 공허함을 감지하지 못하도록 아주 견고하게 소비 사회를 수호하고 있다. 광고는 그야말로 자본주의 사회의 병폐인 껍데기 중심 사회를 지켜내기 위한 '수문장'이다.

오늘날 광고에서는 '귀족 마케팅'이니 '고품격'이니 '명품'이니 하며, 과거의 사라졌던 귀족을 부활시키려 한다. 따라서 현대 사회에서 귀족(양반)이 되려면 이러한 광고에 노출되어 광고가 말하는 지침에 따라 구매 행동만 보여주면 된다. 그러니 하루에도 이러한 귀족 아닌 귀족들이 넘쳐나는 것이다. 소위 명문가의 자제라고 일컬어지는 기준도 이러한 행동에 익숙하면 된다. 모든 백화점은 이들을 위하여 '명품관'이란 것을 다 마련해놓고 있다. 그 안에는 자칭 '명품'이라는 것들이 즐비하다. 사실 '명품'이라는 것은 아주 오랜 기간 집안 대대로 대물림해온 물건이나 아니면 명장(明匠)이 혼신을 다해 만든 물건을 말한다. 거기에 세월의 때가 묻고 품격이 덧입히게 되면서 여전히 고색창연(古色蒼然)의 숨결이 살아 있을 때 비로소 '명품'의 반열에 오르는 것이 아니겠는가.

그러나 오늘날 같은 소비지상주의 시대에서 말하는 '명품'의 의미는 이와는 전혀 다른 것이 되어버렸다. 뭔가 '얼'이 빠져버린 것이다. 그저 가장 값비싼, 가장 최근에 나온, 가장 유행을 선도하는, 그러면서 유명인이 많이 사용하는 상품이 '명품'으로 둔갑한 것이다. 그리고 광고는 계속 이런 상품을 '명품'이라고 스스로 반복 강조하며 틀림없는 '명품'이라고 최면을 걸어준다.

여러분도 이런 '얼빠진' 귀족이 되고 싶다면 이 같은 명품을 정기적으로 자주 사주기만 하면 된다. 마음만 먹으면 귀족이 될 수 있는 세상, 과거 시험도 필요 없고 사회적 책임과 의무, 긴장도 필요 없이, 신용카드를 내밀며 사인 한 번이면 하루에도 몇 번씩 '귀족'이 되는 세상, 얼마나 신기한가. 그러나 다행스럽게도 심리적이든 경제적이든 며칠 못 가서 '귀족' 행세하기가 어려워진다면 이런 귀족은 어떨까싶다. 돈 안 드는 귀족 말이다. 곧, 귀족 정신이 충만한 귀족으로, 지역 공동체 사회에서 자원 봉사의 즐거움을 맛보는 귀족 말이다. 처음에는 내 가족부터 출발하여 이웃 그리고 지역 공동체로 확산시켜나가서 봉사 활동을 실천하다보면, 어느새 사회적 책임과 의무를 다했던 진정한 의미에서의 귀족이 되어 있을 것이다. 이제 우리가 사는 이 시대의 귀족은 '소비'에서 오는 것이 아니라 '봉사'에서 오는 것이다.

광고와 소비에 중독된 아이들

　필자가 어렸을 때만 해도 학교가 파한 오후 시간이면 동네 어디서나 아이들의 놀이 소리가 끊이지 않았다. 이웃집에 살던 삼수생 형은 동네 아이들이 얼마나 시끄러웠는지, 공부하다 말고 창문을 벌컥 열고 소리를 지르기 일쑤였다. 그래도 우리는 그때만 잠깐 조용할 뿐 다시 소란스러워졌다.

　우리가 동네에서 이처럼 구박을 받으며 시끄럽게 노는 놀이라고 해봐야 기껏 돌멩이와 구슬, 나뭇가지를 가지고 노는 게 고작이었다. 자치기와 땅따먹기, 망까기, 구슬치기 등으로 오후 내내 놀고나면, 헤어지는 게 아쉬워 저녁 먹고 다시 만나 놀자고 다짐하기도했다. 하루종일 뛰어 놀은 탓에 뒤늦게 숙제를 펴놓고는 누나와 형에게 꿀밤 세례를 맞아가며 했던 기억이 새삼 떠오른다. 그야말로 필자가 어렸을 적의 여가 생활이란 공동체와 뗄레야 뗄 수 없는 의미를 담고 있다. 이를테면 이웃집 형이 무엇을 하는지 알게 되었고, 그래서 필자와 친구들은 어떻게 행동해야 하는지, 그리고 놀이 기구가 없어서 스스로 자연에서 구해 놀았던 여러 가지 놀이에도 어떤 규칙과 방법을 정해야 하는지 등을 알아차릴 수 있었다. 모두 다 비슷비슷하게 가난했던 그 시절, 겜보이나 컴퓨터 게임, 피시방이 없었어도 정말 하루종일 발에 땀이 날 정도로 '몸뚱이' 하나만으로도 잘도 뛰어놀았다.

그러나 요즘의 아이들은 그런 면에서 보면 참 불행한 것 같다. 항상 아이들이 떠들고 놀아야 할 놀이터에 정작 아이들은 없다. 노는 아이들을 몇 명이라도 발견할라치면 분명 가정 형편이 그리 넉넉하지 못한 아이임에 틀림이 없다. 왜냐 하면 요즘 아이들의 여가 역시 모두 '소비'에서 가능하기 때문이다. 아니 일상 생활 모두가 소비다.

놀이터에서 가끔 볼 수 있는 아이는 방과 후 학원에 가지 '못하거나' 아니면 집에서 가지고 놀 마땅한 장난감이나 컴퓨터 게임기가 '없거나', 부모를 따라가 쇼핑을 할 수 '없기' 때문이다. 결국 '소비' 행위를 하지 못할 정도로 돈이 '없는' 애들이나 놀이터에 나오는 것이다. 가난이 아이들의 놀이까지도 제한하는 시대가 되어버린 것이다. 따라서 학원에도 가고 컴퓨터 게임도 하고 무선 조종 자동차도 몰고, 그러면서 친구들에게 왕따당하지 않게 떡볶이 가게에 가서 함께 군것질이라도 하려면, 결국은 '소비' 행위를 해야 하는 것이다. 요즘 아이들은 과거 필자의 동네 어디서나 볼 수 있었던 그런 아이들이 분명 아니다.

그런가 하면, 요즘 아이들의 여가 생활은 모두 미래의 유능한 소비자가 되기 위한 학습이다. 이는 성인이 되어서 자신이 직접 경제적 행위로 얻은 돈의 가치와는 상관없이 오로지 소비하는 데 익숙해지는 것이고, 이러한 소비는 일상 생활의 중요한 가치관으로 자리잡게 되는 것이다. 이른바 광고라고 하는 철저하게 인위적으로 조작된 상업적 가치관은 아이들의 가치관을 모두 표준화시켜 미래의 소비에만 충성하는 획일화된 인간으로 성장하게 만든다. 그런 이유 때문에 우리 아이들은 '몸'으로 뛰어노는 놀이터보다 '소비'의 대가로 얻는 여가를 선호하는 것이며, 이미 여가의 유형 모두가 소비 행위를 통하지 않고서는 누릴 수 없는 '소비지상주의'의 사회 환경이 되어버린 것이다.

　우선 아이들은 생활을 살펴보면 여가뿐만 아니라 모든 생활이 소비의 연속이다. 옛날처럼 대나무를 이용하여 연을 만들거나, 마음에 드는 돌을 골라 비석 치기를 하거나, 아무것도 필요 없는 다방구나 술래잡기를 하거나, 나무 작대기 하나만 있으면 가능한 자치기를 하거나 하는 식으로, 자연에서 소재를 구해 온갖 놀이를 하던 시절을 떠올리면 비교 자체가 되지 않는다.

　요즘 아이들의 일상을 보면, 심지어 소비가 필요 없는 것에까지 소비로 해결하려는 관습이 생겨나고 있다. 우선 아이들은 생일이 다가오면 가까운 패스트푸드점(주로 2층이 전용 공간이다.)에 가서 피자와 음료수 등을 주문해놓고는 선물들을 교환한다.(이를 두고 어머니들은 번거롭지 않을 뿐만 아니라 집에서 하는 것보다 돈도 적게 들고 귀찮지도 않아서 다행이라고 좋아한다.) 또는 M자로 시작하는 캐릭터 인형을 파는 곳에서 파티를 열기도 한다. 이 같은 생일 파티는 전국, 아니 전 세계 어디서나 동일한 프로그램으로 진행되는 것 같다. 이 같은 소비 행태는 학교 반장 선거 때도 예외 없이 벌어진다. 유세(?) 과정에서 여자아이들이 가장 좋아하는 놀이는 '바비 인형'을 가지고 노는 것이고, 남자아이들은 '게임기'를 이용하는 것이다. 이러한 성향 역시 전국 아니 전 세계 어린이들이 다 같을 것으로 보이는데, 이런 것들 모두 소비해야만 얻어지는 놀이요 방법들이다.

그뿐만 아니다. 월트디즈니에서 새로운 만화 영화가 나올 때마다 극장은 아이들로 초만원을 이루며, 이와 관련된 모든 과정 또한 소비를 통해 이루어진다. 우선 팝콘을 비롯한 다양한 먹을거리가 준비되어야 하며, 영화가 끝나고나서도 영화 속 만화 주인공들을 다양하게 변신시킨 캐릭터 상품과 다양한 팬시 상품들이 영화를 관람한 어린 고객들을 기다리고 있는 것이다. 게다가 각종 패스트푸드 프랜차이즈에서는 저마다 할인 쿠폰을 발행해 만화 영화와 연계한 패키지 전략으로 어린이들을 호객하기까지 한다. 물론 만화 주인공이 여러 명일수록 아이들은 더욱 바쁘게 들락거려야 하고 부모들의 지갑은 점점 더 얇아진다. 그야말로 '꼬리에 꼬리를 무는' 소비 조장 시스템이다.

또한, 오랜만에 가족끼리 화목함을 느껴보려고 하얀 수염을 기른 할아버지가 반겨주는 패밀리 레스토랑에라도 가서 향료 진한 튀긴 닭을 뜯으려면 역시 돈이 든다. 또 아이들은 아침마다 든든한 '시리얼'을 부어주시는 엄마를 이상적인 엄마라고 여긴다. 그런 엄마가 되기 위해서도 돈이 든다. 아이들이 바라는 아빠 역시 저녁마다 '○○○라빈스' 아이스크림을 사오시는 분이라고 생각한다. 그런 아이들의 기대를 저버리지 않으려면 역시 돈이 든다. 아이들이 사용하는 전용 컵에 미키마우스나 포켓몬이 새겨져 있어야 정서적으로 안정되어 보인다. 그러기 위해서는 역시 돈주고 그 컵을 사야 한다.

그런가 하면 요즘 아이들은 조숙한 건지 일찍 되바라진 건지는 몰라도 섹시한 것이 좋은 거라고 생각한다. 그러기에 섹시하지 못한 사람은 나쁜 사람으로까지 여긴다 나쁜 사람이 되지 않기 위해서는 섹시한 옷을 입혀야 한다. 역시 돈이 든다.

초등학교가 의무 교육이 된 지 꾀 지난 것 같아도 아직도 부실하다. 아이들의 공부도 소비로 엮어내야 하기 때문이다. 우선 교과서만으로 공부하기에는 불가능하다. 필히 인근 ○○학원에서 또다시 수업을 들어야 한다. 보충 학습뿐만 아니라 돈을 주고 선행 학습까지 한다. 학원이나 학습지 광고를 보면, 모든 아이들에게 오로지 공부만이 살길이라는 메시지를 보낸다. 그런 그 사람들(광고주나 광고인)도 어린 시절에는 공부만 하지 않았을 것이다. 결국 돈벌이 대상으로 아이들을 현혹시키고 있는 것이다. 부모들 역시 돈을 써가며 제 자식들을 궁지로, 아니 사지(死地)로 몰아넣고 있는 것이다. 꼭 아이들이 옥상에서 뛰어내리고, 자살 여행을 가고, 원조 교제를 하고, 급기야 마약의 유혹에 넘어가야만 깨달을 것인가.

아무튼 아이들의 이런 생활의 표준화는 미래의 소비자로 길러지기에 충분한 시간 동안 상업적 메시지에 노출되어 있기 때문이다. 미국의 경우 12세 이상의 아이들이 일주일에 48시간이나 광고를 포함한 광고적 메시지에 노출된다고 한다. 이는 하루에 장장 7시간씩이나 아이들에게 쓰레기 같은 정보를 제공하는 셈이다. 그 나머지 시간은 뭘 하고 있을 거라고 생각하는가? 아마 나머지 시간의 반 이상은 그 정보의 지침대로 행동하는, 곧 소비하는 도구적 인간이 되어가고 있을 것이다. 물론 성인이라고 예외는 아니다. 어린 시절부터 광고를 보고 자라왔다면 자신의 하루 생활에서 소비는 큰 비중을 차지할 것이며, 심하면 주말과 휴일 모두 소비하는 날로 보낼 것이다.

이러한 상업적 메시지는 광고 같은 영상 매체뿐만 아니라 아이들의 손이 닿거나 눈길이 머무는 곳이면 어디든지 이루어져 아이들에게 스며든다. 그리고 바이러스처럼 스며든 메시지는 어른이 되어서도 잠재적인 보균자로 남아, 늘 명령을 기다리는 용병처럼 지배당하고 있는 것이다. 유독 패스트푸드를 선호했던 아이들은 성인이 된 뒤에도 비만을 두려워하면서도 패스트푸드를 마약처럼 찾게 되며, 패스트푸드 회사의 가장 충성스러운 일등 소비자로 유지, 관리되는 것이다.

그래서 패스트푸드 회사들은 어른보다도 유독 어린이들에게 친근한 친구가 되려고 눈물겨운 노력을 한다. 간혹 캐릭터 장난감을 선물하기도 하고 특별 '사은' 행사도 주기적으로 열어 경품을 한아름 선사하기도 하지만, 이 모든 것이 절대 공짜가 아니다. 장기적으로는 어른이 되어서도 계속 소비가 이어지므로 본전의 몇 백 배를 뽑아내지만, 당장에도 손해볼 짓을 하지 않는다. 패스트푸드를 사먹지 않으면 놀이 시설 이용을 제한하거나, 생일 잔치 장소를 빌려주지 않거나, 로고가 찍혀 있는 이름표를 달아주지 않거나, 자극적이고 현란한 캐릭터 기념품을 주지 않거나, 하다 못해 시류에 뒤떨어진 사람으로 인식해서 주눅이 들게라도 하는 것이다. 어린 시절부터 이 같은 현란한 기념품과 서비스와 관리 시스템에 길들여진 아이들은 결국 커서도 배신하지 않는다. 아니 배신할 생각조차 들지 않는다. 이는 평생에 걸쳐 반복해온 세뇌의 결과이기 때문이다.

이런 까닭에 언제부터인가 광고인들은 광고 메시지를 통해 성인들을 세뇌시키는 것이 얼마나 힘든 작업인지 깨닫게 되었다. 그래서 그 대타로 아이들을 떠올린 것이다. 어린 시절 아이들에게 한

번 각인된 광고 메시지는 몸 속을 흐르는 적혈구나 백혈구처럼 심신의 일부가 되어 미래까지 유능한 소비자로 담보해주기 때문이다. 어릴 때 맛보았던 '달고나'나 '아이스케키', '솜사탕'을 한번 떠올려보라. 그 맛은 평생을 두고 잊을 수 없다고 하지 않는가.

게다가 아이들은 유아기 때일수록 광고 영상에 깊숙이 빠져드는 현상을 볼 수 있다. 소리가 일반 방송보다 크고 자극적이므로 일단 청각의 주의를 끌고, 화면 처리 역시 화려한 색감과 카메라 워킹을 통해 시선 주목도를 높이는 데다, 인간의 오감(五感)을 최대한으로 자극하는 효과음과 액션을 보여주기 때문이다. 그러니 아직 동물적인 반응으로만 의사 표현을 하는 유아기 때일수록 광고에 대한 집중도가 높을 수밖에 없다. 이는 광고 제작에서 처음부터 의도한 것이기도 하다. 그럼에도 불구하고 어떤 엄마들은 광고만 한 시간짜리로 녹화 편집해서 시청각 자료로 틀어놓고는 자기 할 일을 한다며, 마치 대단한 '노하우'인양 자랑한다. 다행히 아이는 한 시간 동안 광고랑 노느라 귀찮게 하지는 않겠지만, 어느 날 광고에 나오는 여자 모델을 보고 "엄마!"라고 부르지는 않을지 아무도 모를 일이다. 자신의 아기가 부모의 스킨십이나 육성을 통해 오감을 넓혀가는 것이 아니라, '소비' 의도를 가장하여 획일적으로 기획된 광고에 의해 학습되고 있다는 사실을 요즘 젊은 부모들은 얼마나 알고 있을까.

아무튼 어린이들이 미래의 '소비자'로서만 유능하게 성장한다는 것은 분명 문제가 있다. 그러나 그것을 정작 문제로 생각하는 나라는 전 세계에 단 하나만 존재하는데, 바로 미국에 비해 우리와 교류가 현저히 적은 스웨덴이다. 이 나라에서는 일찍부터 아이들이 미래에 소비 집착형 인간이 되지 않도록 하기 위해서 상업적 메시지에 대한 노출 경로를 차단하는 제도를 마련하고 있다. 어린이를 대상으로 하는 광고를 모든 매체에서 전면 금지시킨 것이다. 물론 전면 금지가 가장 이상적인 해결책이라 할 수 없지만 우리나라의 어린이들처럼 방치해두는 것보다는 낫다고 본다. 그리고 그러한 정책적 배려는 다시금 어린이들을 동네 놀이터에서 자유롭게 놀게 만들어주었다. 그런데도 아직도 미국적 상업화를 표방하는 대부분의 나라의 아이들은 더 이상 놀이터에서 왁자지껄하게 놀지 않는다. 불행하게도 우리나라도 예외가 아니다.

아파트 단지의 놀이터는 어느새 하나의 '옵션'처럼 자리하고 있어 애물단지로 전락하였다. 아이들은 모두 학원으로 가고, 엄마들은 모두 찜질방으로 간다. 텅 빈 놀이터 그네에 걸터앉아, 굳이 가꾸어놓은 놀이터가 아니더라도, 굳이 비싼 놀이 기구나 최신 장난감이 없더라도, 아침부터 땅거미가 내릴 때까지 자연 속에서 온몸으로 뛰놀던 그 시절이 새삼 그리워지는 건 단지 필자만의 생각이 아닐 듯하다.

'공부벌레'에서 '소비벌레'로

　그간 대학 수업을 해본 경험은 짧지만, 이른바 지성인들이라고 일컬어지는 대학생들을 대상으로 한 강의를 마치고 나오는 발걸음은 무겁기만 하다. 마치 영혼이 상실된 공허감만 남는다. 모든 강의에서 그들이 바라는 것은 항상 돈버는 방법과 돈 쓰는 방법을 가르쳐달라는 것처럼 느껴진다. 더 이상 학문적 갈증에 목말라하던 그 옛날의 순수한 지성인들이 아닌 것 같다.

　그뿐만 아니라 대학 또한 이들을 바라보는 시선이 모두 돈과 연관되어 있다. 대학 입시 때 신입생을 다량 확보하면 장사가 잘 되었다고 자축한다. 그러기 위해서는 돈버는 상술을 많이 보유한 전공 학과를 다량 확보해두어야 한다. 돈버는 전공은 그 대학의 학문적 성취도보다도 더 가치 있는 일등 공신으로 그 영역을 확장해 나간다. 신입생은 '대학'이라는 상품을 구매하는 소비자이자 이용하는 고객이다.

　자본주의 사회의 모든 학문은 돈버는 기술을 허리에 차고 있어야 한다. 그래야 학생들은 그 기술을 습득하려고 달려든다. 모든 학문적 영역에서 이른바 학문적 호기심이라는 것은 사라졌다. 대학에서 교양(liberal arts)이라는 지적 능력을 갖춘 전인적 인격의 소유자는 더 이상 양성되지 않는다. 오히려 그 전공의 스페셜리스트만 양성될 뿐이다.(여기서 말하는 '스페셜리스트'란 돈버는 데 도움이 되는 전문가를 말한다.)

　의대에 진학하는 이유는 나중에 돈을 많이 벌 수 있다는 생각에서다. 행정학을 공부하려는 사람은 공무원이 되어서 안정적으로 돈을 벌 수 있다기에 선택한 길이다. 국문학을 배우려는 이는 광고계에 입문하기 위한 근엄한 백그라운드를 의식해서다.(문학적 창의력은 광고 문안을 만드는 데 커다란 도움이 된다.) 스스로 기대하지도 않겠지만 스스로 학문에 대한 열정이 없다. 학생들이 대학 강의에서 바라는 것은 돈버는 방법뿐이다. 그리고 그토록 돈버는 방법을 배우려는 이유는 멋있게 소비하고자 하는 것이다. 물론 아직도 순수한 학문적 동기로 대학에 지원하는 극소수의 사람도 있긴 하지만 말이다.

　화요일 강의에 들어가기 전 자료를 찾기 위해 학교 도서관에 들렀다. 도서관에서 가장 분비는 곳이 만화책들이 즐비한 칸이다. 영상자료실이랍시고 마련된 공간에는 항상 쌍쌍이 앉아 할리우드의 상업 영화만 본다. 어차피 영상 세대라고 하니 이해할 수박에 없는 일이다. 점심도 마다하고 세 시간짜리 연속 강의에 들어갔다. 학기초에 제시한 두 권의 책을 읽어보고 수업에 참석해달라고 누누이 부탁했건만 질문을 회피하는 학생들뿐이다. 반대로 현재 방영중인 텔레비전 광고에 대해 물어볼라치면 서로 의견을 내려고 야단이다. 읽는 것과 보는 것, 아날로그와 디지털 세대의 극명한 차이를 확인하는 것 같아 씁쓸하다. 책 몇 페이지를 읽어보라고 일주일이라는 시간을 주었건만, 중고생도 아닌 대학생들인데도 반응이 없다.

강의중에 제시한 내용에 대해 문제 제기를 유도했고 각자의 의견을 부탁했다. 한결같이 공통적인 대답이 뜬금 없이 그냥 "너무하다!"는 것이 중론이다. 모두가 "너무해서", "지나쳐서" 문제가 발생한 원인이자 해결책이란다. 결과적으로 원하는 답이긴 하지만, 너무하면 왜 너무한지, 무엇 때문에 어떻게 너무한지 논리적인 근거와 전개가 이루어지지 않는다. 한마디로 논리력 부재다. 그저 문장은 없고 느낌표나 말없음표만 있는 형국이다. 정말 요즘 아이들 말대로 '쿨'해서 그런지 모르겠다. 나 같은 신참내기 강사도 교수랍시고 어려워서 그런 것은 아닐 텐데 말이다. 물론 한두 명의 대학생다운, 지성인다운 의견을 제시하는 경우도 가끔 있긴 있다.

예전에 '대학 문화'란 것을 내 머릿속에 아주 강하게 인식시킨 스테레오 타입(Stereotype)의 드라마가 있었다. 미국에서 수입하여 방영한 「하버드대학의 공부벌레들(The Paper Chase)」이 바로 그것이었는데, 제목이 말해주는 대로 대학 캠퍼스를 무대로 하는 드라마였다.(유난히 '미국'이라는 나라에서 건너왔기 때문에 더 강하게 기억에 남는지도 모르겠다.) 가장 기억에 남는 대목은 그 드라마가 전개하는 사건의 줄거리보다 영상적인 대학 문화에 대한 것이었다. 비록 인간미는 없었지만 컴퓨터와 같은 철저한 '킹스필드' 교수, 또 이를 못마땅해하면서도 그 권위를 감히 거스르지 못하고 따르는 법대 학생들이 축을 이룬 드라마였다. 비록 하찮은 드라마 한 편에 불과하지만 어찌되었든간에 그 드라마에서 내가 긍정적으로 받아들였던 것은 학문에 대한 열정이 살아 숨쉬던 '대학 문화'였고, 부정적으로 받아들였던 것은 학문한다는 것이 참으로 고달픈 일이라는 점이었다. 드라마에 등장하는 장소는 모두 도서관 아니면 강의실 또는 교수 연구실이었던 것 같다. 그 대학의 도서관 앞에서 토론하던 학생들의 모습은 그야말로 지성인의 참모습들이었다.(아마 당시 우리나라 대학생들도 마찬가지였을 것이다.) 그런 이유로 해서 적어도 미국의 대학생들은 노력하는 젊은이라는 인식이 들었다. 이것이 그 드라마 제작자들의 의도인지도 모르겠지만, 그렇다면 나는 그 의도에 적중한 먼 이국의 시청자 가운데 한 사람이었을 것이다.

매스 미디어와 관련된 기말 고사에서 다음과 같은 문제를 낸 적이 있다. [현재 대학을 소재로 방영중인 모 방송국의 드라마에 묘사된 '대학 문화'와 실제의 '대학 문화'를 비교하시오.] 당시 모 방송국에서 방영중이던 문제의 드라마는 「하버드대학의 공부벌레들」과는 정반대의 성격을 가진 드라마였다. 똑똑하지 못한 바보 교수, 그 교수 앞에서는 더 없는 존경과 예절을 보이지만 돌아서선 비꼬며 따르지 않는 학생들, 학문적 열정은 없고 오직 소비에만 집착하는 문화, 등장 인물들의 모든 연기 배경에는 쇼핑센터나 극장, 아니면 매점 등이 주로 나오는 드라마였던 것이다. 과거에 우리가 동경했던 치열하면서도 순수했던 대학 문화와는 너무나도 거리가 먼 풍경들이었다.

답안지들을 읽은 후 긍정적으로 받아들였던 것은, 소비 문화와 유흥 문화로 점철된 대학 문화에 대한 비판적인 태도를 각자가 어느 정도 갖추고 있었다는 점이다. 반면에 걱정스러웠던 점은 너무도 간단했던 답안의 내용들이었다. 그것도 몇 개의 간단한 문장을 나열하는 것이 고작이었고, 더군다나 그 짧은 문장 속에서도 오자(誤字)는 물론, 문맥조차 맞지 않는 문장들이 대부분이었다.

퍼뜩 이런 생각이 든다. 요즘의 중고교생들이 대학 문화를 보는 시각은 어떠할까. 과거에 필자가 지성인의 전당으로 추앙하며 보아왔던 것과 동일한지 아니면 자유로운 소비 문화를 만끽하는 공간으로 보는지 궁금하다.

현재 전 세계적으로 대학마다 그 옛날 지성인의 모습을 찾아보기는 힘들다. 더 이상 대학은 학문적 성취감을 만끽하려는 학생들로 채워지지는 않는다. 소비주의라는 역병은 대학마저도 가차없이 상업주의에 물들게 하였다. 대학 문화는 소비 문화로 교체되는 과도기를 지나서 소비 문화의 정점에 와 있는 것 같다. 경제 활동이 왕성한 30~40대도 아닌데도 이미 세계의 모든 상업주의는 20대를 소비의 강력한 주체로 인정한 지 오래되었다. 분야에 따라서는 10대에까지 타깃을 맞춘 상업 전략들이 이미 판을 치고 있는 실정이다. 그러니 '대학 문화'를 지성이 살아 숨쉬는 낭만의 문화가 아니라 단지 '소비 문화'라고 할 수밖에 없는 이유를 알 것 같다.

모든 대학 내 도서관에는 경쟁이라도하듯 매점과 콜라 자판기가 들어서야 한다. 장서량이 얼마나 되는지, 신간 서적을 얼마나 빨리 갖추고 있는지, 시청각 자료와 연계된 데이터베이스는 갖추어 있는지 따위는 더 이상의 관심사가 아니다. 모든 공간이 '학문'을 위한 곳이 아니라 '소비'를 위한 곳으로 존재할 정도로 본말이 전도되었다.

대학가 주변에 책방, 특히 인문학 서점이 사라진 지는 오래되었다. 웬만한 교재는 대학 구내 서점(사실은 문구점을 겸한 만물상)에서 불법 복제한 자료로 해결한다. 저작권 개념이 아예 없다. 대학가에서 서점은 눈을 씻고 찾아봐도 좀체 만나기가 어렵다. 대신 그 자리에 피시방과 오락실, 노래방, 비디오방, 분식집, 레스토랑, 점카페 따위의 유흥 소비 공간들로 채워졌다. 그래서 30~40대들까지도 대학가 주변으로 흡수되는 기현상을 자연스럽게 볼 수 있다. 값도 싼 데다 분위기까지 좋은 환락 시설이 다 모여 있으니 어찌 경제적이지 않겠는가.

광고에서 주로 공략하는 소비 대상은 거의 젊은이들이다. 그리고 그 젊은이들은 모두 대학생이다.(광고에 나오는 젊은이 모두는 하나같이 일을 하지 않는다. 아침 출근 시간도 아니고 퇴근 시간도 아닌 대낮에 소비를 위해 번화가를 활보하는 신분이라면 대학생 말고 누가 또 있겠는가. 혹시 '하얀 손'이라면 몰라도.) 광고라는 정보, 곧 상업주의는 정신적으로 순수한 학문적 열정이 넘쳐나야 할 대학마저도 소비지상주의로 만들었으며, 학문 자체를 치부(致富)의 수단으로 전락시켜버렸다.

그래서 수업에 참여하는 대학생들의 눈에는 더 이상 학문적 열의가 이글이글 불타지 않는다. 대학 수업은 학문적 열정도 없고, 어떤 탐구 정신도 없는, 언제나 돈버는 기계와 돈 쓰는 기계가 되기 위해 필요한 테크닉만 난무하는 공간에 불과하다. 다시 말해 대학 수업에는 '하버드대학의 공부벌레들'이 발휘하던 학문적 열정과 치열한 영혼이 없다. 학생들은 빨리 수업이 끝나기만 바랄 뿐이다. 수업만 끝나면 빨리 신촌이나 대학로, 압구정동으로 달려가야 하기 때문이다. 거기에는 광고에서 제시하는 대학 문화의 표준인 소비 문화가 기다리고 있기 때문이다. 이제 이들은 더 이상 '공부벌레'가 아니라 '소비벌레'다.

'IMC'라는 무서운 마력

 최신 제품을 알리는 광고 메시지가 어떨 때는 소비자가 가는 곳이라면 어디라도 따라와 시선을 끌게 하는 경우가 있다. 텔레비전에서, 라디오에서, 신문에서, 잡지에서, 지하철에서, 버스 몸체에서, 거리에서, 우편으로, 심지어는 우리 자신의 머릿속에서까지 속삭이는 것을 보면 여간 신통하지 않다. 새로운 정보를 이토록 빠르고 정확하게, 그리고 어딜 가든지 복습까지 할 수 있도록 친절을 베푸는 광고인들의 노력에 늘 감사할 따름이다.

 사실 이 같은 감사는 각 기업마다 'IMC(Integrated Marketing Communication)'라고 하는 광고 정책을 수립시킨 자들에게 돌아가야 한다. 왜냐 하면 그런 이유로 소비자인 우리의 뇌 속에 광고 메시지가 각인되기까지 걸리는 시간을 마치 고속철도처럼 눈에 띄게 단축시켜놓았기 때문이다. 결국, IMC의 의미는 기업마다 신제품 광고 정보를 어떻게 하면 더욱 신속하고 다양한 경로로 소비자를 위해(여기서 소비자를 '위한다'는 뜻은 소비자가 중심이 된다는 뜻인데, 소비자는 그런 중심이 되어본 적도 없고 되고자 하지도 않는다. 사실상 이러한 배려는 다만 기업들이 통계라는 숫자로 풀어낸 추측에 불과하다.) 다가갈 수 있을까 하는 데서 비롯된 것이다. 그러기에 소비자를 대표해 이 기회를 빌어 감사하게(?) 생각한다.

IMC가 우리나라에 처음 소개된 것은 1990년대 중반이다. 우리말로 '통합적 마케팅 커뮤니케이션'이라 할 수 있는데, 이는 순수하게 마케팅에서 말하는 판매 전략 중에 한 가지 방법으로서 1990년대 중반에 탁월한 신마케팅 전략으로 각광받던 것이다.(다음에 제시되는 IMC에 관한 모든 마케팅 관련 정보는 1999년에 출간된 조재현의『글로벌 시대의 광고와 사회』에서 일부 발췌한 것임을 밝혀둔다.) 지금도 신제품이 나올라치면 때와 장소를 가리지 않고 활용되곤 한다. 우선 그 탁월한 마케팅 전략 개념은 다음과 같다.

IMC란, 종전의 판매 촉진용 광고(판매고 올리기), PR 등을 부분적으로 보던 것을 상호 연관된 마케팅 믹스(판매라는 목표를 효율적으로 달성하기 위한 모든 경영 활동의 종합으로서 기업이 설정한 표적 시장에 대해 취하는 마케팅의 모든 영역인 제품 개발, 가격, 유통, 광고 등)의 최고화를 꾀하는 것으로서, 이는 확대 해석하면 지난 광고 전략을 비체계적으로 취하려는 것에서 체계적으로 보려는 방법이다. 곧, 모든 광고 전략을 소비자의 정보 처리 입장에서 파악하려는 새로운 시도인 것이다.

'소비자의 편'이라는 것이 다소 걸리긴 하지만 어느 정도 이해가 되었으리라 보고, 그렇다면 IMC가 어떻게 작동되는지 알아보고자 한다. 우선 작동의 단계는 철저히 소비자를 위해 소비자 편(진정한 소비자 편이 무엇인지 곰곰이 생각하기 바란다.)에서 7단계를 거쳐 소비자에게 다가온다. 그 첫 번째가 무엇이든지 통합해야 하는 '통합 필요성 단계'다. 이 단계에서는 IMC의 가장 기본적인 형태로서 단순하게 마케팅 담당자가 마케팅 커뮤니케이션을 통합해야 할 필요성을 느끼는 단계라고 한다.(왜 통합을 하려는 것인지는 독자가 더 잘 알 것이다. 더 많이 팔려고 통합하는 것이 아니겠는가!)

두 번째 단계는 '이미지 통합 단계'다. 소비자에게 전하고 싶은 메시지와 매체의 일관성을 유지하는 단계로서, 마케팅 커뮤니케이션을 극대화하기 위해(소비자에게 전하고 싶은 모든 표현 경로를 확보해놓기 위해) 다른 매체를 통해 전달되는 여러 가지 커뮤니케이션 메시지와 이미지를 통합하는 단계다.

세 번째 단계는 기능적으로 통합시켜야 하는 '기능적 통합 단계'다. 구체적인 마케팅 목표 달성을 위해 다양한 마케팅 커뮤니케이션 프로그램들의 장단점을 분석하고 이를 적절하게 조합하여 직접적인 목표 달성의 기능을 하는 단계다.

네 번째는 '조화적 통합 단계'다. 이 단계에서는 광고, PR, 다이렉트 마케팅(우편, 전화, 호별 방문 등)뿐만 아니라 인적 판매까지 마케팅 커뮤니케이션 요소들과 직접적으로 통합하는 단계라고 할 수 있다.

다섯 번째 단계는 이른바 '소비자 중심적 통한 단계'다. 소비자 욕구에 근거하여 목표 소비자(이를테면 주부, 직장인, 대학생, 어린이 등)를 대상으로 마케팅 전략을 통합하는 단계라고 할 수 있다.(드디어 소비자의 고민을 들어주는 친절한 상담원 역할까지 하는 노력에 이른 것 같다.)

여섯 번째 단계는 '이해 관계자 중심적 통합 단계'다. 목표 소비자뿐만 아니라 종업원, 공급업자, 협력 회사, 주주, 지역 사회, 관련 정부 기관 등 모든 이해 관계자를 이른바 'IMC 캠페인'의 대상으로 포함하는 단계다.(왜 포함시키려 하는지는 독자가 더 잘 알 것이다. 이 또한 더 많이 팔려고 하는 것이 아니겠는가!)

드디어 마지막 일곱 번째 단계는 위와 같은 모든 작업이 원활하게 이루어질 수 있도록 다양한 이해 관계자들과 긍정적 관계를 형성하고 이를 발전시키기 위하여 마케팅 전략뿐만 아니라 제조, 인사, 조직, 회계 등 다양한 전략을 통합하는 다단계라고 할 수 있다.(IMC 광고의 표현에서 모든 회사의 목표는 고객 사랑 또는 고객 행복 또는 소비자 중심이라고 하지만, 궁극적 목표는 '판매고' 올리기다. 이와 같은 IMC 작동 과정은 오히려 그 솔직한 목표를 여실히 드러내주고 있다.)

이러한 과정과 단계를 거쳐 우리에게 다가온 IMC는 과연 어떤 것일까? 1994년에 우리에게 혜성처럼 나타난, IMC를 활용한 광고가 있다. 바로 여자라서 행복하게 만들어주었던, 행복한 가정을 꿈꾸는 주부의 소망을 들어주었던 '초대형 전자 아이스박스' 냉장고 광고다. 당시 외국의 'GE'사나 '월풀'사의 판매량에 뒤질세라 철저하게 판매고를 올리자는 목표로 IMC가 작동되었다. 그러나 그 목표는 오로지 소비자 욕구에 부응한다는 것으로 변형되었다. 사실 그때만 해도 대형 냉장고는 우리 실정에 맞지 않는, 다소 사치스러운 물건이었다. 그러나 포장만 잘하면 어찌 여자들이 사치를 감지하겠는가? 또한 사치를 부리는 것은 여자들의 본능이자 특권이 아니던가.

그래서 S사는 "나(주부)만이 느끼는 행복이 있다"로, L사는 "여자라서 행복해요"라는, 그야말로 통합된 메시지로 텔레비전은 물론이고 신문, 여성 잡지, 여성 전문지, 백화점 응모권, 카드 회사와 제휴한 우편 광고, 심지어는 여자 대학교 동문회나 여성 전용

사우나 등을 대상으로 광고 판촉이 일정 기간 동시 다발적으로 이루어졌다. 여성 혹은 주부들의 시선과 발길이 머무는 곳이라면 빼놓지 않고 정보를 철저하게 퍼부었던 것이다.

그 결과는 놀라울 정도로 신드롬 그 자체였다. 여성 혹은 주부들은 광고 의도대로 '여자' 또는 '주부'만이 느낄 수 있고 느껴야만 될 것 같은 행복을 쟁취하기 위해 그동안 집안에 있던 냉장고를 버리고 대형 냉장고로 바꾸기 시작했다.(유치하지만 사실이다.) 그런가 하면, 새살림은 앞둔 예비 신부들까지도 가족이라 해야 신랑과 자기 둘뿐인데도 불구하고 역시 '여자'라서 행복하고 싶어서, 그리고 미래의 '주부'로서 행복을 빼앗길 수 없어서 그 큰 용량의 냉장고를 혼수 필수품으로 장만하였다.(역시 유치하지만 사실이다.) 이쯤 되면 광고도 더 이상 필요 없다. 그야말로 탄력을 받은 소비자들 스스로 벌여나가는 '소비 전쟁'이 시작되는 것이다.

IMC라는 광고 전략은, 목표로 정한 소비자의 신상에 대한 데이터베이스가 확고하게 구축되어야 비로소 제대로 작동된다. 다시 말해 소비자의 구매 습성에 대한 파일이 어느 정도 확보되어야 자극을 줌으로써 견고한 연결 고리, 곧 생산과 소비의 사이클에 편입하게 만들 수 있는 것이다.

주부의 경우, 갑자기 드럼 세탁기 광고가 내 주위에 오랜 기간 머물러 있었던 저의와, 그 때문에 결국 구매하고난 뒤에도 주위에 여전히 그와 관련된 브랜드 광고가 맴돌고 있다면, 여지없이 IMC 광고 전략 사이클에 편입된 것임을 깨닫기 바란다. 주부뿐만 아니다. 남자 대학생의 경우, 유독 디지털 키메라 광고가 자신의 주위를 장기간 떠돌았던 저의와, 결국 그런 이유로 수중에 넣고난 뒤에도 주위에 그와 관련된 브랜드 제품들이 계속해서 머물러 있음을 발견한다면, 이 경우도 마찬가지다. 인정하기 싫겠지만, 이는 엄연한 사실이다. 다소 우스꽝스러운 비유지만, IMC라고 하는 일종의 종합적이고 고압적인 정신 세뇌는, 자본주의가 공식적으로 작동하기 시작한 150년 전, 기계에 밀려나 굶어죽은 노동자들의 한(限)이 서려 있는 망령은 아닌가 하는 생각이 든다. 그 정도로 IMC의 전략은 무서울 정도로 집요하다 치밀하다. 문제는 그런데도 시달리고 있다는 것을 느끼지 못하는 데 있다.

사실 IMC라는 망령이 바라는 것은 단 한 가지의 통합된 메시지로 소비자의 오감을 마비시킴으로써 구매 사이클을 형성하는 데 있다. 그리고나서 그 오감에 마비된 소비자는 자기도 모르는 사이에 결국 구매해줌으로써 그 망령의 한을 풀어주는 것이다. 그래야만 그 망령에서 비로소 벗어날 수 있기 때문이다. 그렇지 않으면 평생 그 무서운 망령에 매일 시달릴 수밖에 없다.

사실 IMC 광고 사이클에 일단 편입되고나면, 그렇게 편안할 수가 없다. 왜냐 하면 그것은 마치 광고의 통합된 메시지 공세에서 벗어난 것처럼 느껴지기 때문이며, 이는 마치 신문(訊問)이나 고문(拷問)을 당한 자가 실토하고나서 정신적 육체적으로 허탈해지는 것과 흡사하다고 비유하면 이해하기 쉽다.

정말 오늘을 사는 우리는 어쩌면 '광고'라는 망령을 통해 보이게 또는 보이지 않게 세뇌와 고문을 당하며 살아가고 있는지도 모른다.

니들•ㅣ '니즈(needs)'를 •살•ㅓ?

소비자가 필요로 하는 욕구, 곧 '니즈(needs)'에 대해서 언젠가 마케터에게 들은 적이 있다. '니즈'란 광고나 제품이 만들어지기 전에 소비자 뭘 원하는지 소비자의 욕구를 분석함으로써 얻어내는 마케팅 작업이라 했다. 다시 말해 제품이나 광고라는 것들은 섣불리 만들어지는 것이 아니라 소비자가 무엇을 요구하는지 충분히 파악한 뒤에야 비로소 만들어진다는 것이다. 더 나아가서는 광고나 제품 생산 훨씬 이전 단계부터 소비자의 니즈에 대한 조사는 이루어지고 있는 셈이다.

그렇다면 그 니즈는 어떻게 파악할까? 가장 보편적이고 대표적인 방법이 바로 '시장 조사(market research)'다. 이 시장 조사에서 얻은 양적인 통계 수치들은 야누스의 얼굴을 하고 있는 '소비자의 니즈'를 비교적 개관적이고 구체적으로 파악할 수 있게 해준다.

그러나 아무리 과학적인 방법을 통한 시장 조사라고 하더라도 질적인 면, 다시 말해 소비자 니즈의 본질을 속속들이 파악하는 데 한계가 있는 것이 현실이다.

게다가 아이러니한 점은, 소비자의 니즈를 정확히 파악해서 광고나 제품에 반영했더라도 오히려 광고주에게 외면당하는 경우가 종종 있다. 반대로 소비자의 니즈와는 상관없이 그저 자극적이고 현란하게 유혹하는 광고나 제품일 경우에 더 각광받는 경우가 있는 게 우리의 현실이다. 그만큼 정직하고 순진한 접근 자체가 이제는 웃음거리가 되었다는 반증이기도 하다. 그러니 점점 더 허위 과장 광고가 판을 치는 악순환이 벌어지고 있는 것이다.

혹자는 모르는 소리라고 말하겠지만, 정수기를 예로 들어보자. 우선 정수기를 구매하려는 소비자의 니즈가 뭐라고 생각하는가? 명백히 필터의 성능에 대한 정보다. 그런데 유명한 어떤 정수기 회사의 광고는 이를 외면한 채, 필터의 성능 대신 정수된 물이 나오는 물 꼭지가 얼마나 잘 작동하는지, 그 꼭지를 수백만 번 시험한다는 광고다. 오히려 수백만 번 실험한다는 말에 놀라는 광고 모델이 가증스럽기까지 하다. 정작 중요한 정보는 도외시한 채 엉뚱한 정보만 부풀려서 강조하고 있는 것이다.

그런가 하면, 콩을 재료로 두부와 장 등 주요 식품을 만드는 회사의 광고도 예외가 아니다. 이 식품들의 경우 사람들의 건강과 바로 직결되는 먹거리이기 때문에 소비자의 니즈는 당연히 안전성과 영양가에 있었다. 이를 익히 잘 알고 있는 그 회사로서도 '자연주의'를 표방하며 순수한 국산 유기농작물(有機農作物)만 원료로 사용한다고 광고를 통해 강조했다. 그런 이유 때문에 자연 제품의 가격은 타브랜드에 비해 비쌌다. 또한 '환경 지킴이'로서 기업의 이미지를 구축하는 데 효과를 톡톡히 보기도 했다. 그런데 지난 2002년 5월, 이런 기업 이미지와 실상을 무색하게 하는 법정 싸움이 벌어졌다.

　　○○○식품회사와 한국소비자보호원(소보원)의 두부 공방이 좀처럼 해결의 실마리를 찾지 못하고 있다. 양측의 다툼은 지난 1999년 말 소보원이 ○○○의 '콩두부'에서 GMO 성분이 검출됐다고 발표한 것에서 시작됐다. 그 후 ○○○은 소보원의 이 발표로 회사 이미지와 매출에 큰 타격을 입었다고 주장하며 106억 원의 손해 배상 청구 소송을 제기했다.

　　담당 재판부는 지난해 9월 선고 연기와 함께 소보원에 냉동 보관 중인 ○○○ 두부의 GMO 성분 분석을 공신력 있는 외국 기관에 의뢰키로 결정했다. 소보원과 ○○○ 양측은 지난해 미국의 권위 있는 유전자 분석 기관 '제네틱 아이디'에 분석을 의뢰키로 합의했으나 추후 ○○○의 이의 제기로 백지화됐다. 지난 연말에는 한때 영국 중앙과학연구소(CSL)에 분석을 의뢰하기로 양측이 의견을 접근시켰으나 결국 최종 합의에는 이르지 못했다.

　　○○○ 관계자는 "소송이 걸려 있는 민감한 사안이어서 CSL측이 부담스러워 하는 것 같다"면서 "분석을 의뢰할 만한 연구 기관이 많지 않아 어려움을 겪고 있다"고 말했다.

　　소보원 관계자는 "정성 분석(어떤 원소 물질이 함유되어 있는지를 알기 위해 행하는 화학 분석)은 가능하나 가공 식품에 대한 정량 분석(각 성분의 질량, 질량비 물리량 등을 수치로 구하는 화학 분석)은 결과치의 높은 불확실성으로 무의미하다는 것이 CSL측 견해"라면서 "올 들어서도 전혀 진전이 없어 분석 기관 선정에 상당 시일이 걸릴 것 같다"고 말했다. ―『연합뉴스』, 2002년 5월 8일

어찌되었든간에 GMO(Genetically Modified Organism : 유전

자 변형 식품 : 생산성 향상과 상품의 질 강화를 위해 본래의 유전자를 변형시켜 생산된 농산물로서, 유전자의 식품을 장기간 섭취할 경우에도 인간에 무해하다는 점이 분명하게 검증된 바가 없으며, 이로 인해 생태계가 교란되는 등 환경 재앙이 발생할 수도 있다는 위험성을 안고 있다.)에 대한 성분 검사에 상당히 미온적인 태도를 느낄 수 있다. 국내 가장 권위 있는 식품 검사 기관인 '소보원'의 검사 결과를 믿지 못한다는 것은 어불성설이며, 차선책으로 외국의 권위 있는 검사 기관에 의뢰하는 것도 꺼리는 태도는 오히려 의혹만 더 증폭시키는 결과를 초래하고 있다. 오히려 이 식품 회사의 행태는 '자연주의'라는 이미지를 포장한 것으로 의혹을 살 만하다. 더구나 이것이 먹거리인 경우에는 더욱 심각하지 않을 수 없다.

아무리 소비자를 '행복'하게 해주겠다던 기업도 경제적으로나 사회적으로 존립이 위태롭다면 자기 살기 바쁜 것이다. 그러니 소비자가 눈에 들어올 리 만무하다. 결국 이 회사는 GMO 성분이 검출되었다는 소식에, 소비자의 건강보다도 자사의 안위만을 살피는 유치함과 비겁함을 보였다. 진정으로 자사 제품 가운데 GMO가 없음을 하느님께 맹세한다면, 소비자의 안심을 유도하는 것이 우선 아니겠는가. 오히려 자사의 이미지와 매출에 손해를 봤다는 것이 그들의 궁극적인 광고 목표라는 것을 이제야 깨달은 셈이다.

결국 소비자가 진정으로 원하는 니즈란 기업이 과학적 근거랍시고 만들어댄 광고의 내용이 아니다. 앞서도 언급했지만 오히려 광고는 철저히 숫자의 장난에 휘말린, 뻔뻔스러운 유혹에 불과하다. 소비자들이 진정으로 원하는 니즈란 대대적인 시장 조사를 해서 얻어지는 것이 절대 아니다. 과학적으로 신뢰도를 높일 만한 유통 테크닉도 솔직히 소비자는 원하지 않는다. 제품을 돋보이게 하는 화려한 포장 작업은 더욱 소비자 니즈에 대한 오판이다. 소비자가 진정으로 원하는 니즈는 다름아닌 정직(正直)이다. '비교적' 정직해보이는 것도 아니고 신뢰할 만한 것도 아니고, 정직 바로 그 자체를 원하는 것이다.

만약 앞에 예로 든 법정 공방에서 ○○○ 식품 회사가 소비자가 진정으로 원하는 니즈를 사전에 알았다면, 식품 포장 용기 앞면에 GMO 콩의 성분이 얼마나 들어 있는지 '정직'하게 표기해주었어야 했다. 소비자가 진정으로 필요로 하는 니즈란 간단하고 소박하기만 하다. 이런 니즈를 사전에 파악했더라면, 아니 파악하고서도 모른 척하지 않았더라면 법정 공방까지는 가지 않았을 것이다. 그런데 혹시 이런 필자의 의견에 다음과 같이 이의를 제기하는 기업이 있을지도 모르겠다.

"아니 미쳤다고 그걸 소비자에게 알려줘요?!"

"오히려 그간 쌓아온 이미지에 손상이나 입히잖아요."

"우리 회사 망하는 꼴 보시려고 그러세요?!"

만약 이 같은 생각을 갖는 기업이 아직도 있다면 다시는 고객의 '행복'이니 뭐니 하는 위선은 그만 떨었으면 한다. 그리고 감히 국산 유기 농산물이라며 깨끗한 자연주의 이미지로 소비자에게 거짓된 정보를 알리는 광고는 즉각 중단하기 바란다. 그리고 지난날 소비자의 건강을 위한다고 소리쳤던 자신의 숭고한 마음이 결국은 한낱 '상술(商術)'에 지나지 않았음을 가슴에 손을 얹고 곰곰이 생각해보길 바란다.

좋은 광고? 나쁜 광고!

방송가에서는 해마다 연말이면 한 해 동안에 연기에 능했던 배우들에게 상을 준다. 그 연기에 능했던 배우도 배우겠지만 그들의 연기를 탁월하게 해낼 수 있게 해준 주변 사람들에게도 상이 주어진다. 시나리오 작가에서부터 감독, 연출가, 분장사, 세트미술가, 카메라맨에 이르기까지 빠지지 않고 그 연기 작업에 참여했던 모두에게 골고루 상을 준다. 결국 연기자 한 사람에게 국한된 것이 아니라 참여한 모두를 통해 하나의 작품을 잘 만들어냈기에 상을 주는 것이다. 시상식이 진행되는 동안, 관객 혹은 시청자들 역시 자신들을 한때 눈물과 웃음을 선사하며 감동과 즐거움의 세계로 이끌어주었던 이들 수상자들에게 축하를 아끼지 않는다.

'연기(演技)'의 사전적 의미는, 연극이나 영화에서 배우가 맡은 배역의 행동이나 성격을 창조하여 나타내는 일 또는 그 기술이

재미 있는 광고에 도시락을 던져라

다. 창의적이지만 일종의 인위적 조작이라는 것이고, 그러기에 현실이 아니라는 것을 유추해볼 수 있다. 예를 들어 드라마 배경이 된 세트는 현실에는 존재하지 않는 것이고, 주인공 역시 현실에서의 성격과 연기상의 성격이 다르다. 그러기에 우리는 철저하게 창의적인 연기력과 작품에 상을 주고 축하해주는 것 아닌가 한다. 다시 말해 연기자는 탁월한 가증스러움을, 작품은 탁월한 거짓말이라는 의사(擬似) 현실을 자아낸 기술에 감탄하고 놀라워서 상을 수여하는 것이다.

이에 관객이나 시청자는 잠깐이나마 각박한 현실에서 벗어나 감동할 수 있는 기회에 대해 기꺼이 돈(관람료, 시청료)을 지불하는 것이고, 다시 현실로 돌아와 친구들끼리 자신들을 감동시켰던 힘에 대해서 왈가왈부하는 것이다.

광고 분야 역시 한 해가 저물 무렵이면 이 같은 시상식을 갖는다. 어떤 광고는 신년으로 넘어가서까지도 그 상을 자랑해댄다.(텔레비전 광고의 경우, 상을 받은 광고는 광고 하단에 별(☆)을 번쩍번쩍 나타내며 수상 경력을 자랑하기도 한다. 이에 비해 영화나 드라마 연기자들의 경우 스스로 상을 탔다고 자랑하거나 이마에 써붙이고 다니는 걸 본 적이 없다.) 어떤 신문사의 경우는 자체에서 광고상을 지정하여 시상식을 한 뒤, 수상한 광고를 전면 광고로 내보내면서 관련 기사까지 게재하는, '북 치고 장구치는' 짓까지 한다. 광고상에 대한 공신력도 문제이지만, 돈 되는 일이라면 체면이고 공공성이고 뭐고 다 무시해버리는 상술에 그저 놀랍기만 하다. 언론은 오히려 이런 상술을 비판하고 지적해야 하는 게 아닌가!

광고는 소비자가 물건을 구매하기 위해 제공되는 정보라고 할 수 있다. 광고에 비교적 '과학적인 의미'를 부여하고 싶은 광고 옹

호론자들의 말에 따르면 그렇다는 얘기다. '정보'는 상당히 이성적인 시스템이다. 한 해에도 수없이 많은 정보가 세상 속에서 오고간다. 그런데 그 수많은 정보를 두고, 한 해를 마감하는 시점에서 누가 '상'을 주거나 '작품'이라고까지 오칭(誤稱)하지는 않는다. 왜냐하면 정보란 정확함이 본질이며, 만약 정확하지 않다면 정보가 아니라 쓰레기이기 때문이다. 굳이 쓰레기가 아니면 정보의 확연한 이분법적 자격 구분이 있는데도 불구하고, 그 자격의 경중을 따져가며 한 해를 마감하는 시점에 좋은 정보랍시고 상을 준다는 것은 어찌 보면 쓰레기를 양산하는 길인지도 모른다. 이는 마치 남자와 여자가 확연히 구분되어 있음에도 불구하고 한 해의 남자와 여자를 몰아넣고 남자를 뽑는다는지 혹은 여자를 뽑는다든지 하는 것과 같다.

광고를 '정보'라고 외치던 자들이 한 해가 마감될 무렵이면 각 언론사를 통하여 경쟁이라도 하듯이 광고를 마치 영화나 드라마 같은 작품으로 추켜세워서 시상식을 열고 순위를 정하곤 한다. 이런 행위 자체가 또 한 편의 잘 짜여진 광고를 보는 것 같다. 소비자들에게 친절하게 정리까지 해주는 '끝내기 이벤트'인 것이다. 한 술 더 떠 일부 몰지각한 소비자는 마치 영화 작품 시사회에 심사위원이라도 된 것처럼 '좋은 광고'를 뽑아주곤 한다. 광고 메시지가 말하는 상품을 직접 사보거나 이용해보지도 않고 말이다.

2000년도 4/4분기에 있었던 어떤 광고 심사에서 뽑힌 '최우수 좋은 광고'의 경우, 선정 이유를 보면 무엇이 진짜고 무엇이 현실이며, 광고라는 것이 인간에게 과연 어떤 영향을 주고 있는 존재인가를 생각해보지 않을 수 없다.

○○텔레콤의 「사람과 사람 사이」 편은, 기술의 발달로 물리적인 공간의 거리는 점점 줄어들고 있지만, '사람과 사람 사이의 거리', 마음의 거리는 오히려 멀어져 가고 있는 시대에, 바닷가 모래사장에서 나란히 서 있는 남자와 여자, 그 아래로 두 남녀가 손을 잡고 있는 그림자를 보여주며, 무언의 이미지에서 진지하면서도 따뜻한 마음이 오고가는 연결된 커뮤니케이션을 상징적으로 표현하고 있다.

이것은 인간의 편리함만이 돋보이는 첨단 통신 기술이 아닌, 시공간의 제약을 뛰어넘어 어느 누구와도 따뜻한 대화의 공간, 마음의 거리까지 메워주는 커뮤니케이션을 창출하고 훈훈한 세상을 만든다는 것이 바로 ○○텔레콤의 이상이며, 정보 통신 회사가 추구해야 할 진정한 가치라는 것을 잔잔하면서도 자신감 있게 표현하고 있다는 평가를 받았다. 그래서 2000년 최우수 좋은 광고다.

— 한국광고자율심의기구 홈페이지[http://karb.or.kr]에서 퍼온 글

영화나 드라마의 시상식과 마찬가지로 광고도 의사 현실을 얼마나 기가 막히게 연출해냈는가가 수상 선정의 관건일 것이다. 하지만 직접적으로 상품이나 서비스를 팔기 위해 제작되는 광고의 경우는 좀 다르다. 그 직접적인 목적에 적합한 진정성을 가지고 있느냐의 여부가 대단히 중요한 관건이 되어야 하는 것이다. 따라서 정확한 정보와 실제적인 정보를 바탕으로 해야 함에도 불구하고, 사람과 사람 사이의 커뮤니케이션이 매우 중요하므로 훈훈한 세상을 만들자며 심금을 울려대는 조작된 이미지 연기가 어찌 정보가 될 수 있단 말인가. 실제 정보와는 거리가 먼 세상의 연기된 광고는 그렇다고 하더라도, 현실에서 정보 통신 회사가 소비자들에게 보여주고 있는 행태는 어떠한가. 경쟁사들과 하루가 멀다 하고 비교 비방 광고를 통해 막대한 광고비(다 소비자들의 돈이 아니겠는가!)를 뿌려대는가 하면, 통화 품질 향상을 위한 연구 개발에 힘을 쏟지는

않고 막대한 통화 시장을 선점하기 위해 정부와 힘 겨루기도 마다하지 않으며, 심지어는 법을 어겨가면서까지 단말기 보조금을 지급함으로써 변칙적인 영업 행위까지 서슴지 않고 있는 것이다. 결국 이들의 광고 메시지는 "사람과 사람 사이가 얼마나 중요한지 훈훈하게 보여줬으니까 많이 사주세요!"라는 목소리일 뿐이다. 광고 본연의 정보는 하나도 없는 것이다.

혹시 모른다. ○○텔레콤을 이용하면 옆에 있는 친구와 나의 마음이 일심동체가 되어서 훈훈한 세상으로 바뀔지도. 영락없이 감동적인 세상이긴 하지만 이는 정보로서는 조작된 이미지요 거짓에 불과하다. 의사(擬似) 현실로 철저히 조작된 영상 기호에 불과한 것이다. 그런 이미지 조작에 왜 상을 줘야 한단 말인가. 그리고 우리는 왜 이런 상 같지도 않는 상을 받은 광고에 더 믿음을 주는가 말이다. 오히려 처음부터 전부 또는 일부가 픽션임을 드러내놓고 기가 막히게 조작 연출한 영화나 드라마가 훨씬 더 많은 정보(감동)를 줄 뿐만 아니라 도덕적이지 않은가 말이다.

그럼에도 불구하고 매년 각종 언론사들은 왜 이들에게 상을 수여하는 것일까? 그토록 상을 주고 싶다면 오히려 한 해 동안 그들이 제공한 뉴스 정보 가운데에서 엄선하여 상을 주면 될 텐데 말이다. 이것도 한 발 물러나서 보면, 광고주와 매체 간의 '제 식구 키워주기'나 '동업자 카르텔'에 다름아니라는 생각이 드는데, 이는 나만의 비약인지도 모르겠다. 어쨌거나 이 같은 연말 광고 시상식 이벤트는 결국 소비자를 두 번 죽임으로써 '확인 사살'을 감행하는 셈이다. 시상식을 통해 영화나 드라마처럼 광고를 '작품'으로 격상시키고 미화시키는 동시에 '좋은 정보'라고 공식적으로 만방에 공표하는 행위이기 때문이다.

정보는 결코 경중을 따져 좋은 정보와 나쁜 정보로 구획지을 수 없다. 제대로 된 정보가 아니면 모두 쓰레기인 것이다. 개중에는 쓰레기 수준을 넘어 마약처럼 직접적인 피해와 위해를 가하는 경우도 있다. 좋은 광고, 나쁜 광고는 있을 수 없다. 그러기에 작품으로서 상을 받아야 할 이유가 더더욱 없다. 굳이 작품으로서 상을 받고자 한다면 광고가 '정보'라는 '과학적 속성'을 포기해야 한다. 그리고 그때부터 이렇게 불러야 한다 정보에게 버림받는 것을 자처한 '쓰레기'라고 말이다. 아니면 본래의 모습을 두고 패러디한 광고를 선보이는 새로운 장르를 개척하든가 말이다.

물론, 광고 역시 정보이기 이전에 영화나 드라마처럼 '문화'의 한 장르로서의 속성을 지니고 있음을 주장하며 이 같은 필자를 급진적인(?) 주장을 답답하다고 보는 이도 있을 것이다. 하지만 이렇게 생각해보면 어떨까싶다. 문화도 여러 가지가 있다. 쓰레기 같은 문화와 그렇지 않은 문화로 구분할 수 있다는 것이다. 앞에서 누누이 언급했지만, 적어도 영화라는 대중 문화는 정직하게도 '거짓(픽션)'을 보러오라고 당당하게 말하면서 5000원 이상 더 바라지도 않는다. 그러나 광고는 정직하지 못하고 거짓을 숨기면서(공짜로 문화적 감동을 선사하는 선심을 쓰는 양) 또 그 이상의 엄청나고 실제적인 강요(물건을 사달라는 것)를 지겹도록 일방적으로 반복해대지 않는가 말이다. 이는 적어도 순수한 문화라고 할 수 없을 것이다. 오히려 상업주의를 '문화'라는 순수성으로 교묘하게 포장한 조건부 문화에 가깝지 않나 생각한다. 그래서 광고는 문화이기 전에 위험하다!

요즘 한국전쟁의 아픔을 다룬 '영화'라고 하는 대중 문화는 관객 천만을 돌파했다고 놀라워한다. 그러나 매년 '좋은 광고'라는 대중 문화는 관객 수가 사천만이 넘는다는 사실을 혹시 독자들은 아실는지….

이미지 벗기기와 차도르 벗기기

현대 자본주의 사회에서는 모든 평가의 기준이 이미지다. 그도 그럴 것이, 유난히 발달된 상업적 시각 미디어들은 대중에게 세계의 인지를 이미 이미지의 집합체로 구성함과 동시에, 본질보다 이미지가 전지전능한 마력이 있음을 확인시켜주었기 때문이다. 결국 현대 사회의 인지 자체는 시각적으로 아주 간단한 기호로서의 가치를 통해서만 가능하다는 것인데, 마르크스의 세상 인지는 가치 해석으로서의 이미지의 전지전능함으로까지 확장시키지는 못했다.(문화의 상품화를 설명하면서 종교의 마취적 효과라 하여 추론해볼 수 도 있기도 하고, 상품물신주의라 하여 상품 교환 관계가 잉여 가치의 생산을 포함함을 분석하기도 하였다.) 이를테면 구체적인 노동으로서의 물건에 대한 '사용 가치', 다시 말해 물건의 용도를 의미하며, 또는 '교환 가치'라 하여 노동의 양에 의해서 상품의 시장에서 교환될 수 있는 가치

체계 정도만을 설명했다. 결국 마르크스의 주장도 이미지 이전에 본질의 의미는 우선적으로 사용 가치 또는 교환 가치로 평가받은 뒤에 부수적인 이미지의 매력이 따라붙어야 하는 것임을 암묵적으로 추론할 수 있다.

하지만 보들리야르는 달랐다. 이미지가 난무하는 사회에서의 그 두 본질적 가치(사용 가치와 교환 가치)의 유명무실함을 제안했으며, 그런 이미지적 인지의 집착을 이른바 '기호 가치'의 매력에 빠져 있기 때문이라고 지적했다. 다시 말해 사회의 모든 평가 기준은 오로지 기호 가치에 의존하고 있음을 주장한 것이다. 세계는 모든 기호 가치만을 통해 구성되어 상품의 가치에도 어떠한 기능이 있는가의 본질이 우선한 뒤에 외양이 만들어진 것이 아니라 어떠한 외양으로 기능을 구성하는가의 문제인 것으로 해석되는 것이다.

그러나 그런 기호 가치만으로 세상을 인지하는 것은 많은 문제점을 안고 있다. 본질이 제거된 이미지, 곧 기호 가치만으로 인지하는 것은 본질, 곧 대상의 일부를 필연적으로 은폐시킨다는 것이다.(초기에는 아주 일부지만 너무 많은 이미지적 맹신은 은폐의 수준을 넘어서 왜곡으로 치닫는다.) 그래서 사람들은 은폐된 부분에 대해서는 맹인이 되는 것이다. 결국 은폐의 심화는 왜곡으로 변모되어 대중은 이미지, 곧 기호 가치의 간단한 조작의 기능성만 난무하는 사회에서 세계 인지의 자율적인 본질 탐색의 주체 의식이 상실되어가는 것이다. 이는 단지 세련되고 매력적 화려함에 쉽게 빠져드는 것이다.(사람들은 본질을 뜯어고쳐야 하는 대대적인 작업이 필요 없기에 기호만, 이미지만, 껍데기만 세련되고 매력적이고 지속적으로 갱신한다.) 아니 이미지, 곧 기호 가치(껍데기)만으로의 인지는 인지자가 이미지 내부의 진정한 본질 탐색을 해야 하는 수고가 아닌 어디서나 쉽게 수고 없이 받아들여지는 시각적 용이함 때문에 더 매력이 있어보이는 것이다.

우리가 인지하는 세상은 유난히 시각적 영상 미디어에 집중되어 있다. 이것은 문자의 해독보다 쉽기도 하겠지만, 해독의 신속성이라 말하는 매력도 포함되어 있는 것인데, 유독 우리의 사고를 지배하는 대중 매체들은 그 신속성으로 무장한 채 서구 기독교파가 주도하는 이미지만을 기호 가치가 풍부한 것처럼 실어나르는 경향이 있다. 이는 뉴스 화면에서부터 광고에 이르기까지 모두 서구 기독교 문화(상업적 화려함의 이미지 또는 선진 문화의 이미지적 탐닉은 모두 서구 기독교 문화에서 기인한다.)에 호의적인 이미지 가치다. 그러나 우리의 이웃인 동남아 친구들의 문화 혹은 서구 기독교의 상반된 문화라 일컬어지는 이슬람 문화권의 기호 가치로서의 이미지는 극도로 평가절하되어 우리에게 껍데기인 이미지로 유포된다.

이슬람 문화의 절하된 기호 가치로서의 대표적인 이미지는 바로 '차도르'라고 하는 복식 문화다. 이슬람의 여성 문제를 이미지화할 때 근엄한 대중 매체인 뉴스나 다큐멘터리 구성에서 항상 빠질 수 없는 것이 차도르를 착용한 이슬람 여성들의 절하된 이미지 삽입이다. 그 삽입은 대중에게 쉽고 빠르게, 극도로 미개한 문화로 혀를 차게 하는 동정의 기호 가치로 급강한다. 그리고 너무나도 빨리 이슬람 문화는 그 이미지만의 인지로 은폐와 왜곡을 거쳐서, 우리에게 멀어져 가게 하거나 이질 문화가 되어버리게 하는 것이다. 결국 그러기에 우리가 인지하는 이슬람 문화의 본질도 그 절하

▽ 차도르는 사실 한국의 옛 '장옷'과 같은 것으로, 이슬람의 검은 천은 착용자가 여성이라는 것 말고는 누구인지 알아볼 수가 없게 하는 옷이다. 아무것도 알아볼 수 없어서(착용한 당사자가 아니라 착용한 모습을 보는 이) 보는 사람들로 하여금 답답함과 기이함을 자아내지만, 그래도 이슬람을 대표하는 문화로서 이름하여 '차도르'(페르시아어)라 한다. 차도르를 아랍어로는 '아바(aba)'라 말하기도 한다.

된 기호 가치와 마찬가지로 구시대의 낡은 무용지물이기만 한 것이다. 반면에 서구 기독교 문화권이 만들어낸 대중 매체 속의 이미지들은 기호로서 가치가 높을 뿐더러 생활을 윤택하게 하는 기호 정보로서도 적극 활용되는 것이 더 일상적이다. 이 두 상반된 이미지적 인지가 안타깝지 않을 수 없다.

그렇다면 이 이질 문화로 급강하되어버린 이슬람 문화의 기호 가치의 회복은 불가능한 것일까? 또는 가치가 아예 부재하다면 구축은 가능한 것일까? 사실 가능하다. 어렵지만 오히려 본질을 왜곡시키는 이미지를 걷어내고 본질 탐색의 수고가 잘 이루어진다면 가능하다고 볼 수 있다. 그리고 바로 그러한 수고를 이른바 '이미지 벗기기'라 한다. 이 '이미지 벗기기' 작업만 익숙해진다면 아주 능숙한 본질 파악 능력이 생기게 되는데, 그러기에 필자는 독자의 머릿속에 기호 가치로서 낮은 편견으로 보관된 '차도르'를 통해 그 안에 숨겨진 이슬람 여성의 본질과 그 반대로 서구 문화적 이미지를 휘감고 있는 서구 여성적 이미지 속에 숨겨진 한국 여성의 본질을 드러내보면 어떨까 한다.

우선 이슬람 여인들의 속박의 상징적 이미지인 '차도르'는 본질적으로 여성을 속박하려는 의미는 절대 없다. 오히려 그 반대다. 여성의 권위를 높여주는 것이다. 이슬람 사회에서는 이미 세상은 더럽혀진 것으로 규정하고 있다. 세상은 온갖 세속적인 것들로 물들어 위험하기 짝이 없다고 생각한다.(사실 세속적인 상업주의가 우리 사회에 침투하지 않는 곳이 있겠는가! 분명 세상은 깨끗하지는 않다.) 그러기에 순결한 여성은 보호받아야 한다는 것이고, 차도르는 그들을 어지럽고 세속적인 세상에서 그나마 보호해주는 방패 역할을 하는 것이다. 보석상에 가보면 진정 귀한 보석은 진열대에 오르지 않는다. 어딘가에 꼭꼭 숨겨져 있다. 여성은 진열대에 오르는 모조품들과 같이 하찮은 존재가 아니다. 따라서 여성이라는 보석을 차도르는 귀하게 꼭꼭 숨겨주는 것이다. 또한 그렇다고 해서 남성들은 이 더럽혀진 세상에 버려지는 것이 아니다. 이 세상에서 여성들을 보호해주어야 할 책무를 갖는다. 그러기에 남성들로 인한 잔인한 여성 차별이니 하는 것은 없으며, 이슬람 여성들도 이 차도르를 속박이니 자유니 하며 불평하지는 않는다.

이슬람 여인네의 이미지는 멋도 못 부리는 폐쇄적 이미지다. 멋을 부리고 싶은 마음이야 여성들의 인지상정인 것을 어찌 이들이 모른단 말인가. 사실 멋 부리기 말살이 아니라 멋을 추구하는 가치가 다를 뿐이다. 이들에게 외부 세계에서 멋내는 것은 아무 의미가 없다. 자기 치장과 화려한 옷으로 멋을 부리긴 부리되 공적인 장소인 거리에서 혹은 사회 생활을 하기 위한 직장에서 이루어지지 않는다는 것이다. 다시 말하자면 금기가 아니라 의미가 없다는 것이다. 남을 의식해서 자기 과시를 하는 과시 문화와는 거리가 멀다. 멋은 오로지 순수한 멋으로서 사적인 자기 안에서 소화하고 즐기는 것이다.

비록 이슬람 지역의 거리는 황량해보이고 사람들은 무뚝뚝해보여도 그들의 사적인 공간을 한번 방문해보면 전혀 그렇지 않음을 알 수가 있다. 집 꾸미기(외부가 아닌 내부)뿐만 아니라 집안에서 차도르를 벗어놓은 여인네들은 화려하기 그지없다. 오히려 화려한 가구나 장식품에서 옷이나 화장은 차도르로 가려내는 외부 생활과는 사뭇 다르다.(물론 철저하게 가족끼리만 있을 때 가족들만을 위해서다.) 이미 세속적 상업주의에 물들어버린 우리 사회의 여인네들과는 전혀 달라서 다소 이해하기 힘들기도 하다. 그러나 과시가 목적인 소비 사회의 여성들에 비해 이슬람의 여성들은 분명 정신적으로 건강함에 틀림이 없다.

차도르의 이미지는 차도르를 착용하게 하는 이슬람이라는 종교만으로 그들을 속박하는 이미지다. 다른 종교를 갖고자 하는 종교의 자유(여성과 남성 모두)는 없다는 것이다. 우리가 알고 있는 그들의 종교는 광신적인 이슬람교 이미지 전부다. 그러나 놀랍게도 다른 종교를 갖는다는 것은 아무 문제도 안 된다. 여성들에 대한 광신도적인 남성들의 속박은 금시초문이다. 마치 과거 우리나라의 고려가 불교를, 조선이 유교를 국가적인 종교로 내걸었던 것처럼 이들도 마찬가지다. 종교로 건국된 종교 국가가 대부분이다. 이에 대한 대표적인 나라인 이란(Iran)은 이슬람 종교 지도자들에 의해서 운영되는 정부이지만, 그렇다고 해서 타종교에 대한 배척은 없다.(물론 중동 지역의 모든 나라가 다 그렇다는 것은 아니다.) 오히려 '라마단'(이슬람력(曆)에서 9월을 말하며, 아랍어로 '더운 달'을 뜻하는 신성한 기간)이 시작되면 그들의 투철한 신앙심에 숙연해질 따름이다. 왜냐 하면 이 달 27일간은 일출에서 일몰까지 의무적으로 금식을 하게 되는데, 우리가 종교를 갖는 의미(자신들의 기복과 안위를 위해서)와는 달리 헐벗고 굶주린 자들의 고통을 그 기간(이 기간 말고도 항상)이나마 몸소 체험하고 그 종교의 참 의미를 수련하게 된다는 것이고, 이는 오히려 자기 내적인, 정신적인, 신앙적인 성장을 끊임없이 갈구하는 것이다.(물론 서구의 기독교에서도 '사순절'이라는 것이 있어 같은 의미로 구제와 경건 훈련을 체험하지만, 기독교인이라 하는 사람들 중에 일부만이 지키는 것으로 보고 있다.) 이러한 의식은 종교적인 공간에서만 이루어지는 것이 아니며, 모든 무슬림(이슬람교도)이라면 어디서든 행해야 하는 것이라 한다.(물론 환자와 젖먹이를 데리고 있는 여성은 제외되며, 무슬림이 아니라면 참여할 이유가 없다. 다만 무슬림이 많기 때문에 상점이 모두 문을 닫는다.) 이처럼 진정한 종교인으로서의 모습은 필자의 종교 생활을 뒤돌아보게 하여 부끄러운 생각을 갖게 한다.

이미지를 벗기고 들여다본 이슬람 여인네들의 본질, 더 나아가 그들의 문화는 그간 절하된 껍데기만의 기호 정보인 이미지(천박하고 속박당하고 고달픈 삶)와는 달리 너무나도 귀하고 자유롭고 경건하기까지 했다. 결코 후진적 문화가 아니었다.(이 부분은 2002년 12월 16일 KBS에서 방영된 「한민족리포트」, '이란으로 시집간 세 여인'의 내용을 참고로 하였다.)

이번에는 이슬람 여성 이미지와는 전혀 반대 이미지를 갖고 있으며 기호 가치로서 고급이라 말할 수 있는 한국 여인네의 이미지를 벗겨보자. 이미 오래 전 '장옷'을 벗어던진 한국 여인네들의 이미지는 어떨까?

얼마 전 필자의 누님이 필자의 집에 방문했었다. 직장인이었던 누님은 조카를 맡기려는 심산이었다. 갓난아이도 아닌 조카를 어머니는 안 봐줄 이유가 없었기에 승낙을 했었다. 필자의 사적인 형제 관계를 논지로 거론하는 이유는 조카를 맡기려는 것에 있는 것이 아니라 그러기 위해 필자의 집을 방문한 누님의 모습이다. 다소 짙은 화장에 그야말로 멋내는 직장인의 복장이었다. 객관적으로 봐도 추하지 않은 모습이다. 그러나 또 그 얼마 전 필자가 누님 댁을 방문했던 적이 있다. 그때의 누님의 모습은 조카를 맡기러 왔던 그 모습과는 확연한 다른 '행색'이었다. 그 차이는 군이 거론하지 않아도 독자 모두 짐작할 것이다.

오로지 서구 사회의 소비 문화(이미지만으로 전달된)에 물들어 있는 한국 사회 여인네들의 이미지는 꽤나 세련되어보이는 이미지다. 그래서 기호 가치도 높다. 적어도 여성들이 거리를 활보할 때나 아니면 텔레비전을 볼 때면 그렇다. 그리고 외국인들 모두 한국 여인네들을 보고 세련되고 아름답다고 하는 이유도 패션과 유행이 한국 여성들의 최대 관심사이기 때문이며, 세상에서 제일 귀하고 소중하다는 생각을 하기 때문이다. 하지만 자신들이 소중하다는 것은 그들만의 착각이다. 한국에서는 어느 누구도 화려한 치장을 하고 활보하는 여인을 소중하다고 여기지 않는다. 사실 이들을 보는 많은 남성들의 시선은 그리 소중하다는 시선이 아니다. 그녀들의 머리에서 엉덩이 그리고 다리로 이어지는 시선은 그들의 뇌 속에서 성적 호기심이 대상으로 인출되는 것뿐이다. 어떤 남성은 그 천한 정도에 점수를 매기곤 한다.(어떤 광고에서는 심지어 이러한 현상을 막기 위해 캠페인을 벌이기도 한다. 다음과 같은 슬로건으로 말이다. "당신은 소중하니까요!") 오히려 불쌍하게도 한국 여인네들은 소중하지 않은 자신을 애써 소중하다고 겉치장을 하는 것이 아닌가 한다. 한국 여성들은 이슬람 여성에 비한다면 귀하지만 숨겨진 답답한 보석보다 진열장의 화려하지만 값싼 모조 보석이 되고싶은 것 같다.

　이미지만 보고 이슬람 여인네의 본질을 알 수 없듯이, 우리 한국 여인네도 거리에서 보이는 이미지만으로 그들의 본질을 알 수 없다. 그러나 거리에서 패션으로 자신의 소중함을 지켜낸 여성들이 집안에 거주하는 형태를 보면 금방 한국 여인네의 이미지와 본질이 서로 차이가 크다는 것을 알 수가 있다. 집안에서 한국의 여성들은 아까 전에 거리에서 보여주었던 소중한 자신을 망각한다. 아니 거의 포기한다. 헝클어진 머리에 하루종일 파자마나 트레이닝 차림에 화장이라는 가면은 벗어던진다. 그리고 텔레비전만 끼고 앉아 있다. 물론 집안도 그리 화려하지도 않다. 이들이 집에서 패션과 치장으로 하는 자기 과시는 별 의미가 없다. 왜냐 하면 봐주는 이들이 하나도 없기 때문이다. 오히려 보는 이들이 없다고 자기가 소중하다는 속박에서 벗어나려고 한다.

한국 여성들을 이미지만으로 보면 무한한 종교의 자유를 구가하고 있는 것처럼 보인다. 그러나 그것은 이미지일 뿐이며, 사실은 유일한 종교 속박의 굴레에서 벗어나지 못하는 불쌍한 피해자들이다. 이들은 이른바 '소비'라고 하는 종교에 빠져 헤어나오지 못하고 있다. 소비라는 종교가 단일 종교이긴 하지만, 그 안에는 아주 다양한 종파로 나뉘어 '유명 ○○○ 브랜드', '최고급 ○○○ 브랜드', '최신 ○○○ 브랜드' 혹은 '최첨단 ○○○ 브랜드' 등으로 이들의 이탈을 절대 허용하지 않고 있다. 빠져나오고 싶으면 빠져나올 법도 하건만, 현재 국가적으로 이 종교를 국교로 택한 이상에야 그 조짐은 불가능하다. 왜냐 하면 그 종교를 위한 전문 방송 채널들이 이미 국책 사업이 되었기 때문이며, 이젠 텔레비전을 틀어도 국가적으로 장려되는 오직 한 가지의 종교 교리만을 마음에 새기고 그 교리대로 실천에 옮겨야만 한다.

이 종교는 적어도 주말과 휴일이면 어김없이 '쇼핑'이라는 종교 의식을 올려야 한다. 여인네들은 평일에도 어디에서든지 교리를 실천해야 하는 강박관념에 사로잡혀 있다. 결국 이미지만 보면 한국 여인네들이 종교의 자유를 누리며 사는 것처럼 보여도 사실 그 본질은 기이한 사이비 종교의 속박에서 벗어나지 못하고 있는 것이다. 오히려 이슬람 여성들의 자유로운 종교 생활과는 사뭇 다를 뿐이다.

오로지 서방 통신사들에게 의존하여 제공되는 국내 이슬람교 문화의 이미지는 매우 한정적이다. 그 한정적인 이미지나마 그리

행복해보이지는 않는다. 하나같이 폐쇄적이고 속박 받는 삶을 살고 있는 여인들이다. 먼지 날리는 비포장 거리에서 차도르를 쓴 몇몇의 여인들, 표정도 알 수 없고 말도 못 건네는 것이 답답하기만 하다. 더욱이 광신적인 남자들의 속박 속에서 사는 여인들의 모습이란 불쌍하기 짝이 없다. 이것이 이미지를 통해 우리가 알고 있는 그녀들의 전부다. 그러나 어찌 가보지 않고서 이미지만으로, 기호 가치만으로 그녀들이 그런 삶을 사는지 결론을 내릴 수 있단 말인가. 어찌 금강산에 가보지도 않고 백문불여일견(百聞不如一見)의 의미를 알 수 있겠는가. 결국 본질 파악이 없는 이미지의 경도는 왜곡을 자처하는 길이다. 그리고 매체에서의 영상적 일견(一見)이라고 말할 수도 있는 이미지는 사실 본질과 동일하지 않은 속성을 지니기 십상이다. 그런 속성으로 항상 우리의 머릿속에는 이미지만으로 쉽게 보관된 편견들로 가득 차 있다. 이 편견들이 우리의 머릿속에 많이 축적되다보면 그 편견들이 결국에는 본질까지도 손상시키게 된다.

이미지를 벗기고 들여다본 두 문화에서의 여인네들의 본질은 너무나도 달랐다. 이슬람 여인의 이미지를 벗겨내보니 그 본질대로의 기호 가치의 수준이 오히려 격상됐다. 한국 여인은 반대로 격하됐다. 이 두 이미지 모두 본질과 너무나도 괴리되어 있었다. 결국 무언가를 이미지대로 이해한다는 것은 왜곡된 현실을 무방비하게 수용할 수밖에 없다는 것이다. 그러나 세상은 점점 우리에게 이미지를 통한 기호 가치만으로 모든 것을 이해시키려 한다. 이슬람 여인의 이미지가 그랬고 한국 여인의 이미지가 그랬다.

이처럼 현대 사회가 이미지로 우리가 알고자 하는 혹은 우리에게 노출되는 것 모두의 본질을 왜곡시키려 하는 속성이 확실하다면 현대 사회는 그야말로 너무나도 답답한 세상이 아닌가 하며, 그런 답답한 세상을 사는 우리는 더 답답한 사람들이 아닌가 한다. 그런 이유에서 본 '이미지 벗기기'는 그런 이미지의 오류를 피하기 위한 유일한 방법이다. 그 방법은 앞에서의 예처럼 이미지의 호소력을 외면하는 것이다. 그러나 여기서 외면한다는 것은 단순히 이미지에 노출되는 것을 피한다는 뜻이 아니다. 이미지 중심 사회에 살고 있는 우리로서는 피할 수도 없는 게 현실이다. 방법은, 이미지에 노출이 되긴 하지만 그 이미지가 전달하는 메시지를 다시 자신의 수고로서 본질 탐색 작업에 착수하는 것을 의미한다. 그래야만 이미지 세상이 나의 의지와는 상관없이 보여주는 왜곡된 본질을 순전히 나의 의지대로 어떻게 왜곡되었는지 파악이라도 할 수 있는 것이고, 나아가 자신의 이미지로 축적된 편견을 수정해나가는 것이다.

그리고 그런 과정을 수행할 의지가 있다면 마지막으로 하나 명심할 것이 있다. 바로 이 '이미지 벗기기'를 방해하는 이른바 '이미지 바이러스'라는 것이 있는데, 이것을 조심해야 한다. 굳이 언급하지 않아도 다 알고 있지만, 노파심에서 다시 한 번 일러두자면, 독자의 시선이 머무는 어디에서든 고급의 기호 가치, 곧 '이미지 광고'만으로 화려하게 포장된 이른바 '이미지 바이러스'는 우리 머리에 아주 쉽게 침투하여 편견으로 가득한 세상으로 자신의 생활을 개념화시키는 증상을 초래하며, 급기야는 본질을 탐색하는 수고의 면역력을 잃게 한다. 다시 말해 평생 '이미지 벗기기' 작업을 할 수 없는 '소비'라는 상업적 화려함에 일희일비한 자로 살아가게 된다는 것이다.

마지막 수업

필자가 어렸을 적, 국민학교(지금은 '초등학교'지만) 국어 수업 시간이었던 것 같다. 알퐁스 도데의 「마지막 수업」이란 소설을 아주 감명 깊게 읽었던 기억이 난다. 그 소설은 '알자스'와 '로렌' 지방의 귀속 문제로 독일과 프랑스 사이에 '프로이센-프랑스전쟁'이 벌어지던 때를 배경으로 하여, 프랑스의 '알자스'에 사는 주인공 소년 '프란츠'의 시각으로 엮어낸 소설이다. 소설의 내용을 간략하게 소개하면 다음과 같다.

주인공 프란츠는 어느 날 학교에 가기 싫어 들판을 뛰어다니며 티티새의 지저귀는 소리를 즐기는 것으로 시간을 보낸다. 그러던 중 뒤늦게 도착한 학교에서 아멜 선생님의 엄숙한 한마디에 놀라게 된다. 그 엄숙한 한마디는 바로 모국어인 프랑스어로는 더 이상 수업을 할 수 없게 되었다는 것이다. 그리고 오늘이 바로 그 마지막 수업을 하는 날이라는 것이다. 프랑스가 전쟁에서 패하자 프랑스어 공부는 금지되고 독일어로만 수업을 해야 한다는 선생님의 말씀에 주인공은 그간 프랑스어 공부를 게을리했던 자신을 자책하게 된다. 그리고 밖에서는 독일군의 나팔소리가 들려오게 된다.

아주 가슴 뭉클한 소설이다. 그러나 한국도 오래 전 일본의 지배가 시작될 때 똑같은 상황이 벌어졌다는 것은 누구나 알고 있는 사실이다. 전국의 학교에서는 더 이상 한국어 수업을 할 수 없게 되었다. 실제로 한국어로 하는 마지막 수업 시간에 선생님들과 학생들이 눈물 바다를 이룬 일이 있었다고 한다.

필자가 학부 시절 한참 영어 공부에 관심을 쏟고 있을 때, 어느 라디오 방송국에서 하는 공개 영어 방송 강좌에 참여한 적이 있었다. 방송이 끝나고 미국인 진행자의 차를 얻어 탔는데 차 안에서 필자는 그 미국인 진행자에게 이런 질문을 했었다.

"영어 조기 교육이 정말 필요합니까?"

"그럼요, 필요하지요. 빠르면 빠를수록 좋습니다!"

당시 영어 열풍이 나라를 뒤흔들던 때였지만, 미국인들이 보기에 너무 호들갑들 떠는 것으로 보일 수 있어 필자는 내심 "그렇지 않다!"고 대답해주기를 바랐던 것 같다.

광고에서도 영어를 일찍 가르치라고 난리다. 어떤 텔레비전 광고는 자기네 브랜드의 영어 학습서를 이용하라고 꼬드기는 동시에 예능 과외 학습(영어 학습과는 명백히 관련이 없는)을 하고 있는 어린이들의 모습을 등장시켰다. 예능 학습 장면을 왜 끼워 넣었는지는 모르겠으나, 그 광고에 등장하는 어린이들은 하나같이 앵무새와 같은 '빠다(butter)' 바른 영어를 내뱉으며, 영어와는 상관없는 그 수업에 열중하고 있었다. 그 광고가 보여준 예능 과외 학습은 단순한 과외 학습이 아니었다. 마치 유럽 왕족의 자제들처럼 궁전 같은 무대에서 발레를 하는 어린이, 유명한 음악대학 교수에게 바이올린을 직접 지도를 받는 어린이들을 볼라치면 분명 강남에 땅 좀 있는 졸부들의 자제들임에 틀림없었다. 그 광고는 영어 학습지를 구독하라는 메시지에다 일종의 무서운 '허위 의식'을 첨가했다고 할 수 있겠다. 다시 말해 이 학습지를 구독하면 자녀들이 영어를 능란하게 구사함과 동시에 유럽 왕족과 같은 우등한 삶을 살게 될 것이라는 메시지, 아니면 현재 경제적으로 우등한 삶을 살지 않는다면 이 학습지를 감히 구독할 수 없다는 허위 의식을 무섭게 유포시키고 있었다.

언어를 배운다는 것은 단순히 기술적 언어만 습득하는 것이 아니다. 그 언어가 통용되고 있는 사회 문화까지도 동시에 따라붙어야 하는 것이다. 아니 문화가 더 방대한 범주로 언어를 포함한다. 그러기에 언어는 엿가락에 땅콩이 더덕더덕 붙어 있는 '땅콩 엿'처럼 문화라는 덩어리들이 덕지덕지 붙어 있다고 보면 더욱 쉽게 이해가 되리라고 본다. 그런 이유로 엿가락(영어 구사력)만 기술적으로 골라내어 습득한다는 언어 학습은 있을 수 없으며, 만약 있다 해도 효과적이지 못하다. 이제껏 우리가 습득한 한국어의 구사력도 어릴 때부터 한국 문화에 자연스럽게 녹아든 가운데 습득되었기 때문에 능숙하게 구사할 수 있는 것이다.

물론 필자도 필자를 태워준 그 미국인 진행자의 말대로 어린 시절부터 영어를 배우는 것이 효과적이라는 것을 의심하지 않는다. 아직 이렇다 할 문화적 정체성도 확립되어 있지 않은 상태의 어린이들에게는 정말 제격이다. 그러나 굳이 부재한 문화적 가치관의 아이들에게 그 아이들이 살고 있는 사회의 원래 문화, '한민족 문화'의 가치관도 심어지지 않은 상황에서 '앵글로색슨계 문화'의 가치관을 심는다는 것은 세련되어 보일지 모르지만 미래를 내다보지 못하는 바보짓이다. 다시 말해 한국말도 논리 정연하게 하지 못하는 단계에서 영어라는 언어의 조기 습득은 오히려 사후 다른 학습 과정에서 혼란을 초래하는 결과밖에 되지 못한다는 것이다. 오히려 어린 시절부터 한국어의 탄탄한 학습이 이루어진 학생들의 탁월한 언어 감각은 나중에 다시 탁월한 영어 언어 구사로 전이된다고 본다. 게다가 그 학생들은 한국 문화의 건강한 가치관 확립이 이루어진 상태이기도 하다. 그럼에도 불구하고 광고는 이와 반대의 의견을 갖고 있었다. '조기 영어 학습'만 하게 되면 얻게 되는 장점이 수십 가지가 넘는다며, 그야말로 아이들을 상대로 '뻥'을 치고 있는 것이다. 그 '뻥'을 한번 나열해보면 다음과 같다.

앵무새가 될 수 있다.
부자가 될 수 있다.
성공할 수 있다.
돈 좀 있는 집의 아이가 될 수 있다.
미국인을 이해할 수 있다.
발레나 바이올린을 할 수 있다.
미국인처럼 행동할 수 있다.
좋은 부모가 될 수 있다.
영재가 될 수 있다.
......

만병통치인 양 이런 장점(물론 광고 문안들에서 직접적으로 제시하지는 않았지만, 영상에 담긴 광고 메시지는 분명 그랬다.)을 광고가 말하는데 어찌 혹하지 않을 수가 있는가. 이러한 광고에 노출되어 어린 시절부터 광고가 원하는 대로 영어 교육을 받게 되면 오히려 이렇게 될 수 있지 않나 한다.

> (한국 문화에 대해) 까마귀(까막눈)가 될 수 있다.
> 부자를 항상 부러워하게 된다.
> 항상 성공에 집착하게 된다.
> 돈이 없어도 있는 것처럼 위선을 떨게 된다.
> 한국인임에도 불구하고 한국인을 이해할 수 없다.
> '사물놀이'와 '가야금'이 뭔지 몰라 외국인에게 설명도 못한다.
> 미국인처럼 행동하다가 불법 체류자로 오해받게 된다.
> 부모를 원망하게 되고, 그 부모는 자신을 자책하게 된다.
> 자기가 영재라고 생각하지만 아무도 동의하지 않는다.
> ……

과거 우리 문화와 우리 언어를 말살하려던 일본은 지난해 봄, 이른바 '교육대개혁'을 실천하였다. 우리나라의 '교육부'에 해당하는 '문부과학성'은 그간 주입식 교육의 대명사인 교육 시스템을 180도 전환했다고 한다. 전환된 여러 가지 교육 시스템 중에 가장 눈에 띄는 것은 모든 교육 과정의 상당 부분이 한 단계씩 상급 학교로 올라간다는 것이다. 이 말은 학생들에게 학교에서 학습한다는 것을 어려운 과업 수행이 아니라 학문을 즐기기 위한 여유로운 학교 생활로 전환한다는 취지다. 아이들은 드디어 공부라고 하는 짐에서 벗어나 여유롭고 즐거운 문화 체험으로 다가갈 수 있게 된 것이다.

　그러나 한국은 초등학교 입학 전에 기본적인 학습을 다 해놔야 한다. 영어는 아무것도 모르는 유아 단계에서 하는 것이 더 적격이라고 떠들어댄다. 교육인적자원부 역시 "그렇고 말고" 하며, 중등 과정에서의 영어를 초등학교 때부터 학습해야 한다며 초등학생들에게 또 하나의 짐을 안겨주었다. 컴퓨터 교육도 마찬가지로 초등학교의 또 하나의 학습으로 과목 수를 늘려놓았다. 그것도 모자라 모든 상급 교육 과정은 하급 교육 대상자를 넘보고 있다. 일본과는 정반대다.

　급하지 않게 여유롭게 우리 문화부터 습득해가면서 우리 언어로 학습해가는 어린 시절을 보내지 못한 필자의 어린 시절이 너무나도 후회스럽고, 그런 시절을 더 급하게 더 바쁘게 살아가는 요즘의 우리 아이들이 너무나도 안쓰럽다. 그렇지 않았더라면 지성인이라고 일컬어지는 한국 대학생들이 제출하는 레포트에 철자법이 틀린 단어들이 많이 줄어들 텐데 말이다.

　우리는 알퐁스 도데의 「마지막 수업」에서 프란츠를 통해 언어라는 것으로 상징되는 자국 문화의 향유가 어느 날 갑자기 중단될 수 있다는 후회와 두려움이 어떤 것인지 간접적으로 체험했다. 그리고 또한 일제 시대에 일본 제국주의에 의해 우리 문화의 상징인 한국어의 학습이 강제적으로 중단된 것이 어떤 것인지 직접적으로 체험했다. 그런 교훈적인 시행착오가 있음에도 불구하고 아이들에게 조기 영어 교육을 강행하고 있는 것은 한국 사람들의 탁월한 망각의 습성 때문이 아닌가 한다. 사실 급할 것이 없다. 우리의 문화를, 우리의 언어를 탄탄히 학습해놓은 뒤에 그때 영어 교육을 시작해도 늦지 않다. 아니 오히려 더 잘한다. 어린 나이에 영어를 본

토(영어가 통용되는 미국인지, 영국인지, 캐나다인지, 호주인지, 남아공인지, 필리핀인지, 어딘지는 모르겠으나) 발음으로 기가 막히게 해대는 모습을 보면, 가끔 북한 텔레비전 프로그램에서 어른 뺨치게 감정 어린 가성(假聲)으로 노래부르는 어린이들을 볼 때처럼 소름이 돋는다.

광고가 말하는 모든 메시지는 장밋빛 미래를 약속한다. 광고대로 조급하게 조기 영어 학습지만 공부하면 보장된 미래를 암시한다. 그러나 그것은 암시일 뿐이지 약속은 아니다. 감히 약속까지는 자신이 없는 모양이다. 「마지막 수업」에서 아멜 선생님의 침통한 얼굴을 기억한다면, 일제 시대 한국 학생들의 눈물 바다 수업을 상기한다면, 절대로 급하게 우리의 아이들에게 앵무새 영어 교육을 시켜서는 안 될 일이다. 오히려 부모와 한국어 대화를 많이 하게 해서 한국어를 기가 막히게 구사하고 더 나아가 한국 문화를 온몸에 스며들게 하는 능력부터 키워주기 바란다. 그러면 그 광고에서 암시하는 미래가 오히려 우리 아이들 안으로 소리 없이 실현되어 가는 모습을 체험하게 될 것이다.

그리고 마지막으로 만약 내가 미국에서 한국어를 가르치는 한국인이라면, 미국인들에게 한국어 조기 학습이 더 효과적이라고 당당히 말할 법도 하다. 그래야 입에 풀칠이라도 하니까 말이다. 하지만 이곳은 미국이 아니라 한국이고, 나 역시 미국인이 아니라 한국인이라는 사실이 새삼 두렵고 고맙게 다가온다.

공론의 장과 축제의 장

독일의 사회학자 위르겐 하버마스(송두율 교수의 지도 교수)는 이미 시민 민주주의 사회의 상징인 '공론의 장'은 쇠퇴했다는 안타까운 견해를 역설한 바 있다. 이는 다시 말해 18세기와 19세기에 걸쳐 영국에서 자본주의의 확산과 동시에 출연한 시민성의 청신호인 공공 영역이 20세기 중반에서 말기 사이에 전 세계적으로 오히려 쇠퇴 일로에 접어들었다는 것이고, 그 쇠퇴의 원인은 이른바 '상업적인 전략과 전술'에 의해서라는 것이다. 그리고 그 안타까움은 어느새 침통함으로까지 이어져 이미 대부분의 모든 영역이 잠식당했다는 것이다. 그야말로 아무 손도 써보지 못하고 우리는 민중의 힘으로 일구어낸 빛나는 '시민사회'를 병들었다고 떠나보내야 하는 것일까?

원래 공공 영역이란 정부로부터 독립적이고 당파적인 경제 세

재미•있는 광고에 도시락을 던져라

력으로부터도 자율성을 지니고 누리는 그야말로 '공론의 장'이자 제3의 섹터로서, 일반 시민들의 주체적 논쟁이 유감 없이 이루어지는 영역이다. 또 그 자유로운 논쟁 참여는 이른바 '시민 여론'을 형성시키는 시민사회의 가장 상징적인 영역이기도 하다. 이 영역은 사적인 영역과의 반대 개념은 결코 아니며, 오히려 상업주의와 대비할 때 그 의미가 더 정확하다. 그래서 자본주의 전체 사회에서 상업주의 지배를 막기 위한 최소한의 냉정하고 중립적인 영역으로서 상업 전략의 사안이 절대 침투해서는 안 되는 영역이다.

그러나 현대의 이르러 이 영역은 오히려 기업의 이윤 추구 팽창을 더욱 견고하게 무장하는 영역으로 쓰여지고 있으며, 더 이상 '시민의 힘'을 발휘해야 할 영역의 의미가 소멸되고 말았다. 결국 시민들조차도 그 변질된 영역에 대거 편입되어 더 이상 시민으로서의 힘(시민들의 합리적인 논쟁)을 발휘할 필요성조차도 느끼지 못하는 절대적 군주(독점 자본가)가 통치하는 봉건 사회와 유사한 사회에 거주하는 꼴이 되어버렸다.

그 대표적인 예들이 바로 의회나 공공 도서관, 공공 정부 서비스, 박물관, 미술관, 대중 매체 등에서 점차 공공성이 상실되어가는 현상들이다. 이들 공적 영역의 기관들은 초기 생성 때는 적어도 시민들의 합리적 논쟁의 합의를 이뤄내기 위해 자본주의 시장 경제의 경쟁 원리와는 별개의 것으로 구별시켜 어느 정도 시민사회의 영역을 대표하는 기관이었으며, 그러기에 사람들의 경제적 지불 능력과는 상관없이 이용되도록 많은 사람들에게 공적인 서비스가 제공되었다. 그리고 기꺼이 시민들에 의해 주도적으로 운영되어 왔다. 그러나 그 대표적인 공공 영역의 기관들은 점차 그 생성 의미를 소멸해가고 있으며 그 배경에 바로 광고 산업의 확산이 있는 것이다.

그뿐만 아니라 이 산업의 확산에는, 모든 영역에서 합리적 공론을 제기하기 위한 시민들의 비판적 사고 능력을 최소화(주체 의식 상실)하는 메시지(광고)를 유포하는 기관으로 탈바꿈해가는 현실이 지대한 공헌을 하고 있는 것이다. 결국 소비자로서의 소비 능력만 찬양하는 기관으로서, 과거 공공 영역의 기관의 명성을 상업적 기업의 신뢰성으로 그럴 듯하게 포장하여 시민들로 하여금 적극적으로 참여하게 하고, 나아가 그 참여가 오히려 변함 없이 과거 '공론의 장'의 기관을 탁월하게 활용하고 있는 듯한 착각을 불러일으키게 만드는 것이다.

그 착각의 예는, 모든 상업적 기업이 새삼스럽게 과거 공공 영역에 대해 지대한 관심을 쏟는 모습을 보면 알 수가 있다. 사실 과거 기업들은 그 기업 자신의 안위만 살폈다. 물론 현재에도 역시 그러하지만, 다만 양상이 다르게 표현될 뿐이다. 다시 말해, 과거 공공 영역에서 시민들이 수립시켜야 할 정책들이 이제는 이들에 의해 주도적으로 수립되고 있다.

이를테면 기업들이 끊임없이 추진하고 있는 이른바 '홍보 정책'은 철저하게 계산된 전략으로서, 과거 시민이 수립하려는 것에 대한 월권인 셈이다. 사실 이제는 시민들마저도 그러한 수립을 하려고 하지 않는다. 다만 그 화려한 광고를 통해 신뢰를 보여주는 기업의 상품을 소비하는 것에만 관심을 갖는다.

심장병 어린이를 돕는 과자 회사, 동물 보호에 나선 모피 회사, 기차역을 지어주는 백화점, 환경 운동에 앞장서는 자동차 회사, 인기 스포츠를 후원하는 전자 회사, 유명 대학의 연구소를 지어주는 생명공학 기업, 낙후된 오지에 도서관을 지어주는 정보 통신 회사

…, 뭔가 수식 관계가 자연스럽게 다가오지 않는다. 왠지 미심쩍지 않은가! 모피 회사가 왜 동물을 보호하는 데 나설까? 통신 회사는 왜 오지만 골라 도서관을 지어줄까? 이는 기업 자신의 부도덕을 숨기거나 취약 지역을 골라 상업주의 논리를 쉽게 침투시킴으로써, 객관적인 공공 영역에서나 형성되어야 할 여론을 이들에 의해서 조작하거나 관리하려는 의도가 숨어 있는 것이다. 대단한 음모이자 역설이다. 이는 다시 말해 합리적인 논쟁 자질을 가지려는 시민의 양산을 봉쇄하는 것이고, 오히려 합리적인 논쟁을 포기하고 기업이 제시하는 화려한 허위 의식(광고에서 제시하는 긍정적 기업 이미지와 상업주의)에 사로잡혀 추종하게 만드는 소비자 교육인 셈이다.

그나마 남아 있는 시민의 논쟁 표출인 선거도 마찬가지다.(모든 선거는 시민 여론을 관리하고자 하는 일종의 조작된 행사에 불과하다. 예를 들어 대통령 후보들이 나오는 생방송 토론장에서 시의적절하게 답변하는 후보자의 정확한 대답과 이미지 메이킹, 카메라 앵글과 제스처 등은 진실과는 상관없이 시민 여론을 탁월하게 조작하고 왜곡하는 것이다.) 마치 기업이 판매 촉진을 위해 길거리에 초미니 차림의 판매원을 등장시켜 이벤트를 벌임으로써 소비자들의 얼을 쏙 빼버려 정확한 판단을 방해하는 것과 마찬가지다. 여기에 자본주의(상업주의)에 매몰된 방송 미디어의 위험한 한계도 한몫을 하고 있음은 자명하다. 공영 방송으로서의 사회적 기능보다는 시청률이라는 자본 논리에 종속된 결과라고 할 수 있다.

그도 그럴 것이 현재 공영 방송마저도 더 이상 공적인 사안(뉴스, 시사 문제, 환경, 공동체, 인권, 평화 등)을 적극적으로 다루려고 하지 않는다. 다룬다고 한들 연성화되어 오락물로 전락하고 있다. 그나마 소비자가 아닌 '시민'으로서 남아 있는 사람이 공적인 사안의 프로그램을 보려면 자정 이후까지 기다릴 수밖에 없다. 어느새 기업의 후원자이자 때로는 스스로 기업이 되어 자극적이고 선정적이며 오락적인 프로그램만 증가될 뿐이다. 그리고 최소한의 시민들의 공공 관심의 표출인 선거도 그렇게 변해주기를 원한다.

한마디로 철저하게 짜여진 각본에 의해 즐거운 선전으로 포장된, 소비자를 위한 '축제의 장'이 되어버렸다는 것이다. 그러기에 현대 사회의 모든 공공 영역은 기업이 시민들에게 널리 알리고자 하는 '광고'라는 귀중한 '호외(號外)'를 뿌려대기 위한 주무대의 영역으로 변질되었다고 보는 것이 더 정확하다.

우리는 오로지 심장병 어린이를 돕거나 동물 보호에 나서거나 우리 시(市)에 기차역을 지어주거나 환경 운동에 앞장서거나 인기 스포츠를 후원하거나 우리 대학의 연구소를 지어주거나 낙후된 우리 동네에 도서관을 지어준 회사에 고마워하면서, 또 고마운 그 기업의 물건을 기꺼이 구매하면서, 진지한 민주 사회의 시민이 아닌 유쾌하기만 한 민노(民奴) 사회의 소비자로서 상업적 기업들이 조성하는 '축제의 장'에서 언제나 소비만을 즐기며 산다.

그러나 이는 과거 봉건 시대의 무지몽매한 민중들과 너무나도 흡사하여 오히려 '재봉건화'의 침침한 굴로 다시 들어가는 것이 아닌가 하는 안타까움을 느끼게 한다. 만약 의심할 여지없이 그러한 진행이라면 이번에 진행되는 봉건제는 과거와는 다르게 몇 천 년이 걸릴지 모르는 기약 없는 진행이 아닌가 한다.(이 글은 '공공 영역'에 대한 프랭크 웹스터(Frank Webster)의 저서 『정보 사회 이론(*Theories of the Information Society*)』의 2001년 한국어 번역서에서 발췌 · 재해석한 것임.)

홍등가의 여성들과 광고 속의 여성들

여성 소비자들은 흔히 광고 속에 등장하는 여성들의 삶을 부러워한다. 더 정확히는 '광고 모델이 연출하는 삶'을 부러워한다. 그런 생각에 동의하지 않는다 하더라도 그들의 철저하게 가꿔진 미모에 부러워하고야 만다. 수려한 미모에 화려한 의상 그리고 세련된 품위까지 모두 감탄의 대상이다. 광고가 포장해내고 있는 그녀들의 삶이란 흠잡을 곳이 전혀 없다. 그러기에 여성 소비자들이 부러워하는 것도 당연하다. 그러나 조금도 부러워 할 것 없다. 부족할 것 없는 그녀들에게서 공통적으로 보이는 것 하나가 있다. 부족해 보인다기보다도 너무나도 갈구하는 속성이 있다. 바로 성적 유혹이다. 남성들의 성적 호기심을 자극하는 것이다.

광고에서 모델로 등장하는 대부분의 여성 모델은 새하얀 피부를 꿈꾸거나, 날씬한 몸매를 자랑하거나, 긴 속눈썹을 소유하고 있거나, 도톰한 입술을 쭉 내밀거나, 주름 없는 눈가로 항상 환하게 웃는다. 아니면 냉장고를 끼고 살거나, 식기세척기를 자랑하거나, 욕실 청소를 깨끗이 하려고 한다. 그러한 목적은 하나같이 육체적으로든 가정적으로든 일단 완벽하게 갖춰놓은 뒤에 남자들이 오기만을 조신하게 또는 섹시하게 기다리는 것으로 보인다.

그런데 공교롭게도 전국 도처에 깔린 터미널이나 역사 주위의 홍등가에도 광고 속에서나 봄직한 여성들의 행태를 볼 수가 있다. 광고 속 모델보다 더 새하얀 피부에 날씬한 몸매, 얼굴은 말할 것도 없이 완벽한 미모로 광고 속 여성들과 동일한 목적을 달성하기 위해 조신하게 또는 섹시하게 앉아서 남자들을 기다리고 있는 것이다. 직업상 분명 다른 업종에 종사함에도 불구하고 두 직업이 추구하는 바는 너무나도 동일하다. 오직 남자의 사랑만을 위해서 헌신하는 그들이 측은하기까지 하다. 결국 광고 속에서 여성들이 제시하는 상품을 구매하는 것은 여성 소비자들에게 남자의 사랑을 사는 것과 동일한 허위 의식을 심어준다.("그럴 리가!"라고 의심스러워하겠지만, 걱정스럽게도 모든 선정적 광고들이 만들어지는 이유가 바로 거기에 있다.)

다시 말해 현대 사회의 여성의 정체성은 여성다움을 내거는 광고대로 그 물건을 구매하고나서야 이루어지는 것으로, 여성이란 '○○ 립스틱', '○○○ 케어 로션', '○○○○ 의상', '○○○ 핸드백', '○○○○ 란제리'로 다시 개념화되는 것이고, 이를 매개로 해서 남성을 맞이하는 수단이 되는 것이다.

광고에서 다소 유혹적이라 말하는 화장품 광고를 제쳐두고서라도 여성 모델의 직업을 묘사하는 방식에서도 매춘부와의 동일성은 피해가지는 못한다. 곧, 광고에서 여성들의 직업이 아무리 지적이고 화려해도, 하나 같이 남성을 유혹하려는 일로 전이된다. 아무리 직업 여성의 당찬 모습을 보여주려고 해도 섹시하기는 마찬가지며, 결국 여성의 직업은 광고 속에서도 여지없이 붕괴되고야 만다. 고로 여성다움이란 터미널과 역사 주위에 깔린 홍등가의 여성들 모습 그대로 동일시된다.

　텔레비전의 영상 광고 문안으로 들어가보면 그 동일성이 더욱 확실해진다. 계절마다 여성을 위한 다양한 광고 문안들은 남자들을 유혹하기에 너무나도 적당한 변화다. 예를 들어 "이 봄 거리에 남성들이 한눈에 반했다"(새 화장품을 바르고 거리에서 남성들의 환심을 사는 광고 속 여성)"든지, "멋지다 내 여자"(어떤 캐피탈 회사를 이용했다고 사랑받게 되는 광고 속 여성) 또는 "○○○의 신기술이 남성들의 시선을 바꾼다"(과학적인 원료로 만들어진 화장품을 바르고 남성들의 관심을 기다리는 광고 속 여성)처럼, 하나같이 화려하고 세련되기는 했지만, 그 목적이 너무나도 동일해서 한심하기 짝이 없다.

　생활의 모든 목표가 남자의 사랑을 얻기 위한 것이거나 아니면 남자의 관심이 오기까지 조신하게 기다린다는 설정이다. 이런 광고 속 여성의 비난을 피하고자 어떤 광고는 적극적인 여성을 광고 속에 등장시키곤 한다. 그러나 이도 딱한 것은 마찬가지인데, 이는 여성이 독립적이고 적극적인 주체적 존재로서가 아니라 남성을 따라하는 선머슴의 여성 수준이다. 결국 광고 속 여성은 단 두 가지, 남자를 유혹하거나 아니면 남자를 따라하는 선머슴 여성이 전형이다. 물론 주부를 등장시키는 광고의 경우 이러한 부류에서 벗어나리라고 생각하지만, 결국에는 남편(남성)의 사랑을 받기 위한 행동에 불과하다. 이는 합법적인 남자라 그리 조롱거리는 아니다. 그러나 남자에게 종속되어 있다는 점에서는 마찬가지다.

여성 소비자들은 오늘도 광고 속 여성을 부러워한다. 순결한 여성 혹은 매력적 여성으로 다가오는 그녀들은 마치 이상적인 삶을 사는 여성의 상징으로 보이기까지 한다. 어떤 광고 속 여성은 남자의 사랑을 받지 못하면 불행한 삶을 사는 여자로 비춰져 여성 소비자들에게 겁을 주기까지 한다. 그렇지만 여성 소비자들은 매일같이 이들의 삶과 좀더 근접하기 위해 그들이 권유하는 물품을 구매한다. 구매하지 않더라도 광고 속 여성과 동일한 가치관을 소유하려고 갈구한다. 그러나 그러한 가치관을 소유하는 여성은 두 여성들, 곧 광고 속 여성이나 소비자로서의 여성만이 아니다. 터미널과 역사 주변에서 자신의 성을 팔려고 하는 홍등가의 여성들도 똑같은 가치관을 공유하고 있는 셈이다. 광고 영상과 똑같이(화려하거나 조신한 화장과 의상으로), 광고 문안과 똑같이(자극적이고 번뜩이는 언변술로) 그리고 광고의 목표와 똑같이(자신의 성을 많이 팔기 위한 상술로) 말이다.

광고의 근본 목적은 모든 소비자로 하여금 물건을 구매시키기 위한 것이다. 만약 어떤 여성 소비자가 광고 속 여성이 권유하는 고품격 화장품을 구입하려고 할 때 이 세 가지를 먼저 생각해보기 바란다. 첫 번째로, 광고 속 여성이 주장하는 고품격(고품격이 아니더라도 환경 친화니 자연주의니 무슨 추출물 함유니 하는)이라고 격상시킨 근거가 무엇 때문인지 살피고, 혹 순전히 광고로 수립된 근거라면 명백히 품격을 높여야 할 이유가 되지 못함을 감지해야 하고 즉시 구매할 의욕을 포기하기 바란다. 두 번째로, 그 여성이 그 제품을 계속해서 구매하라고 직간접적으로 권유하고 있지만, 정작 그 여성 모델이 그 제품을 애용하고 있는지 살피기 바란다. 쓰지도 않으면서 써보라고 권유하는 것은 명백한 거짓이다. 항간에는 소비자의 이러한 문제 제기를 불식시키고자 광고 모델 계약자는 의무적으로 그 제품을 애용해야 하는 것을 조건으로 한다고 한다. 그러나 그건 스스로 애용하는 것이 아니라 강용(强用)임을 명심하기 바란다. 세 번째로, 바로 그 여성 모델이 결국 얻고자 하는 것이 무엇인지 살피기 바란다. 그 얻고자 하는 것이 결국 남성의 성이라면 이걸 상기하기 바란다. 남자들은 화장으로 무장한 여성을 결코 사람으로 보지 않는다. 오히려 그렇게 무장한 여성을 오직 성적인 대상으로만 선호할 뿐이다. 터미널과 역사 주변에 늘어선 홍등가의 여성들처럼 말이다.

이런 이유로 여성 소비자들에게 부탁하고 싶은 것은, 더 이상 광고 속 여성들을 보면서 이상적인 삶을 살고 있음에 틀림이 없다고 여기며 그렇지 못한 자신을 자책하거나 부러워할 필요가 없다는 것이다. 왜냐 하면 우리가 터미널이나 역사 주변의 홍등가에 거주하는 여성들을 이상적인 삶을 살고 있는 사람들이라고 여기고 있지 않은 것과 마찬가지이기 때문이다.

오프라인에서의 즐거움

「사랑의 기적(Awakening)」이라는 미국 영화는 우리가 사는 것 자체가 얼마나 행복한 일인지 일깨워준다. 더 정확히 말하면 우리가 살면서 움직이고, 걷고, 친구와 말하고, 무언가를 만지고 하는 것이 얼마나 즐거운 일인지, 우리의 머릿속에 무심코 방치해둔 오프라인(off-line)에서의 고마움과 즐거움을 찾아보게 만든다. 그러나 우리는 일상 생활의 모든 일을 온라인(on-line)으로 처리하여 편리함이라 외치고 즐거움이라 외친다. 결국 우리의 생활 모두는 온라인에서의 활동으로 채워지는 것이 더 세련된 삶이라는 인식으로 변모해가고 있다.(이른바 '자연주의 오프라인'으로의 생활로 회귀하자는 진부한 얘기가 아니다.)

광고는 우리가 그나마 움직이고, 걷고, 느끼고, 만지고 하는 오프라인에서의 즐거움을 쓸데없는 짓거리로 만들어놓았다. 오히려 세련되지 못하고 우매한 자들이나 하는 일로 만들어놓은 것이다. 광고에서는 항상 남보다 진보하려면 온라인의 편리함을 마다할 필요가 없다고 강조한다. 평소 진보를 마다하지는 않지만, 그래도 버스를 타고 내릴 때 전자화폐로 찍 긋지 못하는 것이 왜 창피하게 느껴질까, 옷을 사러갔을 때 현금이 부족해서 카드로 결제하라는 말에 "카드가 없는데요"라는 말이 왜 쑥스럽게 느껴지는 것일까, 누군가에게 송금하기 위해 텔레뱅킹을 이용하지 않고 은행을 직접 찾는 것이 왜 바보처럼 느껴지는 것일까, 온라인 게임을 할 줄 모르고 뒷마당에서 못과 망치로 무언가를 만드는 조카가 왜 측은해보일까…. 이 모두 다 광고가 우리에게 만들어놓은 소외 의식이자 피해 의식이다. 하지만 필자는 전혀 외롭지 않다. 아마 뒷마당에서 망치질하는 조카도 마찬가지일 거다.

일본 최초의 자폐 장애 공무원인 '테츠무키'의 취미는 휴일에 시내 버스를 타는 일이다. 버스가 출발하는 곳에서 회차하는 곳까지 "땡그랑"하고 소리나는 동전으로 차비를 지불하고 전망 좋은 좌석에 앉아 세상을 구경하는 일이다. 오프라인이지만 정말 소박하고 매력적인 취미다. 사실 필자의 취미는 동네 긴 개울의 수십 개의 징검다리를 조카들과 험난하게(?) 건너보는 일이다.(개울의 작은 흐름을 폭포라 가장하고 서로 잡아주며 스릴을 맛보며 건너는 일종의 상상적 놀이다.) 오프라인이지만 정말 즐거운 놀이다.

테츠무키가 그런 신나는 취미를 갖게 된 것은 광고라는 편견의 온상에 노출되어 있지 않기 때문이며, 필자의 조카들이 그런 상상을 무리 없이 해내는 것도 그 아이들의 집에 틀기만 하면 광고라고 하는 쓸데없는 정보가 나오는 텔레비전이 없기 때문이다. 그러나 사람들은 아침부터 잠자리에 들 때까지 광고를 보며 산다. 광고를 보려고 온라인을 켜는 것은 아니지만, 어쩔 수 없이 광고를 보며 살아가는 것과 마찬가지다. 그렇다면 광고라는 것이 없다면 우리는 어떻게 살게 될까? 사실 현대 사회에서의 생활의 즐거움은 광고에 있는데 말이다.(현대 사회는 소비만으로 여가가 충족되는 사회다. 그러기에 광고는 그 여가를 즐기기 위한 정보나 다름없다.) 광고라는 온라인이 차단되면 생활에서 모든 온라인의 목적에에 따라야 하는 강박 관념도 동시에 사라질까?

한번 시도해보면 어떨까? 우선 아침에 눈을 뜨자마자 텔레비전을 켜지 말고 창문을 열기 바란다. 왜냐 하면 텔레비전은 더 이상 정보 매체이기를 포기했다. 오히려 광고라고 하는 편견들이 텔레비전을 장악해 아침부터 우리를 가르치려고 한다. 그나마 정보라는 명맥을 유지하고 있는 뉴스마저도 어제의 재탕이자 닮은꼴이다. 혹시 새로운 정보가 있다 해도 급할 것 없다. 직장에서 점심 시간에 동료를 통해 자연히 알게 되니까 말이다.

창문을 열기에 너무 추운 계절이라서 곤란하다면 커튼만 걷든지 블라인더만 올리면 된다. 그러면 새들이 왜 아침마다 쨋쨋거려 대는 이유를 알게 될 것이다. 새들뿐만 아니라 자신도 배가 고프기 때문이다. 아침 식사를 하면서 점심에 먹을 간식을 준비해보자. 사과나 다른 과일을 가방에 넣기만 하면 된다. 아침에 시간도 없는데 무슨 간식 준비냐고 하겠지만, 어젯밤 늦게까지 텔레비전을 보지 않았거나 인터넷에 빠져 늦잠을 자지 않았다면 충분히 하고도 남을 시간이다.

버스를 탈 때는 주머니 속에 있는 동전으로 지불해보라. 그러면 지갑 통째로 꺼내는 번거로움을 맛보거나 삐익 하는 삭막한 기계음을 듣는 대신, 운전 기사와 약간의 대화를 나눌 수도 있을 것이다. 혹시 지폐라면 돈을 거스르는 시간에 운전사와 "안녕하세요?" 라고 직접 인사를 건네는 아날로그적인 즐거움을 맛볼 수도 있을 것이다.

지하철로 갈아타야 한다면 승차권을 자동으로 발매하는 기계나 아니면 승차권 판매대에서 그 날 승차권을 직접 구매하기 바란다. 그러면 기계를 처음 보는 외국인에게 도움을 줄 수 있는 기회가 생길 수도 있고, 승차권 판매하는 창구 직원들의 이름과 얼굴을 기억할 수도 있을 것이다. 여러 번 봤다면 용감하게 먼저 인사를 건네도 좋다. "좋은 아침입니다!" 아니면 "감사합니다!" 하고 상황에 따라 건네면 창구 직원도 하루를 즐겁게 시작할 것이다.

지하철 광고는 절대 읽지 말기 바란다 기업들의 가증스러운 유혹이자 편두통을 자아내는 마약일 뿐이다. 오히려 오늘 해야 할 일을 곰곰이 생각하기 바란다. 아니면 지하철이 강변을 지나거나 한강 다리 위를 건널 때면 창 밖을 바라보며 보기 드문 객창감을 맛볼 수도 있다.

시간을 아낀다고 지하철 안에서까지 책을 읽지 말기 바란다. 집에 가자마자 책을 덮고 텔레비전이나 인터넷에 빠지는 시간을 줄인다면, 덜컹거리는 지하철에서 굳이 책을 읽어야 할 이유가 사라지기 때문이다. 오히려 집에서 독서하는 시간을 다시 찾게 될 것이며, 머리에 쏙쏙 잘 들어와 몇 배는 더 재미있게 읽을 수 있을 것이다.

퇴근길도 똑같이 오프라인을 즐기며 집으로 돌아오면 집에서 하고 싶은 일들이 나도 모르게 떠오를 것이다. 집에 도착해 아내가 준비하는 저녁 식사를 기다리는 동안 절대 텔레비전을 켜지 말기 바란다. 아침과 마찬가지로 오늘 알아야 할 정보는 점심 시간에 동료를 통해서 다 들었을 것이다. 오히려 아내와 아이들에게 재미있게 전해주기만 하면 된다. 그리고 저녁 식사를 기다리기보다는 아내와 함께 준비하자. 그것이 자녀들의 가정 교육을 위해서도 새로운 즐거움을 맛볼 수 있을 것이다.

식사를 하면서도 텔레비전은 계속 켜지 말기 바란다. 가족들의 시선이 텔레비전 대신 밥을 먹으며 재미있게 대화하는 가족의 눈을 보고 있을 때 아이들은 더 즐거워한다. 설거지도 가족들이 모두 함께 하기 바란다. 씻고 헹궈내고 마른 행주로 닦는 과정이 인터넷보다, 텔레비전보다 더 재미있다는 것을 새삼 알게 될 것이다.

또한 앞마당이나 베란다에 키우는 화초나 강아지가 있다면 화초와 강아지와 얘기를 해보기 바란다. 말만 못했지 그들도 우리와 똑같이 생각하는 생명체다. 화초는 잘 자라는 것으로, 강아지는 말 끝마다 짖어대며 꼬리를 흔들어대는 것으로 우리와 대화를 하는 것이다. 산책이나 운동을 하려거든 아이들과 강아지를 꼭 데리고 나가 동네를 한 바퀴 구경시켜주자. 그러면 우리 동네 이웃에 누가 사는지 알게 되고 강아지 또한 이웃 강아지를 만날 수도 있다.

지난 번 책방에서 제일 읽고싶었던 책을 잠자리에 들기 전까지 읽어보자. 늦은 밤까지 텔레비전이나 인터넷에 빠져 있다 끄고 나면 허탈한 것보다 훨씬 낫다. 그러고나면 어느새 조름이 올 것이다. 왜냐 하면 오늘 하루 오프라인에서의 생활이 나에게 적당한 피로감을 주었기 때문이다. 따라서 현대인의 병인 '불면증'이라곤 있을 수 없다.

온라인으로 점령당한 모든 오프라인들은 원래 인간에게 정신과 육체가 하나가 되는 즐거움을 준 원천이었다. 어린 시절에 그런 오프라인의 생활을 보낸 사람이라면 더없이 공감할 것이다. 그리고 그동안 얼마나 온라인의 생활에서 짓눌려 있었는지 스스로 알게 될 것이다.

온라인으로 상징되는 광고 사회는 항상 즐겁고 신나고 행복하기 그지없는 생활을 약속한다. 그러나 정작 광고가 원하는 삶을 살고 있는 우리들은 늘 피로하고 바쁘고 어떤 때는 신변에 위협을 받기도 한다. 그래도 광고는 조금만 참으라고 한다. 언젠가는 그 피로와 신변의 위협을 보완해줄 만한 신제품이 나오고야 만다고 약속한다. 그러나 우리는 산업혁명 이후 대량 생산 시대를 살면서 150여 년을 살면서 그 약속을 믿고 또 믿으며 기다려 왔다. 그러나 하나도 나아진 것은 없다. 오히려 쓰레기만 쌓여갈 뿐이다. 그뿐만 아니다. 자원 고갈, 녹지 급감, 대기 오염, 수질 오염, 지구 온난화 위기 따위는 광고가 부추긴 소비지향주의가 불러온 결과들이다.

그런데도 우리는 또 텔레비전을 보고 인터넷을 뒤지며 광고의 약속을 맹신하며 계속해서 찾아다닌다. 더욱 시간에 쫓기고, 피곤하고, 병들은 환경 속에서 자신의 존재 가치까지 망각하면서 말이다. 인간은 온라인에서만은 망각의 동물인가보다. 광고의 헛된 약속을 아직도 믿는 것을 보면 말이다. 아니면 고통을 즐기는 마조히즘의 기질 때문인가.

광고를 우리 주위에서 차단시켜보자. 그러면 광고가 말하는 그 약속 아닌 약속에 현혹될 필요도 없게 되며, 오히려 오프라인의 즐거움으로 시간 가는 줄 모를 것이다. 피곤하지도 않고, 바쁘지도 않으며, 두렵지도 않은 생활이 느껴질 것이다. 그러면 마당에서 늘 짖어대기만 하는 우리집 강아지가, 앞마당에 덩그러니 피어 있기만 한 화초가, 이웃의 스쳐 지나간 얼굴들이, 항상 흐르기만 하는 우리 동네 개울이 어느 순간 나를 향해 바라보면서 왜 이제 왔냐고 물어볼 것이다. 그러면 그들과의 오프라인에서의 약속을 직접 맺어보기 바란다. 그리고 이렇게 말하기 바란다. 절대 다시 떠나지 않겠다고. 온라인의 '접속'보다는 오프라인의 '접촉'을 즐기는 삶을 영위해보자.

교육 개혁의 시작은 고교에서

어렸을 적 우리는 어른들로부터 이런 말씀을 들으며 자랐다. "애들은 일찍부터 돈을 알면 못 써요" 혹은 "어린애가 돈은 무슨 돈"이라고 …. 그런 이유로 한국의 예비 성인들인 청소년이나 대학생들은 돈이 어떻게 만들어지는지 잘 모른다. 단순히 돈의 기계적 생산 과정이 아니라 자신들의 부모가 한 달에 버는 수입이 얼마며, 그 수입은 부모의 어떤 수고와 노력으로 생산되는지 모른다는 뜻이다. 오히려 부모들은 이를 자식들에게 숨기려는 경향이 강하다. 가끔 자식들이 이에 대해 묻기하고 하면, "너는 그런 거 몰라도 되니, 공부나 열심히 해!"라든지, "너한테 돈벌어오라고 안 할 테니 공부나 해라!" 하고 일축해버린다.

이처럼 한국의 청소년들은 어릴 적부터 돈과 공부는 상극인 것처럼 교육을 받고 자란다. 그러나 공부를 열심히 하는 목적도 나중에 성공한 자(돈 잘 버는 자)가 되기 위해서라는 것을 생각한다면 아이러니컬한 교육 방법이 아닐 수 없다. 어떤 의미에서 사실상 돈과 학문은 별개의 것이 아니다. 어릴 적에 손님이 집에 오셔서 용돈을 주시기라도 하면 우리의 부모들은 이렇게 말한다. "애들이 돈은 무슨 돈, 그냥 넣어두세요"라든가, "애들 버릇 나빠져요"라고 한다. 그래도 받게 되면, "그 돈 엄마가 관리하마. 학용품 살 때 필요하면 말하렴" 하고 이내 엄마의 주머니로 들어간다. 공부도 돈이 있어야 시킬 수 있는 시대가 되었지만, 그런데도 부모들은 아이들에게 돈에 대한 관심을 갖는 것 자체를 금기시하는 경향이 있다.

이렇듯 우리 사회는 전통적으로 돈을 다루는 이른바 '경제 교육'이 부재한 환경 속에서 교육을 시키며, 그것에 목마른 우리의 아이들은 돈을 쓰는 것만 자극하는 매체를 통해 반쪽의 경제 교육(소비 행위)만 자연스럽게 학습하며 자라난다. 그래서 그 아이들이 정의하는 '돈'의 의미는 소비만을 위해 존재하는 도구인 셈이다.

이처럼 생산의 수고를 느껴보거나 체험해보지 못한 채 오직 소비의 편향된 즐거움에 익숙해진 우리 청소년들의 경제 의식은 결국 빗나간 소비 행태를 보여주기에 이르렀다. 결국 '신용(信用)'이 뭔지도 모르는 상태에서 '신용불량자'로 전락하고 있으며, 그로 인하여 사회 생활을 제대로 해보지도 못한 상태에서 범법자가 되어버린다. 성(性)이 뭔지도 모르는 상태에서 매춘을 통해 몽정을 잃어버리는 것과 마찬가지다.

다음의 사례는, 이처럼 땀흘려 돈을 버는 교육은 받지 못하고 돈을 쓰는 교육만 받고 자란 한 여대생의 좌절된 삶을 보여준다.

1년 전만 해도 박씨는 서울의 대학에 다니는 미술학도였다. 박씨가 이처럼 나락에 빠져든 것은 카드 빚 때문이었다. 박씨는 지난해 3월 학교 앞 가판대에서 경품을 제공한다는 말에 솔깃해 신용카드 1장을 만들었다. 카드가 생기자 평소 사고싶었던 옷과 화장품, 구두 등을 마음껏 구입했다. 다음 달 날아든 카드 대금은 무려 400여 만 원. 며칠간 고민하던 박씨는 또다시 카드를 만들어 '돌려막기'를 시도했고, 빚은 5개월 만에 1000만 원을 넘어섰다.

한순간 요술 방망이처럼 느껴졌던 카드가 악몽이 돼버린 것이다. 고민을 거듭하던 박씨는 어느 날 '월 수입 300만 원 보장'이라는 생활정보지의 광고를 보고 무작정 직업소개소를 찾아갔다. "눈 딱 감고 한 달만 일하면 쉽게 1000만 원을 벌 수 있다"는 소개업자의 꼬임에 빠져 접대부의 길로 들어섰다.

하지만 현실은 달랐다. 선금으로 1000만 원을 빌려 카드 빚을 갚은 뒤 일을 하면서 그 돈을 갚기로 했지만 서너 달이 지나자 선이자와 옷값, 화장품값, 소개료 등이 합쳐져 처음 빌린 1000만 원에 500여 만 원이 더 붙어 있었다. 예정된 수순대로 박씨는 경기도의 한 윤락업소로 팔려갔고 그곳에서 1500만 원을 빌려 지난 번 업소의 빚을 갚았다. 이런 식으로 윤락업소 3곳을 전전했지만 빚은 오히려 3000만 원으로 늘어났다.

지난 2월 천신만고 끝에 윤락업소를 탈출했지만 '이미 망가졌다'는 자포 자기 심정에 얼마 전부터 또다시 접대부의 길을 찾아나섰다. 박씨는 매일 아침 시골에 계신 부모님께 학교에 간다고 거짓 전화를 한 뒤 자취방을 힘없이 나선다. ─『서울신문』(2002년 5월 8일자)

위의 사례는 우리 사회의 굵직한 범죄들의 상당 부분이 바로 카드 빚으로 연결되어 있음을 보여주는 것이다. 비록 박 양은 문제의 해결을 범죄로 연결시키지는 않았지만, 한 젊은 미술학도의 꿈이 회복될 수 없는 나락으로 치닫게 되어 안타까울 따름이다. 이런 경우는 여학생보다도 소비가 덜하다는 남학생들에게도 예외가 아니다. 박 양과 똑같이 빚을 갚기 위해서 남자 접대부 생활을 하고 있는가 하면 심하게는 범죄로까지 이어지고 있다. 이런 심각한 사회 문제는 제도적으로 '미성년자 카드 발급 불가'나 '개인 워크아웃' 혹은 '성매매자 신상 공개'만으로는 부족하다. 다시 말해 문제를 일으킨 당사자들만의 치유와 제재로는 해결될 수 있는 것이 아니라고 본다. 그 원인이 무엇인지 찾아 종합적인 대책이 필요하다.

앞서도 언급했듯이, 이런 사태로까지 벌어지게 된 데에는 어릴 적부터 제대로 된 경제 교육을 받지 못한 채 성장한 데에도 먼 원인이 있다. 가정에서 이루어지지 못한다면 제도적으로라도 학교에서 경제 교육이 이루어져야 했지만, 우리나라의 학교 교육도 이를 보완해주지는 못한다.

이에 반해 선진국 가운데 대표적인 미국은 '광고의 나라', '소비의 나라'임에도 불구하고 어릴 때부터 경제나 금융 교육에 철저하다. 물론 그렇다고 해서 미국 국민들 모두 근면 성실한 경제인으로 사는 것은 아니지만 말이다.

미국에서는 주교재 외에 학생용 금융 부교재가 350가지가 넘는다고 한다. 이는 유치원부터 고등학교까지 해당되며, 경제 교육의 중요성만은 철저하게 인식시키겠다는 정책이기도 한 것이다. 그 과정을 살펴보면, 우선 공식 교육이 시작되는 유치원 때부터 수입의 원천인 '저축'의 중요성을 강조한다. 소비 이전에 수입이 어떻게 이루어지는지 돈의 소중함부터 깨우치게 하는 것이다. 그리고 나서 초등학교는 돈의 용도와 관리 그리고 가장 중요한 올바른 소비 생활을 접하게 되는 것이다. 돈을 합리적으로 잘 쓰는 법을 배우는 것인데, 여기서 잘 쓴다는 것은 오로지 소비만으로 이어지는 것은 아니다. 저축과 자선(慈善) 등으로 다양하게 접근하는 것이다.

중학교에서는 주식·채권 관리가 무언지 교육시킨다. 개인의 합리적인 돈 관리로 시작한 경제 교육은 점점 국가적인 시스템 차원으로 확대되는 것으로, 국가 경제에까지 눈을 뜨게 되는 것이다. 고등학교 때는 자신의 신용 관리, 국가의 금융 정책을 배워나간다. '신용'이라는 진정한 의미와 이를 유지하기 위한 교육에 이르게 되는 것이고, 현재 국가의 정책까지도 관여하는 것이다. 잘은 모르지만 실질적인 경제 교육임에 틀림이 없다.(이 부분은 2004년 2월 4일 KBS에서 방영된 「수요기획」, '미국의 청소년 경제 교육'의 내용을 참고하였다.)

그러나 필자의 어린 시절을 돌이켜보면 이런 종류의 교육을 받은 기억이 없다. 고작 1960~1970년대에 국가적인 차원으로 초등학생까지 은행 계좌를 터서 저축을 장려하고 '티끌 모아 태산'이라는 거창한 표어만 외우며 자란 기억이 전부다. 오히려 당시의 저축 열기를 지금이라도 되살려보고자 하면 저금리 시대에 진부하고 세련되지 못한 사람으로 취급받는다. 이를 증명이라도 하듯 한 광고에서는 돈을 저축하는 자를 바보라고까지 했다. 오히려 금융 회사에 돈을 맡겨 불려야 한다고 소비자를 질책하기까지 했다. 아마 어떤 금융 회사 광고에 꽤 유명한 지휘자가 나와 그런 망언을 남겼던 기억이 있다.

아쉽게도 우리나라의 교육 과정에는 실생활에 필요한 금융·경제 교육이 없다. 그나마 구색을 맞추려고 각 과정에 들어가 있는 약간의 경제 교육은 홀대를 받는다. 왜냐 하면 대학 입시에서 비중이 전혀 없기 때문이다. 자본주의 사회의 필수적인 경제의 원리는 대학에 들어가기 위한 과목에서부터 교육 당국 스스로가 인정하지 않는 쓸모 없는 과목이다. 그런 이유로 아이들은 돈의 소중함을 모른 채 대학에 들어가게 된다. 그리고나서 대학은 엄청난 수업료의 여건과는 상관없이 일단 들어가봐야 하는 것으로 취급되며, 대학생이 아닌 부모만 뼈빠지게 그들의 수업료를 무상으로 제공한다. 그런 경제 환경은 수업료 마련의 경제적 개념이 부재한 채로 갓 성인이 된 어른 아닌 대학생들은 버는 방법보다 우선 쓰는 재미를 접하게 된다. 그래서 소비만이 바로 자신들의 정체성을 확인시켜주는 작업으로 여기기 시작한다. 어느 누구도 가르쳐주지 않았음에도 불구하고 말이다.

서구 선진국의 신용 불량자 대학생과 한국의 신용 불량자 대학생들은 질적인 차이를 보인다. 서구 선진국의 대학생들은 대학생이 되면 부모로부터 철저하게 독립하여 생계를 유지하는 과정에서 학비나 방세, 부식비, 책값 등의 소비에서 비롯된 불량자다. 그러나 한국의 대학생들은 생계가 부모와 독립적이지 않음에도 불구하고 다소 사치에 가까운 소비, 곧 유흥비나 명품, 유행, 음주 등의 소비로 인한 불량자인 것이다.

그들이 항상 주장하는 정체성은 오로지 겉모습뿐이다. 최신 제품으로 무장된 세련됨으로, 고급 브랜드로 치장된 귀족적인 자신으로, 그리고 과감한 씀씀이로 과시된 적극적인 자신으로 자기를 보여주고 확인을 받고 싶은 것이다.

그런데 이러한 소비자를 가장 좋아하는 존재가 바로 광고다. 광고는 이들에게 항상 이렇게 말한다. "당신은 진보적이고, 귀족적이고, 적극적인 사람입니다"라고 말이다. 그런 자신을 감지했다면 지금 당장 광고와 평생 친구가 되어야 하는 것이다. 평생 소비만 하면서 말이다. 광고는 그들이 돈이 얼마나 있는지, 경제적 능력이 있는지 없는지 절대 관여하지 않는다. 다만 소비하기에 좋은 환경만 제공하는 고마운 친구일 뿐이다. 다시 말해 이런 소비 환경에 무방비 상태로 뛰어든 성인 아닌 성인인 우리의 청소년과 대학생들은 자신의 정체성을 철저하게 조작된 환경(광고로 일반화되어버린 기이한 소비 환경) 속에서 찾아나간다.

그러나 그러한 과정은 소비의 즐거움만 만끽시켜줄 뿐이지 돈을 버는 노력은 은폐시킨다. 은폐된 현실 속에서 빚더미에 가라앉은 그들이 취하는 해결책이라곤 앞에서의 사례와 같이 대납 대출을 쓰고, 접대부 생활을 하고, 매춘을 하고, 결국에는 자기도 모르는 새에 범죄에 이른다. 결국 소비로만 물든 그들의 해결책이란 '대납 광고, 월 300 보장'이라는 광고의 소비자로 회귀한 자포자기뿐이다. 후회스럽지만 그래도 이들이 어린 시절부터 부모를 통해 '금전출납부'(진부하지만 필요한)를 철저하게 기입하는 법을 배웠더라면, 학교를 통해 '돈의 소중함'을 알았더라면 이렇게 무능력한 성인으로 출발하지는 않았을 것이다.

경제 교육의 부재 탓에 앞에서의 박 양은 '광고'라는 친절한(?) 제도를 통해 값비싼 대가를 치르고나서야 경제 교육을 받았다. 이 같은 현실에서의 살벌한 경제 교육은 박 양에게 시청각 교육으로서 아주 확실한(자포자기한) 미래를 제시해줬으며, 현재도 그녀의 생활에 나타나는 모든 경제 문제의 해답을 제시해주고 있다. 이러한 '무서운 혜택'은 그녀만 받는 것이 아니다. 독자도, 필자도 현재 그 혜택(?)을 누리고 있으며, 앞으로도 그 전지전능한 소비 교육 시스템은 모든 연령에 걸쳐 이른바 '맞춤형 교육 시스템'(연령별 시장 세분화)을 구축해놓을 것으로 전망한다. 소비자본주의(광고)가 얼마나 끈질기고 독한지, 얼마나 소름끼칠 정도로 파괴적이고 비인간적인지 이제 다시 설명할 필요가 없을 것이다.

이젠 우리의 자녀들에게 가정에서의 부모님도 하지 못했고,

학교 교실의 선생님도 힘겨워 했고, 정부의 교육 당국마저도 매번 실패할 수밖에 없었던 경제 교육이 비로소 텔레비전과 인터넷, 그리고 수없이 난무하는 미디어를 통해 '광고'라는 이름으로 교육되고 있음을 목도하고 있는 것이다.

이제 광고를 이해하고, 광고를 소화하고, 광고를 분석하고, 광고의 속내를 제대로 파악하고, 그래서 광고의 저의를 분명하게 분별함으로써 편향된 '소비자'로 전락하지 않도록 지혜를 심어주는 교육 '한 가지'만 제대로 시켜도, 우리 아이들이 건전한 경제인으로 성장하게 만드는 성공한 교육이라는 말이 나오는 시대가 되었다. 한마디로, 광고에 대한 교육이 제대로 된 교육 개혁의 또 다른 이름이 된 것이다. 내 자식이 박 양과 같은 낙오자가 된 뒤에는 이미 너무 늦는다는 것을 잊지 말아야 한다.

도시에서 산다는 것

    독자들께서는 도시에 산다는 것에 대해 각자 어떤 의미를 부여하고 있는지 모르겠다. 미국에 오래 사신 한 교포 어르신은 한국의 도시, 이를테면 서울 강남이나 신도시들을 동경하여 거기에 살기를 바라는 사람들에게 혀를 차며 이렇게 말했다.

    "한국에 사는 동포들은 공기도 안 좋고 시끄러운 곳(강남)에서 왜들 그렇게 살려고 아등바등하는지 모르겠어. 게다가 그 복잡하고 지저분한 곳에서 다닥다닥 붙어사는 것(아파트)이 뭐가 그리 좋다고 미국에만 오면 늘 자랑하는지 ….

    요전에 한국에 들어갔다가 거기(강남)에 한 번 갔었지. 헌데 공기도 나쁜 데다 웬 사람들이 그리도 바글바글 모여 사는지, 숨이 막혀 못 살겠더라구. 그런 곳이 뭐 좋다고 …."

도시에 사는 우리들은 대부분 도시에 산다는 것을 자랑스러워한다. 그래서 가끔 오지(산간 농촌이나 한적한 바닷가 마을)를 여행하는 가운데, 도시에서 왔다는 것을 은근히 자랑하거나 오지의 불편함을 은근슬쩍 지적하는 우월감에 빠지곤 한다. 그러면서 오지는 왜 찾았는지는 모르겠지만 말이다.

광고에서는 이런 우리의 편견을 교정해주려고 농촌이나 자연의 소중함을 강조하면서 자연으로 돌아가자느니, 시골의 모든 먹거리가 무공해 맛 그대로라느니, 순박한 인심이 아직 사라지지 않았다느니 하며 추켜세운다. 이런 광고 덕분에 우리는 몇 푼이라도 더 주고 순박함과 때묻지 않은 자연의 순수함이 묻어나는 제품들을 기꺼이 구입한다. 자연 냄새가 물씬 나는 것을 좋아하는 것을 보면 도시에 사는 사람들은 분명 자연의 가치가 그대로 살아 있는 농촌의 존재까지도 좋아할 것임에 틀림이 없다.

그러나 이것은 억측이자 위선이다. 정작 그런 시골이나 자연으로 돌아가 살라고 하면 이런저런 핑계를 대며 외면하기 때문이다. 그런 걸 보면, 농촌의 자연주의 가치를 전하는 광고의 세심한 '편견교정술'은 실패한 것이 아닌가 한다. 농촌의 자연을 사랑한다는 부모들은 그 가치를 체험하려고 주말에만 아이들을 앞세워 몇 평되지도 않는 땅에 채소를 심는다고 법석이다. 그리고는 농촌의 소중함을 드디어 알게 되었다며 삐까삔쩍한 자가용을 타고 먼지를 뿌옇게 일으키며 다시 도시로 향한다. 그리고는 나머지 대부분의 시간과 돈을 도시의 백화점이나 할인점에서 다 써버린다. 이런 그들이 진정으로 농촌과 자연을 소중하다고 여기는 건지 그들의 진정성을 묻고싶을 뿐이다.

기특하게도 농촌을 연상케 하는 자연주의 제품의 광고 모두가 이미지에 불과한 것이라 감지한 주부들은 손수 집에서 아이들을 위해서 간식을 해준다고 한다. 또한 그런 주부들 중에 더 세심한 주부는 집에서 하는 간식의 원료를 모두 손수 재배한 거라고 자랑하기도 한다. 도시에 살면서 농촌의 가치를 누려보고자 퍽 애를 쓰는 것 같다. 그러나 이런 것들도 다 소용없는 짓이 아닐까싶다. 왜냐 하면 우선 집에서 해주는 간식의 원재료(밀가루, 설탕 등)라는 게 결국은 인스턴트 제품이기 때문이다. 그 원재료들은 모두 흙을 좋아하는 한국 농부들의 손길을 한 번도 거쳐보지 못한 것들로, 미국에서 물건너와 우리나라 공장에서 재가공되었을 뿐이기 때문이다. 말 그대로 순수한 의미에서 '신토불이(身土不二)' 제품이 아닌 것이다.

그런 공장들은 대량 생산을 위해 '화학' 또는 '기계'라고 하는 쉬운 공정을 택한 지 오래다. 그 공정은 과거 시골에서 경험했던 우리 어머니들의 손길과는 무관하다. 다만 유해한 화학 성분으로 밀가루를 하얗게 만들지는 않았는지, 기계 공정이 불결하지는 않았는지를 겨우 걱정할 따름이다.

물론 좀더 바지런한 주부들 가운데는 이 같은 걱정이 싫어서 먹거리 재료를 직접 재배한다고 한다. 그러나 애석하게도 직접 재배하기 위해 파종하는 씨앗도 우려되긴 마찬가지다. 이제는 씨앗 자체를 내가 직접 재배해서 길러먹는다 해도 이른바 '유전자 변형'된 씨앗은 변하지 않기 때문이다. 그런 의미에서 과거 농촌에서의 순수한 자연주의는 이제 물리적으로 불가능할 뿐만 아니라 아예 없다고 보는 것이 더 확실하다. 애초부터 도시에 살면서 농촌의 자연주의 가치를 이식한다는 생각 자체가 오만이고 오산이었다. 그러나 그런 광고나 원재료, 씨앗 따위는 그래도 농촌의 자연주의 이미지를 그대로 품고 있다.

　이제 도시에 산다는 것을 자랑하는 사람은 오히려 부끄러워해야 하는 시대가 되었다. 자신은 편리하고 좋은 환경에 살면서도 유독 농촌의 가치인 자연주의 제품만 선호하니 말이다. 게다가 그런 자연주의를 결국 도시화로 인한 편리주의가 다 망쳐놓은 게 아닌가. 그러면서도 농촌이 붕괴되고 자연이 파괴되어가는 현실은 나 몰라라 하고 있으니 말이다. 바로 이기주의와 위선이 느껴지는 대목이다. 이런 위선자들이 사는 곳이 바로 도시다. 하지만 자기가 도시에 산다고 해서 너무 자책하지는 말기 바란다. 이런 위선도 도시에 사는 사람들이 자생적으로 만들어낸 것은 아니니까 말이다.

　과거 대량 생산이 막 이루어지던 때의 광고는 농촌에 사는 사람들에게 도시의 편리함과 최첨단의 문명이 부럽지 않느냐고 떠들어댔다. 그런 광고 때문에 도시와 농촌은 더욱 양극화되어 차별이 심해졌고, 농촌 사람들은 무작정 도시를 선망하기에 이르렀다. 실제로는 모든 먹거리의 원천이 농촌이었음에도 불구하고 농촌 사람들에게는 비애감과 좌절감, 열패감만 느끼게 했던 것이다.

　그 결과 농촌 사람들은 도시로 도시로 몰려들었지만, 도시에서도 주류에 편입되지 못한 채 '노동자'와 '소비자'라는 두 가지 낯선 직함만 얻게 되었다. 하지만 지금에 와서 광고는 다시 농촌을 선망하게 만드는 메시지를 유포하고 있다. 이 역설을 어떻게 이해해야 할까.

　다만 과거와 다른 점은 자연주의를 계몽하는 그런 광고가 도시인들은 농촌으로 이주시키기 위한 것은 아니라는 점이다. 왜냐하면 자본주의와 상업주의의 요체인 기업들은 여전히 자신들이 생산해내는 제품들을 대량으로 소비해줄 '소비자'들이 필요하기 때문이다. 도시인들이 광고가 주는 메시지를 곧이곧대로 믿어 정말 시골로 가서 자연주의에 묻혀 '자급자족'의 과거로 돌아간다면 커다란 낭패가 아닐 수 없기 때문이다. 물론 시골로 갈 순진한 도시인들도 없겠지만 말이다. 그래서 광고의 본심은, 시골로 갈 수 없는 나약한 도시인들에게 자연의 순수한 맛이 살아 있는 제품을 제공해줄 테니, 그것으로 자연 회귀의 욕구를 대신하라는 것이다. 그래서 도시인들은 생각과 행동이 다른 이중인격자이자 위선자가 되고 마는 것이다.

우리는 오늘도 광고의 '편견교정술'에 좌지우지된다. 앞에서 도시에 사는 사람들에 대한 '편경교정술'은 실패한 것이라고 했지만, 사실은 너무나도 교묘하고 탁월하게 작동되고 있는 것이다. 예전에 농경 생활을 하던 우리가 도시를 선망했던 것처럼, 도시 생활을 하는 우리는 지금 농촌의 자연주의 가치들을 선망한다. 그러나이미 붕괴되어버린 농촌에 가서 살려고 하지는 않는다. 왜냐 하면광고가 그렇게까지는 하지 말라는 선전술에 자의반타의반으로 넘어갔기 때문이다. 도시에서도 자연주의 가치가 만연된 상품은 얼마든지 있다는 것인데, 그런 상품은 자연주의 이미지만 그득한 가짜 풍요일 뿐이다.

결국 도시인들은 농촌의 자연주의 가치를 직접적이고 제대로느낄 수 없다. 마음으로는 항상 자연주의 농촌을 그리워하지만, 정작 입에 들어가는 것은 화학적인 공정으로 재가공된 인스턴트 상품들을 먹고 마시고 즐기는 것일 뿐이다. 아니면 농약으로 범벅이되어 '매끈한' 농산품을 좋은 것이라고 착각하거나, 동남아나 중국에서 저가(低價)로 밀려오는 국적 불명의 먹거리들을 무방비 상태로 식탁에 올려야 하는 불안감을 계속 맛보아야 할 것이다. 그런 의미에서 도시인들은 뿌리 없는 이방인처럼 허무하고 불쌍한 존재들이다. 화려한 브랜드들을 온몸에 걸치고 허세를 떨며 '귀족'인 척 행세한들 무슨 소용이 있겠는가.

　만약 독자들 중에서 이 같은 도시 생활에 넌더리가 난다면, 아니 진정으로 농촌의 자연주의 가치를 만끽하고 싶다면 용기를 내어 농촌으로 이주해서 살기 바란다. 그럴 자신이 없다면 흙을 만져본 농심(農心)과는 전혀 상관없지만, 그래도 그런 가치의 광고로 무장된 제품만을 구매하는 충성스러운 소비자로 살면 된다. 오늘도 당신은 도시에서 그나마 '소비'를 통해서만 농촌의 자연주의 가치를 만끽할 수밖에 있다. 농촌과 자연이 다 파괴되어 가는 마당에서야 뒤늦게 깨달은 비극인 것이다.

슬로푸드와 패스트푸드

어느 때부터인가 우리는 육류를 많이 섭취하게 되었다. 식단이 매우 빠르게 서구화해가고 있는 것이다. 그것도 아주 값싸게 말이다. 이는 과거 어렵던 시절의 육류 섭취와 비교한다면 대단한 변화라고 할 수 있다. 이러한 육식의 풍요로움은 바로 표준화되고 대량화된 축산업의 혁신으로 가능해진 것이기도 하다. 그리고 이러한 혁신은 비단 육류에서만 국한된 것은 아니어서 모든 식가공이 가능한 재료에는 서구식 풍성함이 가능하다. 하지만 그 같은 급작스러운 풍성함 뒤에는 우리 먹거리의 자주성과 농심(農心)이 희생된 뼈아픈 대가가 있다.(2003년 세계무역기구(WTO) 각료 회의가 열렸던 멕시코 칸쿤에서 농산물 개방에 반대하며 할복 자살한 이경해 열사의 죽음은 이를 상징적으로 보여주고 있는 커다란 사건이다.)

이 같은 급작스런 먹거리의 변화는 우리의 생활에 다음과 같은 세 가지 변화를 가져왔다. 그 첫 번째가 바로 생활비에서 부식비가 차지하는 비율이 현격히 줄어들었다는 사실이다. 1970년대만 해도 우리는 가계 수입의 50퍼센트 이상을 먹는 것으로 소비할 정도로 먹거리는 우리 생활에 중요한 부분이었다. 물론 현재에도 중요하지만 그 가격의 하락으로 인하여 비중이 감소하였다. 이에 반해 문화비 지출 비중은 그만큼 증가했음을 알 수 있다. 물론 여전히 그렇지 못한 가정도 있겠지만, 어쨌거나 대체적으로 과거에 비해 식탐(食貪)보다는 문화탐(文化貪)을 즐기는 쪽으로 변화한 것은 부인할 수 없는 사실이다.

　두 번째는 우리가 과거에 고급 음식이라고 취급하던 육류 섭취가 대중화되었다는 사실이다. 서민들의 경우 과거에는 특별한 날에만 먹거나 아니면 겨우 한 달에 한 번 꼴로 먹던 육류를 거의 매일 먹을 수 있게 된 것이다. 이제는 육류가 빠진 식단을 상상하기조차 힘들게 되었으며, 이런 변화는 성인은 물론이고 심지어 어린이들에게까지도 비만이라는 심각한 '선진국병'을 낳게 만들었다. 이제 채식주의자들은 흡연자들만큼이나 메뉴 선택에서 소외를 당해야 하는 처지가 된 것이다.

　세 번째는 모든 음식이 너무나도 빨리 조리된다는 것과, 또 그렇게 조리된 음식을 우리는 너무나도 빨리 먹어치운다는 사실이다. 게다가 먹는 시간뿐만 아니라 먹는 장소나 방법까지도 혁명적인 변화를 맞이하고 있다. 이는 급속한 산업화에 따른 어쩔 수 없는 현상이지만, 그로 인한 후유증은 국민 건강은 물론이고 사회의 전반적인 문화 양상까지도 바꾸어놓는 결과를 초래했다. 같은 음식이라도 조리 시간에 따라 메뉴가 새로 개발되는가 하면, 이 같은 고객의 취향을 제대로 따라잡지 못하면 시장에서 메뉴가 사라져버리는 경우도 생겨난다. 그래서 바쁜 현대인의 라이프 스타일에 맞춘 새로운 먹거리들이 하루가 다르게 쉴새없이 쏟아져나오고 있는 것이다.

이 세 가지 변화는 과거 어렵기만 했던 시대에 우리가 알고 있는 먹거리 개념과는 거리가 멀다. 인류가 지구상에 살기 시작된 이래로 가장 필요하지만 골치 아픈 중대 사안이 바로 이 먹거리였는데, 급속한 산업화와 도시화는 우리의 식생활에까지도 일대 혁명을 가져다주었다. 다시 말해 까다로운 먹거리 채취의 문제를 단숨에 해결해준 것과 더 나아가서 음식에 대한 고유의 의미를 바꾸어버린 것이다. 음식이라는 것의 본래 의미란 채취가 어렵기에 '귀한 것'이란 의미를 담고 있었다. 그러나 급속한 산업화와 도시화는 그 의미를 '언제 어디서나, 싸게, 배불리, 빠르게' 먹을 수 있어야 한다는 것으로 바꾸어놓았다. 한마디로 '맛'이라는 고유 의미에서 시간성과 공간성, 경제적인 효율성이 첨가된 것이다. 그 대표적인 예가 바로 '패스트푸드'다.

이 패스트푸드의 가장 큰 미덕이 바로 '세계 어디서나 빠르고 값싸게' 먹을 수 있다는 점이며, 이는 식문화의 신기원을 이루었다고 해도 지나치지 않다. 물론 그 신기원의 배후에는 항상 '광고'라는 후원자가 버티고 있음은 두말할 필요가 없다. 이름 그대로 최단 시간에 전 세계인의 먹거리 시장을 통일시킨 장본인이 바로 패스트푸드며, 그 뒤에는 다국적 기업의 세계적인 네트워크가 거미줄처럼 버티고 있다. 이런 현실은 식문화의 종속화나 식민지화를 야기했으며, 국가간의 문제로까지 비화되기도 했다.

이처럼 패스트푸드가 바쁜 현대인들에게 끼친 공헌은 지대하지만, 그에 대한 부작용 또한 이름처럼 '패스트하게' 드러나고 있다.

그것은 바로 절대 양질의 음식이 될 수 없다는 사실이다. 더욱이 세계 어디서나 빠르게 먹을 수 있다는 장점은 오히려 먹거리의 질적 하락이라는 역풍을 맞기에 이르렀다. 다시 말해 값싸고 빨리 먹을 수 있는 편리함은 사람들의 건강을 담보로 해서만 가능했다는 사실이다. 결국 패스트푸드는 '현대인의 벗'에서 '건강의 적'이라는 오명을 얻는 신세가 된 것이다.

어릴 때부터 패스트푸드에 길들여진 결과 성인이 되어서도 유지되는 식습관 때문에 수많은 성인병과 합병증을 낳게 되었으며, 그뿐만 아니라 인스턴트 식품 섭취에 따른 인체(人體) 및 인성(人性)의 변화, 그로 인한 고유 먹거리들의 사양화, 일회용품의 과다 사용으로 인한 자연 환경 파괴 등 끝없는 부작용을 낳게 된 것이다. 마침내 이런 부작용에 대한 우려는 사회 운동으로까지 전개될 조짐을 보이고 있다. 인스턴트의 폐해를 알게 된 사람들이 전 세계적으로 패스트푸드 불매 운동을 벌이기 시작한 것이다.

결과적으로 패스트푸드로 대표되는 인스턴트 먹거리는 인류의 식단을 과학적이고 경제적으로 변화시킨 신기원이 아니라 오히려 '급락원(急落元)'으로 돌변한 셈이다.

앞에서도 잠깐 경고했지만, 이 같은 패스트푸드, 넓게는 인스턴트 식품이 우리 인간에게 준 부작용을 다시 정리해보면 크게 세 가지로 지적할 수 있다. 첫 번째는 무엇보다도 가장 심각하게 여기는 건강에 대한 위협이다. 대표적인 현상이 바로 '비만'인데, 패스트푸드는 고지방을 다량 포함하고 있는 먹거리의 대명사이기 때문이다. 영양학적으로 이를 모르는 것도 아니지만, 다국적 기업들이 자본을 대량으로 살포하면서 광고 공세를 펴는 마당에 두 손 다 들고 투항하지 않을 수 없는 것이 현실인 것이다.

두 번째는 인위적인 식단의 질적 하락이다. 사실 패스트푸드의 원료는 모두 농약이나 항생제, 성장 호르몬, 유전자 변형 등과 같은 불순한 과정이 내재되어 있으며, 전 세계적으로 대량 판매되는 네트워크 시스템은 유통 관리상의 이유로 각종 살균제나 방부제, 숙성제 따위로 그 신선도를 은폐할 수밖에 없는 한계를 안고 있는 것이다. 한마디로 우리 몸에 안 좋은 것들로 가득 찬 독소들을 아까운 돈을 주고 그것도 빨리 달라고 독촉하여 입안으로 넣고 있는 셈이다.

세 번째는 가정 식단의 붕괴다. 패스트푸드의 확산은 가정에서 이루어지는 가족 구성원끼리의 전통적인 식사 문화를 완전히 바꾸어놓았으며, 식사 시간이나 횟수의 급격한 감소를 초래했다. 가정 식사의 감소는 단순한 횟수의 감소가 아니라 가족 관계의 붕괴이자 가족애의 붕괴로 이어졌다. 이는 멀리 보면 사회적인 문제이자 국가적인 문제이기도 하다.

그렇다면 이 같은 부작용을 막을 수 있는 대안은 과연 우리에게 있는가. 어렵게 생각할 필요가 없다. 패스트푸드, 다시 말해 인스턴트 식품이 남긴 부작용을 원천적으로 봉쇄하는 동시에 역기능의 반대로 생각하면 간단한 것이다. 다시 말해 빠르고 편한 게 문제였다면 좀 느리고 손이 많이 가는 불편함이 있더라도 우리의 건강과 문화를 올곧게 보존해갈 수 있는 쪽을 생각하면 될 것이다. 그래서 나온 것이 바로 '슬로푸드'다.

슬로푸드는 패스트푸드에 반대하는 운동으로 시작된, 반세계화 운동 중의 하나로서, 세계적인 환경 단체인 그린피스(Green Peace)가 원동력을 제공했다. 비정부기구인 NGO를 중심으로 지역 농업 준수, 소규모 농업과 환경 친화 유기 농업 지향, 그리고 생태

농업 등을 통해 지역마다 분권화된 제철의 재료들을 공급하여 안전한 음식을 즐기자는 운동이다.

그래서 패스트푸드로 배를 채우는 것이 아니라 매 끼니를 차분하게 슬로푸드로 즐기게 되었다. 그 차분함 속에는 시간적인 차분함만을 의미하는 것은 아니다. 슬로푸드의 채택은, 앞에서 패스트푸드로 급락된 우리 식단의 문제점을 다시 회복할 수 있음을 의미한다. 그 첫 번째가 바로 패스트푸드로 소멸 위기에 놓인 우리의 전통 음식, 재료 등의 보존이다. 이미 패스트푸드로 입맛이 길들여진 한국의 어린이들이 제일 싫어하는 음식은 바로 '김치'다. 그들에게 주식이 아닌 김치 같은 전통적인 음식들을 패스트푸드처럼 대중화하자는 것이 아니라, 가정들마다 고유의 손맛이 살아 있는 음식을 아이들에게 즐기게 해주자는 것이다. 그래야 그들도 슬로푸드를 즐기는 성인으로 자랄 수 있으며, 적어도 비만이나 성인병으로부터 보호해야 할 의무가 어른들에게는 있는 것이다.

두 번째로는 질 좋은 재료의 공급에 있다. 질 좋은 재료를 공급하기 위해서는 현재 패스트푸드 체인점처럼 기업화된 대량 생산 시스템을 중단하자는 것이다. 오히려 아주 과거에 소규모 지역민들에 의해 생산하던 시스템을 지향하고 보호하자는 의미다. 이는 점점 더 치열해지는 식량 안보 문제와도 연계된 사항이다.

세 번째로는 건강에 유익한 음식의 조리와 섭취는 시간이 걸려야 한다는 것이다. 원래 슬로푸드는 패스트푸드와는 달리 조리하는 데 다소 시간이 걸린다. 그리고 여유롭게 식사를 즐기는 것이 매력이다. 오히려 패스트푸드점에 가는 시간과 도심의 교통 체증을 감안하면 건강에 좋은 음식을 직접 만들어 먹을 수 있는 시간을 번다. 그리고 아주 바쁜 일에 종사하지 않는 사람까지도 패스트푸드를 먹어야 할 필요는 없다. 그저 시대의 흐름이 그러니까 나도 패스트푸드를 먹어야 하지 않을까 하는 강박 관념 때문에 습관적으로 그런 식습관이 생겨난 사람들도 많을 것이다.

결국, 내 자신이 생산한 재료로 식사를 하려는 마음가짐이라면, 가족들 모두 도와가며 식사를 준비하는 마음가짐이라면, 그리고 식사 시간에 서로에게 관심을 가져가며 식사를 즐기려는 마음가짐이라면, 어느 순간부터 자연스럽게 우리의 식탁에 슬로푸드가 올라와 있음을 알게 될 것이다. 그러나 그러한 식생활을 상상하는 것은 사실상 어렵다. 아니 사람들 모두 그 같은 상상력을 발휘할 수 있는 정보원이 부재하다. 왜냐 하면 이미 광고가 우리에게 패스트푸드, 인스턴트 음식의 구매만이 가장 이상적인 식생활의 개념으로 각인시켜놓았기 때문이다. 그래서 이미 세계의 모든 나라 사람들의 입맛은 기름지고 달콤한 패스트푸드 하나로 표준화되었고, 현재에도 그 같은 입맛의 고수를 위해 광고는 늘 갖가지 노력을 다하고 있다.

하지만 나의 건강을 위해서, 우리 가족 더 나아가 지구촌의 건강을 위해서 슬로푸드는 이제 당면 과제가 되었다. 아울러 인간은 본디 철저하게 슬로푸드를 즐겨야 하는 존재며, 또한 그래야 제 명을 다해 살 수 있는 것이다. 문명이 빠르게 진화하면 진화할수록 오히려 인간의 정체성은 위기를 맞아 퇴화를 가져올 수 있듯이, 먹거리에 대한 성급함도 결국은 인간의 건강과 체질을 퇴화시키는 위험을 가져올 수 있다. 그래서 '빠른 것'은 위대하기보다 위험하다.

숫자의 장난

자연과학적 증명이란 한 치에 오차도 없는 숫자의 증명이다. 정밀한 수리적 방법으로 세상 모든 현상들 사이의 함수 관계를 풀이해낼 수 있는 방법인 수치의 제시는 기존의 설득이라는 지저분한 사족(蛇足)의 수고를 덜어준다. 그러기에 모든 학문에는 과학이란 단어(조리과학, 사회과학, 생활과학 등)가 유행처럼 따라붙는데, 이는 그 학문들의 정당성을 증명하기에는 숫자만큼 설득력 있고 정밀한 것이 없기에 그러하다. 다시 말해 세상에 그 어떤 기가 막힌 수사(修辭)라 하더라도 수치적 증명의 탁월한 설득력은 결코 따라가지 못한다는 뜻이다.

이를테면 '영혼'의 존재를 증명할 경우, 죽기 전의 육체 무게와 죽은 뒤의 시신 무게의 수치적 차이로 보여주는 증명은 그 어떤 영적인 설명보다 오히려 즉각적이고 효과적일 때가 있다. 결국 수치로 상징되는 과학적 증명은 산업화가 시작된 때부터 놀랍게도 우리에겐 진리요 철칙이요 신화로까지 자리잡기도 한다. 그래서 독자나 필자나 이 진리와 철칙이 동반된 증명에 대해서는 이의를 제기하지 않으며, 혹여 어디선가 그 증명에 이의를 제기하는 자가 있다면 우리는 비합리적인 사람임에 틀림없다고 입을 모은다.

인문학적인 사고를 좋아하는 대개의 사람들이 그러하듯이, 필자 또한 어려서부터 이처럼 숫자로 증명하는 과목(수학, 물리, 화학 등)을 좋아하지 않았다. 아마 숫자로 증명을 잘해내지 못했기에 싫어했다는 것이 더 정확할 것 같다. 그렇다고 해서 숫자로 증명해야 하는 수업을 등한시하지는 않았다. 다만 학창 시절이 빨리 지나가 그런 증명을 하지 않아도 되는 때가 오기만을 손꼽아 기다렸다. 그래야만 항상 좌절감을 안겨준 숫자의 공포에서 벗어날 수 있기 때문이었다.

그러나 그런 천진한 생각은 오산이었다. 비록 학창 시절에서 벗어나 이른바 사회에 편입되었지만, 학창 시절 때처럼 어려운 연산으로 증명하지는 않더라도 어찌되었건 숫자로 증명하고 결과로 나타내야 하는 것은 사회 역시 마찬가지였다. 그래서 늘 그 수치적 증명 과정은 필자를 여전히 괴롭혔다.

이를테면 사회의 모든 온당한 이치는 통계적으로 가장 많은 수치에 속한 자들의 말이었다. 그리고 여러 가지 발생하는 사회적인 문제의 해답도 많은 머릿수를 확보한 집단의 의견이었다. 세상은 통계적 수치의 제시를 과학적 증명이라 강변했다. 개인에게는 회사에 입사하기 위해 자신의 모든 능력을 수치화하도록 강요했다. 영어를 어느 정도 하는지 수치(토익 700점, 토플 550점 따위)로 나타내야 했고, 예전 직장에서 받았던 연봉 역시 수치로 표시해야 했으며, 졸업성적증명서는 물론이고 자신의 전공 분야에서 이루어놓은 실적을 수치로 나타낼 수 있어야 했다.

현대 사회를 이해하기 위해서, 그리고 사회에서 유감 없이 자신의 능력을 발휘하는 일원이 되기 위해서라도 과학의 상징인 그 숫자적 증명은 의심할 수 없는 진리였고 세상살이에서의 신뢰적 표상 그 자체였다. 그러나 필자가 한 회사의 대표를 만났을 때 그가 말하는 가장 능력 있는 사원이란 "인성이 바로잡힌 지극히 인문학적인 자"라고 했지만, 결국 객관적인 수치로 나의 능력을 증명하지 못한 이유로 그 대표를 다시 볼 수 없었으며, 미국 국민들 역시 부시가 미국을 대표하는 가장 온당한 자라고 여겨 가장 과학적인 수치인 투표수로 증명했지만, 결국 세계 평화 질서와 경제를 뒤흔들면서 스스로 '악의 축'이 되고 있는 현실을 보면 혼란스러울 수밖에 없을 것이다.

광고의 세계도 마찬가지다. 광고는 예나 지금이나 변함 없이 소비자들을 설득시키기 위해 갖은 노력을 다한다. 그 노력 중에 가장 신뢰할 만한 것이 바로 이 자연과학적 수치를 통해 자신들이 메시지를 포장해내는 테크닉이다. 그러나 그 같은 표현이나 테크닉에는 위에서 혼란스럽게 한 것처럼 많은 문제점을 안고 있다. 다시 말해, 이러한 광고 표현들 대부분이 과학적 과정을 거친 수치적 증명이라기보다는 자연과학적 이미지만을 따온 것으로, 자연과학이 가지고 있는 객관적 사실성과 엄밀성을 차용해옴으로써 '증명해내는 척'하는 것에 더 가깝다.

만일 독자께서 그간 접해본 광고들 가운데 유독 신뢰하는 제품이 있다면 한번 곰곰이 생각해보기 바란다. 분명 거기에는 신뢰의 상징인 숫자나 수치가 개입되어 있을 것이며, 그 숫자나 수치의 제시는 그 어떤 경쟁 상품보다도 신뢰성 면에서 높은 점수를 주고 있는 이유가 되고 있음을 깨달을 것이다.(우유 광고에서 흔히 쓰는 '1등급'이라는 표현에서부터 99.9퍼센트의 순도, 100퍼센트 보장, 성장률 1위, 마케팅 부문 대상 1위, 히트 상품 연속 3년 1위, 안전도 검사 1위, 열독률 1위, 100퍼센트 분양, 2퍼센트 부족할 때 등은 은연중에 통계학적으로 증명된, 더 나아가서 과학적으로 증명된 것임에 틀림없다는 사실을 소비자들에게 사실인양 확인시켜준다.) 다만, 근거를 제시하면서 동일한 수치로 증명하는 표현을 시도하지 않았을 뿐이다.

사람들은 대부분 숫자가 가지고 있는 통계적인 과학성을 맹신한다. 그래서 수치적 표현은 이데올로기화되어 있기도 하는데, 그런 부정할 수 없는 과학의 상징을 십분 활용하는 광고는 소비자의 안일함을 이용해 숫자로 장난을 치는 것과 다름이 없다. 오히려 소비자는 그 장난을 과학적으로 증명된 품질로 받아들여 군말 없이 한 번 열 지갑을 두 번, 세 번 여는 것이다. 그 같은 광고의 속성과 의도를 알고나면 우습거나 어리석지 않을 수가 없다.

특히, 요즘 가장 설득력 있는 숫자적 증명이 바로 '통계' 수치다. 이 통계 수치들은 작게는 어떤 집단의 보이지 않는 의식 구조를 증명해주기도 하고 크게는 한 나라의 국민성을 정의내려주기도 한다. 이젠 그 무형의 인간 의식까지 읽어내는 숫자에 경의를 표할 뿐이다. 광고는 이런 경이로운 증명, 곧 통계 수치의 매력을 가만히 내버려두지 않는다. 이는 다시 말해 물건을 팔 수만 있다면 세상의 그 어떤 것이든 사용하고야 마는 것이 광고의 속성이기에 그렇다.

광고 제작 전에 이루어지는 시장 조사에서도 소비자의 반응을 숫자의 잔치인 통계로 증명해낸다. 그 증명은 다시 역으로 광고를 통해 중요한 정보로서 소비자에게 제공되는데, 이런 사이클을 보고 있노라면 정말 '과학적'이라는 느낌을 떨칠 수가 없다. 문제는 이 역시 과학적인 프로세스만 흉내낼 뿐이지, 정작 그 알맹이는 숫자의 장난에 지나지 않는 것이다. 왜냐 하면 시장 조사라고 칭하는 모든 통계 작업은 사실 수억만 가지의 변수들에 의해 좌지우지되는 특성을 가지고 있기 때문이다. 게다가 이마저도 소비자들이 확인할 길은 없는 것이다. 그러니 숫자의 장난이며, 바로 여기에 광고의 트릭이 깔려 있는 것이다.

그러다보니 소비자의 열화와 같은 요구가 반영되었다는 통계 수치를 바탕으로 제품을 생산하여 시판에 들어갔지만, 정작 결과는 예상을 벗어나는 경우도 비일비재하다. 소비자의 열화가 잘못된 것인지, 통계가 잘못된 것인지, 아니면 소비자가 나중에 배신이라도 한 것인지 도통 알 수가 없는 노릇이다. 그러니 어찌 이를 두고 '과학적'이라고 억지를 부릴 수 있겠는가. 예전 콜라 회사의 '체리코크'가 그러했고, 통신 회사의 '시티폰'이 그러했고, 전자 제품 회사의 '비디오텔레비전합체' 등이 그러했다.

결국 이 같은 과학의 이름만 빌려온 통계적 수치는 헛다리를 짚는 기술자나 다름이 없다. 그런 통계의 이중성과 위악성을 알고 있으면서도 마케터들은 안타깝게도 그 숫자의 잔치에 필사적인 노력을 계속해서 기울이는데, 그에 대한 집착은 가히 천부적이다. 이를테면 소비자의 반응이 좋게 나올 만한 숫자로 가득 찬 설문지를 만들어낸다든지, 아니면 반응이 좋을 만한 설문 참여자를 어떤 식으로든 '매수'하거나 물색해서 의도된 결과를 뽑아낸다든지 할 정도다.("우리나라는 정보 통신 부분에서 세계적으로 앞서가는 나라입니다. ○○ 통신 회사의 휴대폰 통화 품질은 세계적인 수준이라는 것에 동의하십니까? — ① 매우 그렇다 ② 그렇다 ③ 중간이다 ④ 그렇지 않다 ⑤ 매우 그렇지 않다"는 설문을 받았다면 여러분은 어떤 선택을 하겠는가. 아마 우리나라 정보 통신 기술이 세계 최고라는 전제를 인지한 상태이니, 말귀를 알아듣지 못하는 사람이 아닌 바에야 ①번 아니면 ②번을 대부분 선택할 것은 너무나도 자명하지 않은가. 이런 정직하지 못한 유도성 설문들은 지금도 곳곳에서 소비자들을 우롱하고 있다.)

그런가 하면 이 같은 숫자의 장난을 아주 과학적인 결과로 증명되었음을 매년 축하하는 이벤트까지 벌이기도 한다. '소비자가 뽑은 히트 상품' 하는 따위가 바로 그것이다. 한 번도 '히트'친 것을 본 적도 없을 뿐만 아니라 어떤 사람들이 어떤 과정을 통해 그리 선정하였는지, 처음부터 끝까지 '알고도 속고 모르고도 속는' 기분이다. 광고상 시상식에 대해서도 이미 언급했듯이, 이 같은 '히트 상품 선정'이라는 것 역시 언론사와 광고주들 간에 '누이 좋고 매부 좋으라고' '북 치고 장구치는' 허깨비 놀음에 다름아니다. 하지만 그럼에도 불구하고 수많은 소비자들이 이를 또 하나의 메시지로 인식하여 저장함으로써 이들의 장난에 놀아난다는 데에 심각성이 있다.

결국 디지털로 상징되는 수치 통계적 사회 또는 정보화 사회라 호들갑을 떠는 사회는 허상이 난무하는 병들은 사회이기 십상이다. 이 같은 허상은 사회적 불신과 낭비를 조장하여 국가적인 위기로까지 이어질 수 있다. 그래서 난무하는 숫자의 장난에 필자와 같이 수리적 개념에 익숙하지 못한 사람들은 더욱 조심해야 하지만, 안타깝게도 현실은 오히려 그 숫자적 상징을 맹신하는 쪽으로 흘러가고 있다.

다시 말하지만, 자연과학적 증명이란 한 치의 오차도 없는 숫자의 증명이다. 그렇기 때문에 광고도 모든 제품의 품질을 한 치의 오차도 없이 증명하려고 한다. 그러나 그 증명은 실체적 사실이 없는 허구일 뿐이다. 다시 말해 이는 연구할 거리도 없는 과학실험실에 최첨단의 화려한 실험 도구만 그럴 듯하게 채워놓은 꼴이다. 한마디로 '빛 좋은 개살구'인 셈이다. 그 최첨단의 실험 도구들도 실은 전시용 이미테이션일 뿐이며, 하얀 가운을 입고 연구하는 척하는 과학자들조차도 실은 비슷한 가운을 입은 이발사들일 뿐이다. 그럼에도 불구하고 사람들은 과학이라는 이데올로기로 위장된 광고를 진짜 과학보다 종교보다 강하다고 신뢰한다.

"국민 여러분, 경제가 어렵습니다"

어릴 적부터 필자는 집안 살림에 관심이 많았다. 그 관심은 빨래나 요리, 집안 청소, 설거지 같은 일상적인 가사 노동이 아니라 집안 살림에 대한 걱정이었다. 이를테면 집안에 쌀이 얼마 남지 않았다는 걱정, 연탄을 하루에 몇 장 쓰면 한 달이 간다는 생각, 그리고 컬러 텔레비전을 덜컥 구입한 아버지 때문에 우리집 생활비가 모자랄 것이라는 걱정 …. 어찌 보면 조로(早老)한 탓인지, 그 어린 나이에 일찍 세상의 때가 묻었던 것 같다. 어린 시절을 너무 가난하거나 풍족하지도 않은, 그저 평범한 가정에서 보냈음에도 불구하고 필자는 어린 아이답지 않게 쓸데없는 걱정들을 몸에 지니고 살았던 것 같다.

물론 시간이 지나면서 그런 쓸데없는 걱정들은 점차 쓸데 있는 걱정들이 되었으며, 거창하진 않지만, 어느 정도 경제 교육의 첫 걸음이 되었다는 생각이 스스로 들기도 하였다. 그리고 지금 생각해보니 흥미로운 것은, 그처럼 어린 시절부터 '쓸데없는 걱정들'을 하게 된 배경에는 '광고'가 자리잡고 있었다는 사실이다. 물론 어린 시절 필자에게 이처럼 영향을 끼친 광고는 요즘의 상업적인 광고가 아니라 공익성을 띤 캠페인 광고들이었던 것 같다. 이를테면 오늘날 가끔 만나는 '국정홍보처'나 '공익광고협의회' 같은 비영리 단체에서 계몽성을 가지고 만든 광고들처럼, 화려하지도 않고 점잖기만 한 그런 광고들 말이다. 아래와 같은 영상들이 필자가 기억하는 바로 그런 공익 광고의 사례라고 할 수 있겠다.

용광로에서 땀흘려 일하는 젊은이, 건설 현상에서 열심히 일하는 아저씨, 새벽 시장에서 리어카를 끄는 아줌마, 신문과 우유를 배달하는 청소년, 묵묵히 교통 정리를 하는 경찰, 환자를 극진히 간호하는 친절한 간호사, 미소를 머금으며 열심히 운전하는 버스 운전 기사, 추운 새벽에 쓰레기를 치우는 환경미화원, 작업장에서 휠체어를 타고 비장애인과 어울려 일하는 장애인 등, 저마다 일터에서 열심히 일하는 모습들이 파노라마로 펼쳐지며 모자이크로 겹쳐지는가 싶더니, 이들 모두 서로 손에 손을 맞잡고 광활한 잔디밭으로 힘차게 달려가는 장면이 오버랩되면서 화면 가득 클로즈업되는 풍요로운 미래상, 그리고 얼굴 가득한 미소와 하늘로 퍼지는 아이들의 웃음소리 ….

보는 이로 하여금 가슴이 벅차오르면서 새로운 희망을 노래하게 만들고, 나아가 각자 맡은 분야에서 조금만 더 노력하면 경제 대국으로 다가갈 수 있음을 확인시켜주는 공익적 메시지임에 틀림없다. 필자 역시 이런 공익 광고를 보면서 그 어린 나이에도 불구하고 집안 살림, 나라 사림을 은연중에 걱정했던 것 같다.

효7장 재미있는 광고에 도시락을 던져라

국가가 위기와 침체에 빠질 때마다 우리는 이 같은 메시지를 통해 그동안의 반목과 질시를 반성하는 동시에 새로운 도약의 의지를 가슴에 새길 수 있었다. 그뿐만 아니라 흩어진 국력을 한데 모으는 구심점이 되었으며, 암울한 현실에서 발견한 한 줄기 빛 같은 비전의 구실을 하기도 하였다.

특히 이 같은 공익 광고는 우리 국가와 사회가 커다란 고비를 맞거나 역사적인 전환기를 맞이할 때마다 더욱 빛을 발했다. IMF로 국가 부도 위기가 왔을 때는 물론이고, 자연 재해로 인해 많은 국민들이 생명과 재산을 잃었을 때, 산업 재해나 교통 사고를 줄이자는 사회적 운동을 벌일 때, 산불로 인한 피해가 심각할 때, 불우 이웃이나 장애인을 생각할 때, 농어민들이 시름에 빠져 있을 때, 그리고 국가 정책을 홍보해야 할 필요성을 느낄 때 등을 막론하고 꾸준하게 전파를 탔다.

긍정적으로 보면 모두 적절한 때에 필요한 메시지들을 통해 국민들에게 호소한 것이라고 볼 수 있다. 그리고 이런 메시지들을 접할 때마다 '착한 국민들'은 함께 울고 웃으며 걱정을 하고 힘을 보태면서 숱한 고비들을 잘 이겨왔다.

하지만 이러한 공익 광고가 액면 그대로 긍정적인 작용을 하는 것만은 아니다. 상상하기도 두려운 일이지만, 때로는 국민을 대상으로 벌이는 정부의 프로파간다(propaganda. 선전 운동) 수단으로 교묘하게 이용되기도 하는 것이다.

극단적으로 표현하면, 정부 또는 공공 기관에서 '공익'을 담보로 퍼뜨리는 이 같은 메시지는 어떤 의미에서는 사실상 국가의 모든 정책 실수나 일차적 책임을 국민에게 떠넘기려는 의도일 수 있는 것이다. 물론 그 메시지 안에는 국민과 정부가 의지를 모아 반성하고 다시 정진하자는 의미가 담기긴 하였지만, 언제부터인가 모든 것을 국민만 반성하고 정신을 차리면 된다는 식의 집단 세뇌가 작용하고 있음을 부인하기 어려운 것이다.

정작 나라를 직접 운영하는 위정자들이나 정책 입안자들의 커다란 실수는 인정하지 않고, 늘 국민들만 허리띠를 졸라매야 하고, 서로 미워하지 말아야 하며, 십시일반으로 조금씩 도우면서 다시 한 번 애국심을 발휘해야 할 때라고 힘주어 사정하고 강조하는 것이다.

필자는, 아니 우리 국민들은 어릴 적부터 그런 메시지를 통해 학습되면서 항상 성찰하고 점검하고 개선해나가려고 노력했다. 하지만, 부정 축재도 안 했고 과소비는커녕 수천억을 횡령하지도 않았고, 더욱이 엄청난 외화를 해외로 빼돌리지도 않았는데, 나라 살림은 늘 어려워서 국민들은 너나없이 반성문을 쓰고 해결책을 찾아야 했던 것이다.

지금 다시 생각해보면, 우리 국민들은 참으로 '착한 백성들'인 동시에 참으로 잘 잊어버리는 '망각의 백성들'인 것 같다. 어려울 때마다 결국 나라를 제자리로 돌려놓은 것은 위정자나 당국자들이 아니라 우리 국민들이었지만, 동시에 그 같은 고난이 반복해서 일어나고 있는데도 근본적인 국가 시스템을 바꾸지 못하고 늘 마지막 자리에서 온갖 구정물을 뒤집어쓰면서 허리를 졸라매야 했던 것도 우리 국민들이었다.

지금 또다시 경제가 어렵다고, 조류 독감이라고, 대선 자금의 비린내나는 광풍이 불어온다고, 개인 신용 불량자가 370만 명이고 연일 자살자가 속출한다고, 내수 시장이 얼어붙어서 큰일이라고, 부동산 투기가 극성이라고, 남북 이념 대립보다 동서 지역 대립이 더 심각하다고, 빈부 격차가 날로 심각해지고 있다고, 농산물 수입 개방으로 농민들이 벼랑으로 내몰리고 있다고, 이라크 파병으로 국론이 분열되고 있다고, 새만금 사업과 부안 핵폐기물 처리장 문제로 정책의 일관성이 사라졌다고, 사교육 열풍 때문에 공교육이 무너지고 있다고, 가출하는 청소년이 점점 늘어가고 있다고, 가정이 붕괴되고 있다고, … 그래서, 그래서 이번에도 또 한 번 국민 여러분이 다 함께 힘을 모아야 한다는 소리가 들려오고 있다.

정작 나라를 직접 운영하는 위정자들이나 정책 입안자들에게 국민들의 무서운 질책을 직접 알릴 수 있는, 계몽성이 아닌 강도 높은 '탄핵성' 광고는 없나 ….

··· 수업을 마치며

독자들께서 지금까지 경험한 글은 필자가 대학에서 광고에 대한 강의(광고비평, 광고사회학, 광고이미지론, 소비자주의 등)를 할 때 수강생들에게 토론용으로 제시한 자료들을 모아놓은 것이다. 그래서 대학생들의 소비에 대한 가치관을 비판하는 글들이 많았다. 그리고 시종일관 광고에 대해 부정적인 결말로 일축해버리는 논조로 인해 학생들에게 많은 질타를 받았던 글이다. 그러나 '소비지상주의'라 일컬어지는 현 소비 문화에 대한 반성의 여지를 많이 갖게 해주었다는 점에서 과찬을 듣기도 했다.

이 글들을 주제로 해서 학생들과 벌인 그동안의 토론을 떠올려보면 때로는 격렬한 논쟁의 시간들이었던 것 같다. 그리고 항상 그 논쟁은 명확하게 상반된 견해로 나누어졌다. 하나는 광고의 기능적인 면을 옹호하는 것이었고, 또 하나는 광고의 사회적인 역기능을 짚고 넘어가야 한다는 것이었다.

　각자가 어떤 쪽으로 의견을 개진했던간에 필자와 학생들은 논쟁을 즐겼다. 즐겼다 함은 필자와 학생들, 학생들과 학생들 상호간에 막힘 없는 의사 소통이 원활하게 이루어졌다는 것을 의미하며, 그래서 논쟁도 즐거울 수 있다는 사실을 체험하는 시간들이었다. 이 자리를 빌어 그런 적극성을 띠어준 수강생들에게 깊은 감사를 드린다. 그러나 그런 열성적인 수업이 끝나고난 뒤 필자는 항상 비통한 허탈감을 느끼곤 하였다. 왜냐 하면 논쟁 과정은 즐거웠지만, 그런 논쟁에 대한 실체적인 해결점은 쉽게 찾을 수 없었기 때문이었다.

　비록 필자가 들추어낸 광고에 대한 모든 문제점들은 여전히 우려하는 쪽으로 진행되어 갔으며, 이를 역행하는 길은 그 거대한 자본주의(상업주의) 물결을 거슬러오르는 일과도 같았기 때문이었다. 자본주의를 가장 이상적인 사회 체제라고 여기지는 않지만, 어쩔 수 없이 필자는 그 체제에서 살고 있는 것에 만족한다. 더욱이 자본주의의 상징인 미국이 우리보다 잘사는 나라라고 생각하며 부러워할 때도 있었던 것 같다. 그리고 새 자동차 광고를 볼 때면 차를 바꾸고 싶다는 생각도 들었다. 이 같은 한 '소비자'로서의 어쩔 수 없는 속물 근성과 체제 순응의 모순 때문에 수업을 마치고나면 학생들에게 미안하기도 했다.

　그러나 그런 생각을 하면서도 분명한 것은 어느 체제, 어느 조직, 어느 제도라도 늘 개선이 필요하다는 것이다. 그리고 항상 그 개선을 위해서는 지속적인 반성과 성찰이 있어야 하고, 그 반성과 성찰을 통한 비판이 극렬하면 극렬할수록 개선을 위한 여지는 깊어지는 것이라 믿는다. 그래서 마르크스가 비판했던 불합리한 형태대로 현재의 자본주의가 진행되고 있는 것만 같지는 않다고 스스로 위로하면서, 그 자본주의 안에서의 꽃인 '광고'도 늘 비판과 제한을 감내해야 하는 것이라고 본다.

아울러 필자의 비판적 사고 역시 필자 자신의 내부적 모순에도 불구하고 위안으로 삼는 것은, 자본주의를 그토록 신랄하게 비판했던 마르크스도 노년에는 자본주의를 더할 나위 없이 만끽하며 살았다는 모순을 알고 있기 때문이다. 비록 필자가 마르크스에 감히 비할 바는 못 되지만, 적어도 그의 그런 일화가 존재론적 모순에서 역시 벗어날 수 없는 필자에게 하나의 한계이자 동시에 새로운 동력원으로 작용되기를 바라는 마음은 어쩔 수 없는 것 같다. 적어도 광고의 부정적 현상만을 들추어냈던 이 책에서는 더욱 그렇다.

흠씬 두들겨 패준 '광고'에게 잠시 미안한 생각도 든다. 하지만 '소비자를 괴롭히는 광고'를 괴롭히는 나의 작업은 존재론적인 모순 속에서도 계속될 것이다.

□ 문 윤 수 ─────────────────────────

목원대 광고홍보학과를 졸업하고 미국 미시시피주립대에서 교환 학생 자격으로 학부
과정을 마쳤으며, 경희대 대학원 사회학과(석사)와 동 대학원 사회학과에서 박사 과
정을 수료하였다. 광고·소비사회학을 전공하였으며, 지금은 경희대 정보사회연구소
연구원으로 있으면서 경희대·목원대·안양과학대 등에서 광고 비평·광고사회학·
광고 이미지론·정보 사회와 매스미디어·소비자주의·광고학 개론 등을 강의하고
있다.

재미·있는 광고에 도시락을 던져라

─────────────────────────────

초판 1쇄 인쇄 / 2004년 4월 5일
초판 1쇄 발행 / 2004년 4월 10일

■

지은이 / 문 윤 수
펴낸이 / 전 춘 호
펴낸곳 / 철학과현실사
서울특별시 서초구 양재동 338의 10호
전화 579—5908~9

■

등록일자 / 1987년 12월 15일(등록번호 : 제1—583호)

■

ISBN 89-7775-479-8 03330
*잘못된 책은 바꾸어 드립니다.

─────────────────────────────

값 9,000원